中华经典直解

大学直解
中庸直解

来可泓 ◎ 撰

复旦大學
出版社

目 录

大 学 直 解

中 庸 直 解

大学直解

前　言

　　《大学》是儒家最全面、最系统申述治国平天下学说的一篇政治论文。本是《小戴礼记》中的一篇,汉武帝时,随《礼记》成为五经之一而进入学官,比《论语》《孟子》升入学官为早。宋以前并不单行,宋人将它从《礼记》中抽取出来成为单行本。北宋仁宗天圣八年(1030)曾将《大学》赐新第进士王拱宸等。程颢、程颐则将它整理编次,与《中庸》《论语》《孟子》放在一起,称为"四书",而称此书为"初学入德之门"。南宋朱熹继承和发展二程思想,凝聚一生心血,为《大学》《中庸》《论语》《孟子》作注,撰成《四书章句集注》。对于《大学》,他用力甚勤,修改最多。三十八岁时,完成《大学解》初稿。四十五岁时曾将《大学中庸章句》及《大学或问》稿寄吕祖谦征求意见。五十六岁时谈到《大学中庸章句》修改甚多,说:"《大学》《中庸》屡改,终未能到无可改处。"(《朱文公集》卷五十四《答应仁仲》)六十五岁以后,他尚对王过说:"《大学》则一面看,一面疑,未有惬意,所以改削不已!"(《朱子语类·论语一》)因而一直到庆元六年(1200)临终前,仍在修改"诚意"章。

　　《大学》经过朱熹的注释、阐发,仔细推敲,可以发现与《小戴礼记·大学篇》精神的侧重面略有不同。《礼记·大学篇》反映的是秦汉儒学的政治观,它偏重于为政治民,治国平天下。而朱熹所注之《大学》,则是宋代儒学的政治观,它偏重于诚意修身。特别是补入格物致知章,渗透了朱熹的理学思想,心存一理。所以在一定意义上说，朱熹所诠释的《大学》，并非纯正的孔孟之学，而是朱学，这一点，在阅读《大学》时可细细体会。

《大学》的中心思想是"修己以安百姓"。它的主要内容，诚如宋人所说的"明明德、新民、止于至善"三纲领和"格物、致知、诚意、正心、修身、齐家、治国、平天下"八条目，并对它们加以阐发论述。把道德论和政治论结合起来，把人生哲学和政治哲学熔为一炉，内圣外王，发儒家"为政以德"的德治主张，对我国思想、文化的发展产生了深远的影响。

这次作《大学直解》，以朱熹《四书集注·大学章句》为底本，但做了一些技术处理。如不区分"经"和"传"，分为《大学之道》等十一章，较长之章则根据其内在条贯结构，分成若干节表述。如朱熹所补写的内容，考虑到不属于《大学》原文，但对理解原文有帮助，因而放在评述中加以今译、分析。如朱熹对每章的评论，也在评述中引述。此外还附录朱熹《大学章句序》及《大学古本》，程颢、程颐改定本供读者参考。力图恢复《大学》的原意、原貌。因此，对每节的直解，仍按《论语直解》做法，先作解题一篇，揭示其主题，分析其内容，理清其结构，指出其意义；再则列出原文，便于对照阅读；再次则今译，用现代汉语加以翻译，力求忠于原意，以直译为主，辅以意译；再次则注释，力求用简明语言对词、字作注解、注音；最后评述，先将每节内容、主旨用一句话加以概括，点明主题，然后择善吸收各家对该节的诠释、训解，使之融会在己意之中，发挥其原意。

本书的撰写和出版，承蒙复旦大学出版社领导的热情关注和大力支持。承蒙责任编辑陈士强先生积极帮助，拟定体例，安排结构，审阅书稿，提出很好的修改意见，倾注了大量的心血。在此谨表衷心的感谢。在撰写过程中，参阅了不少先哲今贤的论著，也表示衷心的感谢。由于水平有限，不足之处，切盼专家和读者批评指正。弘扬中华民族的优秀传统文化，是历史赋予我们的重任。最后让我引用朱熹《大学章句序》的结句："然于国家化民成俗之意，学者修己治人之方，则未必无小补"作为本文的结语。愿《大学》"修己以安百姓"的积极精神，深入人心，发扬光大。

来可泓

于上海大学

1997 年 8 月 15 日

解　题

　　《大学》原为《小戴礼记》中的一篇,是儒家最有系统地论述治国平天下学说的篇章。北宋程颢、程颐等将其从《小戴礼记》中抽出,加以整理,独立成篇,并将它与《中庸》《论语》《孟子》相配,合称"四书"。他们说:"《大学》,孔氏之遗书,而初学入德之门也。于今可见古人为学次第者,独赖此篇之存,而《论》《孟》次之。学者必由是而学焉,则庶乎其不差矣。"

　　南宋朱熹于宋孝宗淳熙(1174－1189)年间作《四书章句集注》,将它列为四书之首,认为《大学》一书,简明扼要,提纲挈领地概括了儒家经典的精髓。学习儒家经典,必须首先从《大学》开始,而《中庸》《论语》《孟子》三部书,则是进一步阐述《大学》所提出的思想。

　　朱熹在作《大学》时,认为篇中有脱简、错简,有所移补,故《四书集注》中之《大学》与《十三经注疏》本《小戴礼记》中之《大学》有所不同。朱熹又将《大学》内容分为"经"一章,"传"十章,以为"经"是孔子之意而曾子述之;"传"则曾子之意而门人记之。现根据朱熹整理本以作直解,并将《大学》内容分为"大学之道""康诰""盘铭""邦畿""听讼""知本""诚意""修身""齐家""治国""平天下"十一章加以今译、注释和评述。其较长之章,则根据其内在条贯,划分为若干节表述。

　　《大学》的主题是"明明德、新民、止于至善"三纲领和"格物、致知、诚意、正心、修身、齐家、治国、平天下"八条目,着重阐述提高个人道德品质修养与治国平天下的关系。所以,《大学》的中心思想,可以概括为"修己以安百姓"。它常引用《尚书》《诗经》等经典,阐明以下问题:

首先,《大学》提出了"明明德、新民、止于至善"三纲领。从主体和客体、对己和对人两方面阐明大学之道。明明德是对己而言,不断彰明自己内在的德性,培养自己高尚的仁德;新民是对人而言,不断以自己的至德教化人民,使之除旧布新,成为新人。而明明德、新民都要达到至善的地步,使人人都能明辨善恶、是非、义利,这就达到了大学的崇高理想。

其次,《大学》提出如何达到至善的方法。这就是从"知"开始,通过"定""静""安""虑""得",达到至善的境界。

其三,《大学》提出了实施三纲领的八个步骤:这就是"格物、致知、诚意、正心、修身、齐家、治国、平天下"。一环紧扣一环,环环相扣,而中心环节在于修身。"自天子以至于庶人,壹是皆以修身为本",只有每个人提高了自身的品德修养,便能达到治国平天下的目的。分别来说:

格物,就是要求人们亲历其事,亲操其物,即物穷理,增长见识。在读书中求知,在实践中求知,而后明辨事物,尽事物之理。

致知,就是求为真知。从推致事物之理中,探明本心之知。如一面镜子,本来全体通明,只是被事物昏蔽,暗淡不清,现在逐渐擦去灰尘,使恢复光明,有了真知。所谓知,指道德意识而言,知既至,则能明是非、善恶之辨,闻见所及,胸中了然。物格而后知至。

诚意,就是要意念诚实。知既尽,则意可得而实,发于心之自然,非有所矫饰,自然能做到不欺人,亦不自欺,在"慎独"上下工夫,严格要求自己,修养德性,知至而后意诚。

正心,就是要除去各种不安的情绪,不为物欲所蔽,保持心灵的安静。意不自欺,则心之本体,物不能动,而无不正。心得其正,则公正诚明,不涉感情,无所偏倚。故意诚而后心正。

修身,就是要不断提高自己的品德修养。只有自身的品德端正,无偏见,无邪念,才能为人民所拥护。"其身正,不令而行,其身不正,虽令不从。"修身是格物、致知、诚意、正心工夫的落脚点,又是齐家、治国、平天下的始发点。心正而后身修,身修而后家齐。

齐家,就是要整顿好自己的家庭,只有教育好自己的家庭成员,才能教化人民。在我国古代,治家与治国的道理是相通的,"一家仁,一国兴仁","一人贪戾,一国作乱","宜其家人,而后可以教国人"。家齐而后国治。

治国,就是要为政以德,实行德治,布仁政于国中。国,指诸侯国,尧舜率天下以仁而民从之,君主要像保护初生的小孩那样保护人民,以至善之德教化人民,使人民除旧布新,日新又新。"为人君,止于仁;为人臣,止于敬;为人子,止于孝;为人父,止于慈;与国人交,止于信。"使仁、敬、孝、慈、信的仁爱之风充满全国。国治而后天下平。

平天下,就是要布仁政于天下,使天下太平。平天下最重要的是要求君主具有"絜矩之道",即以度己之心度人的高尚的崇高品质,作为人民的榜样。由于平天下的任务是多方面的,这就要求君主尊老兴孝,敬长兴悌,恤孤爱民,布行仁政;这就要求君主"己所不欲,勿施于人",实行恕道;这就要求君主从民之所好,从民之所恶,为民父母;这就要求君主吸取历史教训,勿以权谋私,无所偏私,坦诚至公;这就要求君主明"德本财末"之辨,以德为本,以财为末,藏富于民,勿与民争利,明白"财聚则民散,财散则民聚"的道理;这就要求君主"惟善以为宝","仁亲以为宝",善于举拔贤臣,斥退佞臣;这就要求君主提倡忠信,防止骄泰;这就要求君主注意发展生产,开源与节流兼筹,国用与民生并顾;这就要求君主明生财之道,以义为利,勿聚敛搜括,以利为利。做到上述各点,天下也就太平了。

　　《大学》全篇,主旨明确,结构严谨,持之有故,言之成理,系统地表述了儒家的政治理论。

一、大学之道章

大学^①之道^②，在明明德^③，在亲民^④，在止^⑤于至善^⑥。

【今译】

　　大学的根本宗旨，在于彰明光明、完美的德性，在于人们用这种德性去除旧布新，成为新人，在于使人们达到完美无缺的至善的最高境界。

【注释】

　　①大学：指儒家修身、治国、平天下的学说。大（tài），旧音泰，含有至高至极之意。　②道：儒家的道有多种解释，这里指宗旨、原则。　③明明德：前一"明"字为使动词，"使……显明"。明德：光明的德性。　④亲民：亲，当作"新"。作使动词，使……革旧布新。民，人民、民众。　⑤止：达到。　⑥至善：善的最高境界。至，极，最。

【评述】

本节总论如何修身、治国、平天下的三条纲领。简称"三纲领"。分三个层次叙述。

"大学之道，在明明德。"阐明大学之道的根本原则。什么是大学，这是相对于小学而言的。在我国古代，"人生八岁，则自王公以下至于庶人之子弟皆入小学，而教之以洒扫、应对、进退之节，礼、乐、射、御、书、数之文。"（宋朱熹《四书章句集注·大学章句》"序"。以下简称《四书集注·大学章句》）从小入小学，教授文字之学，掌握文化知识和做人的道理。"及其十有五年，则自天子之元子、众子，以及公卿、大夫、元士之适子，与凡民之俊秀，皆入大学，而教之以穷理、正心、修己、治人之道。"（同上）所以宋朱熹说："大学者，大人之学也。"（《四书集注·大学章句》）可见，小学与大学既有联系，又有区别。小学偏重于掌握文字知识,而大学则教以穷理、正心、修己、治人之道。有了小学的基础,才有大学的深造。而学习对象是有区别的,小学是庶人子弟均可入学,而大学的对象则是:天子的长子,这是将来要嗣位为天子的;天子的众子,这是将来要建国封侯的;公卿、大夫、士的嫡长子,他们是有采邑的。这些人才能入大学,学习治人的理论和实践。而庶人子弟只有才学俊秀者才能入大学,学而优则仕,去治国安民。汉郑玄说:"大学者,以其记博学可以为政也。"(《十三经注疏·礼记正义》卷六十《大学》第四十二。以下简称《十三经注疏·大学》)宋陈淳说:"小学是学其事,大学是穷其理。"(《朱子语类》卷第七《学一·小学》,以下简称《朱子语类·大学×》)所以大学之道乃是培养崇高的德性和人格,以便将来去治国平天下。

明明德,就是要把人们所固有的善性彰明起来,使之发扬广大。因为治人先治己,要平治天下,必须从自身先具美德做起。唐孔颖达说:"在明明德者,言大学之道在于章明己之光明之德。谓身有明德而更章显之。"(《十三经注疏·大学》)宋朱熹说:"明,明之也。明德者,人之所得乎天,而虚灵不昧,以具众理而应万事者也。但为气禀所拘,人欲所蔽,则有时而昏,然其本体之明,则有未尝息者,故学者当因其所发而遂明之,以复其初也。"(《四书集注·大学章句》)宋蔡模说:"明之者,犹言澡雪揩磨也。"(《大学演说》)宋袭盖卿说:"明明德乃是为己功夫。那个事不是分内事? 明德在人,非是从外面请入来底。"(《朱子语类·大学一》)宋李方子说:"学者须是为己。圣人教人,只在《大学》第一句明明德上。以上立心,则如今端己敛容,亦为己也;读书穷理,亦为己也;做得一件事是实,亦为己也。"(同上)宋李儒用说:"为学只在'明明德'一句。君子存之,存此而已;小人去之,去此而已。一念竦然,自觉其非,便是明之之端。"(同上)明陶文僖说:"明明德如磨鉴,不虞昏。"(转引自《四书遇·大学·圣经章》)明明德,是把人们固有的德性显明起来。光明的德性如仁、义、礼、智、信等是人人生来具有的,具备众理,足以应付万事。如见非义而羞恶,见孺子入井而恻隐,见尊贤而恭敬,见善事而叹慕,都是内在的明德的外在表现。而这种德性被物欲所蔽,便昏暗不明,好像太阳被乌云遮住,镜子蒙上灰尘一样。看似昏暗,而本体的光明并未曾消灭,所以人们必须重视内心修养,经常做擦拭镜子的工作,使光明的德性永远保持光明和纯洁。这是大学之道的根本原则。

"在亲民",是大学之道的根本任务。关于"亲民"有两种解释。朱熹根据程颐的话,认为"亲"当作"新"。因为下文《盘铭》之"苟日新,日日新,又日新",《康诰》之"作新民",《诗经》之"周虽旧邦,其命维新",都作新民的意思。再从《尚书·金縢》"惟朕小子其新逆"一句看,成王亲自迎接周公,将"亲迎"写作"新逆",这是"亲"当作"新"的有力旁证。新是去旧维新之意,"新民"就是使人民经过教化,人人能去其旧染之污,日日新,又日新地振作起来,不断提高道德修养,从而达到天下太平。明王守仁认为"亲"仍读作"亲",作"亲"字解。因为下文"君子贤其贤而亲其亲,小人乐其乐而利其利","如保赤子","民之所好好之,民之所恶恶之,此之谓民之父母",皆是"亲"字之意。且《尚书·尧典》"以亲九族","平章百姓,协和万邦",都是"亲民"的意思(见《王文正公全集·传习录》),统治者要爱护、亲近人民,这样的解释亦可通。但两者相较,新民意在使人人自新,兼善天下,含义比较深长,故从之。宋朱熹说:"新者,革其旧之谓也。言既自明其明德;又当推以及人,使之亦有以去旧染之污也。"(《四书集注·大学章句》)大学的根本目的在于平治天下,其任务是要使人民日日新,苟日新,又日新,人人除旧布新,不断提高道德品质,这样天下也就太平了。

"在止于至善"是大学之道的根本目的。明德也好,新民也好,都要达到"至善"的地步,天下也就大治了。汉郑玄说:"止,犹自处也。"(《十三经注疏·大学》)唐孔颖达说:"在止于至善者,言大学之道,在止处于至善之行。"(同上)宋朱熹说:"止者,必至于是而不迁之意;至善,则事物当然之极也。"(《四书集注·大学章句》)宋蔡渊说:"凡事理皆有当然之则。其当然者,善也。其极,则至善也。不至于当然,不足以为善,不至于当然之极,不足以为至善。"(《大学思问》)所以止于至善,是明明德、新民的终极目的,对己,明德要止于至善,对人,新民也要止于至善,至于极处,决不半途而废。这样为政以德,以德化民,布仁政于天下,人民似"众星共北"而国治天下平了。

所以明明德是大学之道的根本原则;新民是大学之道的根本任务;止于至善是大学之道的根本目的。由原则、任务、目的,构成大学之道的三纲领。诚如宋黄榦说:"明明德、新民,止至善,此八字已括尽一篇之意。"(《诸经讲义》)

知止①而后有定②;定而后能静③;静而后能安④;安而后能虑⑤;虑而后能得⑥。

【今译】

知道要达到的最高境界,然后才有确定的志向;有了明确而远大的志向,然后才能做到内心宁静;内心宁静不乱,然后才能做到遇事泰然安稳;遇事泰然安稳,然后才能行事思虑周详;行事思虑周详,然后才能得到道的真谛。

【注释】

①止:所达到的地方。作名词用,即所当止的最高境界。　②定:定向,志向。　③静:安静,指心不浮躁、妄动。　④安:安稳。指所处而安。　⑤虑:考虑、思虑。指思虑周详。　⑥得:得到、获得。指得其所止。

【评述】

本节论述如何达到至善的过程。首先必须"知",认识到至德、至善,明确自己追求的目标,这样才能立定志向,内心安定。内心安定,有了奋斗的目标,这样才能做到内心宁静而不乱。内心宁静而不乱,这样遇事才会安稳。安稳了,思虑才会周详。思虑周详,才能得到明德、至善的结果。

唐孔颖达说:"知止而后有定者,更复说止于至善之事。既知止于至善,而后心能有定,不有差贰也。定而后能静者,心定无欲,故能静,不躁求也。静而后能安者,以静故,情性安和也。安而后能虑者,情既安和,能思虑于事也。虑而后能得者,既能思虑,然后于事得安也。"(《十三经注疏·大学》)宋朱熹说:"知止只是识得一个去处,既已识得,即心中便定,更不他求。如求之彼,又求之此,即是未定。静则外物自然无以动其心。安则所处而皆当,看扛做那里去,都移易它不得。静谓遇物来能不动,安谓随所遇而安。安盖深于静也。虑是见于应事处,思之精审。得谓得其所止。"(赵顺孙《大学纂疏》)宋胡泳说:"定者,如寒之必衣,饥之必食,更不用商量。所见既定,则心不动摇走作,所以能静。既静,则随所处而安,看安顿在甚处。如处富贵、贫贱、患难、无往而不安。静者,主心而言;安者,主身与事而言。若人所见未定,则心何缘得静,心若不静,则既要如彼,又要如此,身何缘而安。能虑,则是前面所知之事到得,会行得去。如平时知得为子当孝,为臣当忠,到事亲事君时,则能思虑其曲折精微而得所止矣。"(《朱子语类·大学一》)宋黄义刚说:"定以理言,故曰有;静以心言,故曰能。"(同上)宋甘节说:"能安者,以地位言之也。""在此则此安,在彼则彼安,在富贵亦安,在贫贱亦安。"(同上)

所以本节既分析了如何达到至德至善的知、定、静、安、虑、得六个先后步骤,环环相扣,逐层递进;也分析了理论与实践相结合,主观与客观相适应的过程。

物①有本末②,事有终始③,知所先后④,则近道⑤矣。

【今译】

天下万物都有根本和枝叶,世间万事都有结局和开端,知道它们的主次先后、轻重缓急的顺序,那就接近于大学的道理了。

【注释】

①物:事物。　②本末:树木的根和末梢,引申为事物的根本和
枝节。　③终始:结局和开端。　④知所先后:指能够知道和把握道
德修养程序的主次先后,轻重缓急。　⑤道:指大学的道理,即至善
之道。

【评述】

本节承上节总结以上两节之意,阐明追求至德至善,必须明确先
后次序,循序渐进。唐孔颖达说:"物有本末,事有终始者,若于事得
宜,而天下万物有本有末,经营百事有始有终也。知所先后者,既能如
此,天下百事万物皆识知其先后也。则近道矣者,若能行此,诸事则
附,近于大道矣。"(《十三经注疏·大学》)宋朱熹说:"明德为本,新民
为末;知止为始,能得为终,本始在先,末终所后。"(《四书集注·大学
章句》)又说:"明德、新民两物而内外相对,故曰本末。知止、能得一事
而首尾相因,故曰终始。诚知先其本而后其末,先其始而后其终也,则
其进为有序,而至于道也不远矣。"(赵顺孙《大学纂疏》)宋陈孔硕说:
"新民者,自明德而推也,己德不明,未有能新民者,此明明德所以为新
民之本。能得者,原于知止而后致也,苟始焉不知止于至善,亦未见其
卒于有得矣,此知止之所以为能得之始。"(《大学讲义》)宋黄榦说:"知
所先后,方是晓得为学之序","则有至之阶矣,故云去道不远。"
(《语录》)

万物各有本末,万事各有始终。始就是开端,终就是结局。"本"
和"始"是所先,"末"和"终"是所后。就上文来看,则"明明德"是"本",
"新民"是"末"。"知止"是"始","能得"是终。就下文而言,则"平天下"
是"末",是"终"是"所后",而"格物致知"是"本",是"始",是"所先"。
能够知道万事万物的本末始终,循序而进,就可以说是接近于大学之
道了。

古之欲明明德于天下①者,先治②其国;欲治其国者,先齐③其家;欲齐其家者,先修④其身;欲修其身者,先正⑤其心;欲正其心者,先诚⑥其意;欲诚其意者,先致其知。致知⑦在格物⑧。

【今译】

古代要想把自己光明完美的德性昭明于天下的人,首先一定要治理好自己的国家;要想治理好自己的国家的人,首先一定要整顿好自己的家庭;要想整顿好自己家庭的人,首先一定要提高自身的品德修养;要想提高自身品德修养的人,首先一定要端正自己的内心而无邪念;要想端正自己的内心而无邪念的人,首先一定要使自己的意念诚实;要想使自己意念诚实的人,首先一定要获得丰富的知识。而要获得丰富的知识,在于穷究事物的原理。

【注释】

①明德于天下:即平治天下。　②治:治理。　③齐:整齐、整顿。　④修:修养。　⑤正:端正。　⑥诚:诚实。　⑦致知:求得知识。致:达到,求得。知,知识。　⑧格物:推究事物的原理。格,至,达到。一作正,正其不正。物:事。穷事物之理。

【评述】

本节阐述如何实现三纲领的八个条目,即步骤。从平天下逆推至格物。明饶双峰说,这是“八条目的逆推功夫”(《饶双峰讲义》,转引自《四书遇》)。汉郑玄说:“知,谓知善恶吉凶之所终始也。格,来也。物,犹事也。其知于善深,则来善物;其知于恶深,则来恶物。言事缘人所好来也。”(《十三经注疏·大学》)唐孔颖达说:“古之欲明明德于天下者,前章言大学之道在明德、亲民、止善,复说止善之事既毕,故此经明明德之理。先治其国者,此以积学能为明德盛极之事,以渐到今本其初,故言欲章明已明之明德使遍于天下者,先须能治其国。欲治其国者,先齐其家也。欲齐其家者,先修其身。言若欲齐家,先须修身也。欲修其身者,先正其心。言若欲修身,必先正其心也。欲正其心者,先诚其意者。总包万虑谓之为心,情所意念谓之意,若欲正其心,使无倾邪,必须先至诚在于忆念也。若能诚实其意,则心不倾邪也。欲诚其意者,先致其知者,言欲精诚其己意,先须招致其所知之事,言初始必须学习,然后乃能有所知晓其成败,故云先致其知也。致知在格物。此经明初以致知,积渐而大至明德。前经从盛以本初,此经从初以至盛,上下相结也。”(同上)宋朱熹说:“明明德于天下者,使天下之人皆有以明其德也。心者,身之所主也。诚,实也。”“实其心之所发,欲其一于善而无自欺也。致,推极也。知,犹识也。推极吾之知识,欲其所知无不尽也。格,至也。物,犹事也。穷至事物之理,欲其极处无不到也。此八者,大学之条目也。”(《四书集注·大学章句》)又说:“此言大学之序,其详如此,盖纲领之条目也。格物、致知、诚意、正心、修身者,明明德之事也;齐家、治国、平天下者,新民之事也。格物致知,所以求知至善之所在;自意诚以至于平天下,所以求得夫至善而止之也。”(赵顺孙《大学纂疏》)宋陈淳说:“明德本在我之物,而曰明明德于天下者,盖人皆有是德,欲使天下之人,皆有以明其明德也。乃直指全提,盖总大学之要,又在乎此也。”(《大学口义》)宋真德秀说:“天下之人皆得其本心,皆复其本性,故曰明明德于天下,见得须是天下之人皆明其明德。”(《大学衍义》)

使天下太平是大学的终极目的,明明德于天下,就是平天下的意思。要治平天下,必须先把国家治理好,自己的国家治理不好,怎能使天下人悦服。但要治理好国家,必须先要把家庭治理好,要治理好家庭,必须先修养自己的德性,提高自己的品德,做家人的榜样。要修身,必须心无邪念。因为心是一个人行为的主宰,所以必须正心。要正心,必须心意诚实。但怎样才能使人诚意呢? 必须知道事物的缓急先后。要知道事物的缓急先后,就须先致其知,“致”是推而极致之意。怎样才能致知呢,就在于从“格物”做起。这八条目的为学顺序,一直为我国知识分子所遵循,产生长久而深远的影响。

什么叫作"格物",有许多解释。宋朱熹说:"格,至也。物,犹事也。穷至事物之理,欲其极处无不到也。"(《四书集注·大学章句》)又说:"格者,极至之谓,如'格于文祖'之格,言穷之而至其极也。"(赵顺孙《大学纂疏》)所以格物是要穷尽事物之理,做到万事万物无不知晓。近人蒋伯潜分析说:"朱子以即凡天下之物,莫不因其已知之理而益穷之,以求至乎其极。至于用力之久,一旦豁然贯通,则诸物之表里精粗无不到,而吾心之全体大用无不明。盖谓知识得自经验,须先就个别之事物一一求之,及一旦豁然贯通,方能悟出大道理来,其方法为归纳的。"(《十三经概论》第五编《礼记述要》)明王守仁则训"格"为"正",犹《孟子》"惟大人能格君心之非"之"格"。他早年读了朱熹的话,就对着一枝竹细细地格起来,格了几天,竟格不出所以然,反而累病了。于是他恍然大悟说:"物者,事也。凡意之所发,必有其事,意所在之事谓之物。格者,正也。正其不正,以归于正之谓也。""致知云者,致吾心之良知焉耳。"欲致良知,须先格物。"故其四句教有云:"知善知恶是良知,为善去恶是格物。"(见《王文正公全集·大学问》)他认为良知为吾心所固有,无待外求,只须致内心之良知就是格物工夫。宋司马光训"格"为"扞",他说:"格,犹扞也,御也。能扞御外物,然后能知至道矣。"(《司马文正公传家集·卷六十五"致知在格物论"》)汉郑玄训"格"为"来",说:"格,来也。物,犹事也。其知于善深,则来善物,其知于恶深,则来恶物。"(《十三经注疏·大学》)明陆景邺说:"格,如格子之格,原是方方正正,无些子不到。"(转引自《四书遇》)清陈沣说:"格物但当训为至事,至事者,犹言亲历其事也。天下之大,古今之远,不能亲历,读书则无异亲历也。故格物者,兼读书阅历言之也。致知者,犹言增长知识也。"(《东塾读书记》)

均之以上诸说,以陈沣之说浅近切实,既发明朱熹观点,也可防止王守仁束书不观,只求内心良知之弊。格物致知,是学习《大学》必先弄清的道理,了解了它的意义,读《大学》原文可以迎刃而解了。

物格^①而后知至^②，知至而后意诚，意诚而后心正，心正而后身修，身修而后家齐，家齐而后国治，国治而后天下平。

【今译】

事物的原理一一推究明白，然后才会拥有渊博的知识，彻底了解事物。拥有渊博的知识，彻底了解事物，然后意念才会诚实。意念诚实，内心才会端正而无邪念。内心端正，然后才能提高自身的品德修养。自身的品德修养提高了，家庭才会整顿好。家庭整顿好了，然后国家才会治理。国家治理好了，推而广之，然后才能使天下太平。

【注释】

①物格：遇事即物之间，将其原理一一推究明白。　②知至：知识充满于内心，无所不知。换言之，获得渊博的知识。

【评述】

本节将上文的意思从格物至平天下顺推上去加以说明，以示郑重、切要，教育人们循序修切己治人工夫。明饶双峰说，这是"就八条目顺推效验"（《饶双峰讲义》，转引自《四书遇》）。清张岱说："圣贤教人如老妪教孩子数浮屠，一层层数上来，又一层层数下去。有这层，就有那层，政（这）见得有那层，先有这层，一毫参差不得。要人把全体精神，从脚跟下做起也。"（《四书遇·大学》）唐孔颖达说："物格而后知至者，物既来，则知其善恶所至。善事来，则知其至于善；若恶事来，则知其至于恶。既能知至，则行善不行恶也。知至而后意诚，既能知至，则意念精诚也。意诚而后心正者，意能精诚，故能心正也。国治而后天下平者，则上明明德于天下。"（《十三经注疏·大学》）宋朱熹说："此复说上文之意也。物格者，事物之理，各有以诣其极而无余之谓也。理之在物者，既诣极而无余，则知之在我者，亦随所诣而无不尽矣。知无不尽,则心之所发,能一于理而无自欺矣。意不自欺,则心之本体,物不能动,而无不正矣。心得其正,则身之所处,不至陷于所偏,而无不修矣。身无不修,则推之天下国家,亦举而措之耳,岂外此而求之智谋功利之末哉!"(赵顺孙《大学纂疏》)

这节是将上文的意思反复说明,以示郑重叮咛。物格,是将事物都阅历到,知至,是获得丰富的知识而推之极致。由此而意诚、心正、身修、家齐、国治而天下平。其中修身是关键,修身以下是明德之事;齐家以上是新民之事,要求两者都达到至善地步。

自天子以至于庶人^①,壹是^②皆以修身为本^③。

【今译】

从天子开始一直到平民百姓,一律都要以提高自身品德修养作为根本。

【注释】

①庶人:古代对农业劳动者的称谓。秦汉以后泛指没有官爵的平民。　②壹是:一切,一律。　③本:根本。指修身。

【评述】

本节阐述自天子到平民百姓,都要把修身作为根本,不断提高自身的道德品质。唐孔颖达说:"壹是皆以修身为本者,言上从天子,下至庶人,贵贱虽异,所行此者,专一以修身为本。上言诚意、正心、齐家、治国,今此独云修身为本者,细则虽异,其大略皆是修身也。"(《十三经注疏·大学》)宋朱熹说:"壹是,一切也。正心以上,皆所以修身也。齐家以下,则举而措之耳。"(《四书集注·大学章句》)宋叶味道说:"八者条目,修身居中。凡格物、致知、正心、诚意,许多工夫,皆所以修身。而齐家、治国、平天下,则又因此身之既修而推之耳。"(《讲义》)

我国自古以来非常重视自身的道德品质修养,把社会的道德规范,变为人们的道德品质,化为自觉的行动。曾子说:"吾日三省吾身。"(《论语·学而》)荀子说:"君子博学而日三省乎己,则知明而行无过矣。"(《荀子·劝学》)孔子从十五岁开始,力学五十有五年,修养道德,终于成为圣人。自觉承担起社会的责任,他培养三千弟子,七十二贤人。删《诗》《书》,序《周易》,定《礼》《乐》,作《春秋》,对保存和传播古代文化作出了伟大的贡献。周公以道德修身,尽事君之道,武王疾病,他向上天祷告,愿以身代。他辅佐成王,"一沐三握发,一饭三吐脯",勤于王事。范仲淹专注于修身,具有"先天下之忧而忧,后天下之乐而乐","居庙堂之高则忧其民,处江湖之远则忧其君","不以物喜,不以己悲"的博大胸怀(《岳阳楼记》)。孟子"养吾浩然之气"。苏武囚于匈奴十九年,守节不屈。文天祥杀身成仁,舍生取义。邓世昌在中日甲午海战中,在弹尽舰伤的情况下,开足致远舰马力,冲向日舰吉野号,欲与之同归于尽。所有这种"富贵不能淫,贫贱不能移,威武不能屈"的伟大人格力量,都是从不断的修身中得来的。所以修身在八条目中处于根本的、关键的地位。

其本①乱②,而末③治者,否④矣。其所厚⑤者薄⑥,而其所薄者厚,未之有也。

【今译】

　　自身品德修养这个根本问题破坏了,而想要把齐家、治国、平天下的末节的事情办好,这是不可能的。正像把应该重视的大事反而忽略,本来次要的小事反而重视起来一样,本末倒置,而要想实现国治、天下平,这样的事情是不会有的。

【注释】

　　①本:根本。指修身。　②乱:紊乱。这里含破坏之意。　③末:末梢、枝节。指齐家、治国、平天下之事。修身对天下国家说是本,天

下国家对修身而言是末。　④否：不，不可能。　⑤厚：丰厚。引申为重视。　⑥薄：淡薄。引申为轻视。

【评述】

本节承上节从反面强调修身为本的道理。唐孔颖达说："本乱，谓身不修也。末治，谓国家治也。言己身既不修，而望家国治者，否矣。否，不也。言不有些事也。其所厚者薄，而其所薄者厚，未之有也者，此复说本乱而末治否矣之事也。譬若与人交接，应须敦厚以加于人，今所厚之处乃以轻薄，谓以轻薄待彼人也。其所薄者厚，谓己既与彼轻薄，欲望所薄之处，以厚重报己，未有此事也。言己以厚施人，人亦厚以报己也，若己轻薄施人，人亦轻薄报己。言事薄之与厚，皆以身为本也。"（《十三经注疏·大学》）宋朱熹说："本，谓身也。所厚，谓家也。"（《四书集注·大学章句》）又说："此结上文两节之意也。以身对天下国家而言，则身为本，而天下国家为末，以家对国与天下而言，则其理虽未尝不一，然其厚薄之分，亦不容无等差矣。故不能格物、致知，以诚意、正心而修其身，则本必乱，而末不可治。不亲其亲，不长其长，则所厚者薄，而无以及人之亲长，此皆必然之理也。"（赵顺孙《大学纂疏》）宋陈孔硕说："修身者，自格物、致知、诚意、正心而积也。不如是，则身不可修。身之不修，则其本乱矣。本之既乱，如天下何！"（《大学讲义》）

本，指修身。末，指治国平天下。身既不修，而要想治国平天下，这是万万做不到的。隋文帝注重修身，以节俭治天下，作局脚床要费十金，改用直脚床。不数年而人民殷富，府库充盈，建成威动殊俗的统一的强大的隋帝国。而隋炀帝即位后，不重修身，不喜人谏，荒淫无道，富强的隋帝国顿时分崩离析，"一人失德，四海土崩"（《隋书·炀帝本纪》）。隋炀帝也在农民起义的烽火中被宇文化及所杀，身死国灭。不修身而想治国，这是本末倒置，缘木求鱼，旷古未有之事。

以上七节合成一章，共二百零五字，朱熹以为是"经"，"盖孔子之言而曾子述之"。以后十章,朱熹以为是"传","则曾子之意而门人记之也"(《四书集注·大学章句》)。其实本章为《大学》的总论。首先论述大学之道有"明明德""新民""止于至善"三纲领;其次论述格物、致知、诚意、正心、修身、齐家、治国、平天下八条目。为下文详细阐明八条目打定基础。其三论述达到至善的一般方法和先后顺序。这就是通过"知""定""静""安""虑""得"而得到明德、至善的结果。其四论述三纲领和八条目的关系,强调以修身为本。对内,修己而言,格物、致知、诚意、正心、修身,都是明明德之事,不断提高自身的道德品质,以达到炉火纯青"止于至善"的地步。对外,治人而言,齐家、治国、平天下都是新民之事。使人民受到教化,革旧布新,成为新人。通过君仁、臣敬、父慈、子孝、朋友之信等要目,使全国上下得其所止之处,达到"止于至善"的地步。而明德也好,新民也好,其根本则在于修身。如果明德、新民都能止于至善,大学之道也就完成了。

二、康 诰 章

《康诰》①曰:"克②明德。"《大甲》③曰:"顾諟天之明命④。"《帝典》⑤曰:"克明峻⑥德。"皆自明⑦也。

【今译】

《尚书·康诰》说:"能够发扬彰明美德。"《尚书·大甲》说:"经常注意上天赋予的彰明美德的使命。"《尚书·帝典》说:"能够彰明崇高而伟大的美德。"所有这一切,说的都是要使自己的美德得以彰明和发扬。

【注释】

①《康诰》:《尚书·周书》中的篇名。是周公对康叔受封于殷地时的训辞。 ②克:能,能够。 ③《大甲》:《尚书·商书》中的篇名。

大(tài),读音泰。大甲,商代国王,商汤嫡长孙,太丁之子,继嗣为王,无道,不理国政。伊尹放之于桐,三年后大甲改悔,伊尹迎其回亳复位。作《大甲》,进言以戒之。　④顾諟天之明命:回顾此上天的光明使命。这是伊尹告戒大甲的话。顾,回顾。引申为经常想念。諟,是,此。明命,即明德。天所赋予的使命。　⑤《帝典》:《尚书》中的篇名,即《尧典》。主要叙述尧舜的历史。　⑥峻:《尧典》中作"俊"。崇高而伟大的意思。　⑦自明:自明己德。

【评述】

本章引用《尚书》,深入阐明"明明德"的道理,教育人们应该不断保持和发扬自身的美德,克躬励己,完成伟大的使命。

朱熹认为本章是"传"的首章,"释明明德"。并云:"此通下三章至'止于信',旧本(《小戴礼记》本)误在'没世不忘'之下。"(《四书集注·大学章句》)他认为是错简,故移于此。其理由是:"以经统传,以传附经,则其次第可知;而二说之不然,审矣。"(赵顺孙《大学纂疏》)就是说他根据文势与经传之次序相统而知之,故从其安排。

汉郑玄说:"皆自明明德也。"(《十三经注疏·大学》)唐孔颖达说:"《康诰》曰'克明德'者,此一经广明诚意,则能明己之德。周公封康叔而作《康诰》,戒康叔能明用此德。此记之意,言周公戒康叔以自明其德,与《尚书》异也。《大甲》曰'顾諟天之明命'者,顾,念也;諟,正也。伊尹戒大甲云:'尔为君当顾念奉正天之显明之命,不邪辟也。'《帝典》曰:'克明峻德'者,《帝典》为《尧典》之篇。峻,大也。《尚书》之意言尧能明用贤俊之德。此记之意,言尧得自明大德也,皆自明也。此经所云:《康诰》《大甲》《帝典》等之文皆是人君自明其德也,故云皆自明也。"(同上)孔颖达具体分析了引文与原文在表达意义上之不同。原文在于"用德",引文意在'自明其德'。宋朱熹说:"天之明命,即天之所以与我,而我之所以为德者也。常目在之,则无时不明矣。"(赵顺孙《大学纂疏》)宋赵顺孙说:"自天所与而言,则曰命;自我之所得而言,则曰德。"(同上)又说:"文王自诚而明者,故其心浑然天理,表里澄莹,不待克之而自明。若大贤而下,未能如文王,则不可无克之之功也。"(同上)宋陈埴说:"明德而至于大,如光被四表,使天下之人,皆在吾盛德辉光之内。"(《木钟集》)

　　这三条引文,都是说自明其明德。但细辨之,次序深浅上有些区别。《康诰》通言明德而已。《大甲》则阐明天之未始不为人,而人之未始不为天。《帝典》则专言成德之事,极其博大。诚如宋黄榦说:"本文三引书,乃断章取义,以明经文明明德之意。其言之序自浅而深,最为有味。克明德者,泛言之;言顾諟,则言明之至功;曰明命,则言明德之故。次之曰峻德,加一峻字,则又见明德之极,乃所谓止于至善者也。"(《诸经讲义》)

三、盘　铭　章

　　汤①之《盘铭》②曰:"苟③日新④,日日新,又日新。"《康诰》曰:"作⑤新民。"《诗》⑥曰:"周⑦虽旧邦⑧,其命⑨维新⑩。"是故君子⑪无所不用其极⑫。

【今译】

　　商汤在铜制的盥洗盘上镂刻铭文警告自己说:"假如每天都能够洗干净自己身上的污垢,那么就应当天天清洗,坚持每天不间断,做到每天新,天天新。"《尚书·康诰》说:"振作精神,使商朝遗民改过自新,成为一代新人。"《诗经·大雅·文王》说:"周朝虽然是一个古老的诸侯国家,但文王能秉承天命,除旧布新,焕发旺盛的生命力。"所以有道德的、承天命的君主总是尽心竭力,时时处处为自己、为人民达到至善至美的精神境界而不懈努力。

【注释】

①汤:指商汤,商朝的建立者。　②盘铭:古代青铜器上镌刻的用以申戒的铭文。盘:青铜制的盥洗器具。铭:镌刻在青铜器上用以称颂功德或鉴戒自警的文字。后成为一种文体,称金文。　③苟:诚、如果。　④日新:日日去旧布新。　⑤作:鼓之舞之之谓作,有振作兴起之意。　⑥《诗》:指《诗经》,是我国第一部诗歌总集,共一百零五篇。这里所引之诗,出自《诗经·大雅·文王》,是歌颂周文王功业之诗。　⑦周:指周王国。周自后稷开国,居于西方,经夏、商两朝,都是诸侯国。至文王时国力逐渐强盛,奠定了灭商的基础。至周武王时,灭掉商朝,建立周朝,统治全国。　⑧旧邦:古老的诸侯国。邦:古代诸侯封国之称。　⑨命:指上天的命令。　⑩维新:新。这里含有更新、除旧布新之意。维:语助词,无义。　⑪君子:指君主、统治者。⑫极:尽。

【评述】

本章引用经书,深入阐明"新民"的道理,教育人们自新、新民。宋朱熹认为这是"传"的第二章,"释新民"。唐孔颖达说:"汤之《盘铭》此一经,广明诚意之事。苟日新者,此《盘铭》辞也,非唯洗沐自新。苟,诚也。诚使道德日益新者。言非惟日日益新,又须恒常日新,皆是叮咛之辞也。此谓精诚其意,修德无已也。《康诰》曰'作新民'者,成王既伐管叔、蔡叔,以殷余民封康叔,《诰》言殷人化纣恶俗,使之变改为新人。此记之意,自念其德为新民也。《诗》曰:'周虽旧邦,其命维新'者,此《大雅·文王》之篇,其诗之本意,言周虽旧是诸侯之邦,其受天之命,唯为天子而更新也。是故君子无所不用其极者,极,尽也。言君子欲自新其德,无处不用其心、尽其力也。言自新之道唯在尽其心力,更无余行也。"(《十三经注疏·大学》)宋朱熹说:"汤以人之洗濯其心以去恶,如沐浴其身以去垢。故铭其盘,言诚能一日有以涤其旧染之污而自新,则当因其已新者而日日新之,又日新之。不可略有间断也。""武王之封康叔也,以商之余民,染纣污俗,而失其本心也。故作

《康诰》之书而告之以此。欲其有以鼓舞而作兴之,使之振奋踊跃,以去其恶而迁于善,舍其旧而进乎新也。""言周之有邦,自后稷以来千有余年。至于文王,圣德日新,而民亦丕变,故天命之以有天下。是其邦虽旧,而命则新也。盖民之视效在君,而天之视听在民,君德既新,则民德必新;民德既新,则天命之新亦不旋日矣。"(赵顺孙《大学纂疏》)宋赵顺孙说:"尘垢之污其害浅,利欲之昏其害深。尘垢之污,人知求以去之,而利欲之昏,则不知所以去之。……欲去利欲之昏而复本然之明,则存养省察之功,其可一日而有间断哉?"(同上)宋叶贺孙说:"苟,诚也。要紧在此一字。"(《朱子语类·大学三》)宋汤泳说:"苟日新一句,为学入头处。而今为学,且要理会苟字,苟能日新如此,则下面两句工夫方能接续做去。"(同上)

　　大学之道的任务是要教化天下人民除旧布新,自新自立,达到国治而天下平。所以新民,包括两个方面的要求,既要君主自新,又要人民更新。要在君主自新的榜样下,化育人民更新,而且要坚持不懈地做下去,达到止于至善的地步。这样,就要求人们首先要不断提高自身的道德品质,大公无私,不谋私利;其次要具有实事求是的踏实作风,持之以恒,稳步前进;第三要树立新的观念,不断革旧布新,敢为天下先。由自身新而使人人日日新,"无所不用其极"而止于至善。

四、邦　畿　章

　　《诗》①云:"邦畿②千里,惟民所止③。"《诗》④云:"缗蛮⑤黄鸟⑥,止于丘隅⑦。"子曰:"于止⑧,知其⑨所止。可以人而不如鸟乎!"

【今译】

　　《诗经·商颂·玄鸟》说:"天子的京都方圆千里,是人民最安定的居处。"《诗经·小雅·绵蛮》篇说:"吱吱地叫着的黄雀,安逸地栖息在山丘边的丛林里。"孔子感叹地说:"唉!要紧的是进退居处。黄雀在栖息时,尚且知道选择停在何处。难道人反而不如黄雀吗?"

【注释】

①《诗》:指《诗经·商颂·玄鸟》。　②邦畿(jī):古代天子之京都,方圆千里,包括京城及其郊区。邦,都城、京城。畿:郊区、郊野。

③维民所止:为人民居住之处。维:为;民:人民;所:处所、地方。止:居处、居住。这两句诗引自《诗经·商颂·玄鸟》,这是一首祭祀时所唱的颂歌,叙述殷商始祖弃因其母简狄吞玄鸟卵而生的传说,以及汤武建立王业,武丁中兴的功绩。这里所引两句诗,意在说明一切事物都应有个好的落脚点。　④《诗》:指《诗经·小雅·绵蛮》。　⑤缗(mín)蛮:鸟鸣声。缗,原诗为"緜"字。　⑥黄鸟:黄雀。一种小鸟。

⑦止于丘隅(yú):停在山丘的一角。止,栖息。于,在。介词。丘,多树的土山。隅,原诗为"阿"(ē)字。山坡。这两句诗引自《诗经·小雅·緜蛮》,意在说明选择居处之必要。　⑧于止:进退居处。于,叹辞,无义。止,居处。　⑨其:它。指黄雀。

【评述】

本节引用《诗经》和孔子的话,深入阐明"止于至善"的道理,教育人们不断追求达到"止于至善"的崇高境界。

汉郑玄说:"于,止。于鸟之所止也。就而观之,知其所止。知鸟择岑蔚安闲而止处之耳,言人当择礼义乐土而自止处也。"(《十三经注疏·大学》)唐孔颖达说:"此《商颂·玄鸟》之篇,言殷之邦畿方千里,为人所居止。此记断章,喻其民人而择所止。言人君贤则来也。《小雅·缗蛮》之篇,言缗蛮,然微小之黄鸟,止在于岑蔚丘隅之处,得其所止。以言微小之臣依托大臣亦得其所也。'于止,知其所止',孔子见其诗文而论之云。是观于鸟之所止,则人亦知其所止,鸟之知在岑蔚安闲之处,则知人亦择礼义乐土之处而居之也,岂可以人不择止处,不如鸟乎。"(同上)宋朱熹说:"此以民之止于邦畿,而明物之各有所止也。""鸟于其欲止之时,犹知其当止之处,岂可人为万物之灵而反不如鸟之能知所止而止乎?其所以发明人当知止之义,亦深切矣。"(赵顺孙《大学纂疏》)宋叶味道说:"《传》引此诗,盖言凡天下之物,莫不各有所当止,借邦畿为喻也。"(《讲义》)

择善而处,是我国古代的优良传统,所谓良禽择木而居,贤臣择主而事。孔子曾说过"里仁为美,择不处仁,焉得知"。(《论语·里仁》)教育人们要选择具有仁风的环境居住,否则是不聪明的。孟母为了教育孟子,曾三迁居处,传为美谈。据《列女传·母仪》篇载:孟母的家靠近坟墓。孟子便作筑墓、掩埋死人的游戏。孟母说:"此非吾所以居处子也。"乃迁到市场边。孟子便作商人买卖的游戏。孟母又说:"此非吾所以居处子也。"又迁到学宫旁边。孟子便作祭祀揖让进退的游戏。孟母说:"真可以居吾子矣。"遂在这里定居。孟子受儒家礼义熏陶,终于成为大儒。但本篇是比喻义,并不是具体选择居住之处,而是因商为贤王,有德行,人民纷纷前来归附;黄雀尚且知道选择岑蔚安闲之地以居为喻,阐明人在修己、治人时也应追求至善的崇高精神境界。

《诗》①云:"穆穆②文王,于③缉熙敬止④。"为人君,止于仁⑤;为人臣,止于敬⑥;为人子,止于孝⑦;为人父,止于慈⑧;与国人⑨交⑩,止于信⑪。

【今译】

《诗经·大雅·文王》说:"啊!端庄恭敬的周文王,他正大光明的美德,使人们无不崇敬。"作为人民的君主,要立足于施行仁政;作为臣子,要立足于尊敬君主;作为儿子,要立足于实行孝道;作为父亲,要立足于慈爱子女;和周围的人交往,要立足于诚信。

【注释】

①《诗》:指《诗经·大雅·文王》。　②穆穆:端庄而深远的样

子。　③于(wū)：乌的古字，叹词，啊!　④缉熙敬止：光明而又恭敬。缉熙，光明。敬，恭敬。止，语助词。这两句诗意在说明止于至善。　⑤仁：仁德、仁政。　⑥敬：尊敬、恭敬。　⑦孝：孝顺父母。⑧慈：慈爱。　⑨国人：西周、春秋时居住在国都的人，与野人(居住在农村的人)相对。这里指周围的人。　⑩交：交往、交接。　⑪信：诚信、诚实守信。

【评述】

本节继续引用《诗经》，深入阐明做到君仁、臣敬、子孝、父慈、友信，才算达到"止于至善"的精神境界。

唐孔颖达说："缉熙，谓光明也。止，辞也。《诗》之本意云，文王见此光明之人，则恭敬之。此记之意，于缉熙言，呜呼，文王之德缉熙光明，又能敬其所止，以自居处也。"(《十三经注疏·大学》)宋朱熹说："引此而言圣人之止，无非至善。五者乃其目之大者也。学者于此，究其精微之蕴，而又推类以尽其余，则天下之事，皆有以知其所止而无疑矣。"(《四书集注·大学章句》)宋黄榦说："敬止，只得做两字看，未必谓敬其所止，工夫在缉熙字上，敬止却是缉熙之效，能接续光明，则自无不敬，而且安所止也。"(《语录》)宋真德秀说："此敬字举全体而言，无不敬之敬也。为人臣止于敬，专指敬君而言，乃敬中之一事也。文王之敬，包得仁、敬、孝、慈、信。"(《大学衍义》)宋蔡渊说："缉熙敬止者，所以为止至善之本，仁、敬、孝、慈、信，所以为止至善之目。"(《大学思问》)

本节引用《诗经·大雅·文王》，从歌颂文王能继续不断地明其明德，敬其所止之中，阐明达到止于至善之法。我国古代讲求君臣、父子、兄弟、夫妇、朋友之间的伦理关系，也称"五伦"。这里所说的是三种伦理关系。即君臣、父子、朋友。作为君主，要具有仁爱之心，亲爱万民。作为臣子，要具有敬上之心，敬事君上。作为儿子，要具有孝顺之心，孝敬父母。作为父亲，要具有慈爱之心，慈爱子女。朋友交往，要具有诚信之心，言而有信。这三种伦理关系处理好了，也就可以做到家齐、国治而民安了。至于夫妇、兄弟之间的关系，也可由此三者而类推其余。其关键则在于一个"敬"字，这是止于至善之本，仁、敬、孝、慈、信乃"止于止善"之目。从敬出发，包举仁、敬、孝、慈、信，坚持不懈地实践，就可止于至善了。

《诗》①云："瞻彼淇澳②，菉竹③猗猗④！有斐⑤君子⑥，如切如磋⑦，如琢如磨⑧。瑟兮僩兮⑨，赫兮喧兮⑩。有斐君子，终不可谊⑪兮！"如切如磋者，道学⑫也。如琢如磨者，自修⑬也。瑟兮僩兮者，恂慄⑭也。赫兮喧兮者，威仪⑮也。有斐君子，终不可谊兮者，道⑯盛德至善，民⑰之不能忘也。

【今译】

　　《诗经·卫风·淇奥》说："眺望那弯弯曲曲的淇水河畔，碧绿的翠竹多么茂盛！那个文采风流的卫武公，他治学就像切削坚硬的骨器那样专心致志，他修身就像琢磨精美的玉石那样精细深刻。他神情庄重，仪态威严，他光明磊落，品德高尚。这个文采风流的卫武公，永远使人不能忘记啊！"诗中"如切如磋"的意思，是说卫武公治学的态度严谨，"如琢如磨"的意思，是说卫武公修身认真精细。"瑟兮僩兮"的意思，是说卫武公谦恭谨慎，心存戒慎。"赫兮喧兮"的意思，是说卫武公仪容威严，为民作则。"有斐君子，终不可谊兮"的意思，是说卫武公文采丰茂，品德高尚，达到了善的最高境界，所以人民永远不会忘记他。

【注释】

　　①《诗》：指《诗经·卫风·淇奥》。　②瞻彼淇澳(qíyù)：看那淇水岸边。瞻，看、瞧。彼，它、那个。淇澳：淇，淇水，在今河南省北部，古代属卫国。澳，原诗作"奥"，亦作"隩"，崖岸弯曲的地方。　③菉竹：菉通"绿"。绿色的竹子。　④猗猗(yīyī)：修竹茂盛的样子。⑤有斐：有，虚词，无义。斐：斐然，才华丰茂的样子。　⑥君子：指卫

武公,曾为周天子卿士。 ⑦如切如磋:古代治骨器的不同方法。切,用刀切断。磋,用锉剉平。《尔雅·释器》:"骨谓之切,象谓之磋。"这里比喻治学应像切剉骨器那样严谨。 ⑧如琢如磨:古代治玉石器的不同方法。琢,用刀雕刻。磨,用沙磨光。这里比喻修身应像琢磨玉器那样深刻精细。 ⑨瑟兮僩(xiàn)兮:庄重威武的样子。瑟,璱的假借字。庄重。僩,威严,武毅。 ⑩赫兮喧(xuān)兮:光明盛大的样子。 ⑪谖(xuān):忘记。 ⑫道学:治学的工夫。 ⑬自修:自我修养。 ⑭恂慄(xúnlì):惶恐、颤栗,引申为谦恭谨慎。 ⑮威仪:威望崇高,仪容肃穆。 ⑯道:说。 ⑰民:人民。

【评述】

本节继续引用《诗经》,深入阐明君主应以卫武公为榜样,不断道学、自修,提高道德品质,达到止于至善。

《诗经·卫风·淇奥》是卫人赞美卫武公美德之诗。卫武公是卫国君主(前812—前757在位),他于周宣王十六年(前812)即位,有美德,有文章,能听规谏,以礼自防,曾为周平王卿士,受到卫国人民的敬仰。据《国语·楚语》载:"昔卫武公年数九十有五,犹箴敬于国……作《懿戒》以自儆。"据《史记·卫世家》载:"武公即位,修康叔之政,百姓和集,四十二年(前771)犬戎杀周幽王。武公将兵往,佐周平戎甚有功。周平王命武公为公,五十五年(前757)卒。"可见卫武公是卫国贤君,又是周室贤卿之一,引用此诗,意在教育人们以卫武公为榜样,不断修身进德,循序而进,达于至善。本节中"如切如磋者,道学也"至"民之不能忘也"为止,本为古代解释《诗经》之文,亦见于《尔雅·释训篇》,作者引之,也意在申述前诗的意义。

汉郑玄说:"澳,隈崖也。菉竹猗猗,喻美盛。斐,有文章貌也。谖,忘也。道,犹言也。'恂'字或作'峻',读如严峻之'峻'。言其容貌严栗也。民不能忘,以其意诚而德著也。"(《十三经注疏·大学》)唐孔颖达说:"此一经广明诚意之事,故引《诗》言学问自新,颜色威仪之事,以证诚意之道也。"(同上)宋程颐说:"竹,生物之美者,兴武公之美内充,而文章威仪著于外也。"(《二程集·程子遗书》)宋朱熹说:"言切磋琢磨,则学问自修之功精密如此。"(《朱子语类·大学三》)又说:"卫武公学问之功甚不苟……毕竟周之卿士,去'圣人'近,气象自是不同。"(同上)宋蔡沉说:"此引《诗》以释明明德之止于至善,功夫如此其缜密也。"(《书传》)近人蒋伯潜说:"'道学''自修'说君子的修治功夫。恂慄,因恐惧而发抖,是战战兢兢,不敢疏忽委靡的意思。及其道德修治已成,他煊赫盛大,望之俨然的仪容,必能使人肃然起敬。这样文质彬彬的君子道德已极盛大,人民是终身不会忘记的。"(《四书读本·大学新解》)总之本节为人们举出榜样,树立典型,鼓励人们修己明德,达于至善。

《诗》①云:"于戏②! 前王③不忘。"君子④贤其贤⑤而亲其亲⑥。小人乐其乐⑦而利其利⑧,此以没世⑨不忘也。

【今译】

《诗经·周颂·烈文》说:"啊! 从前周文王、周武王的功德,人民永远不会忘记。"后代的君主,蒙前王之泽,被前王之化,以前代文、武等贤王为楷模,尊重贤德的人,而且亲近自己的亲人;后世的人民享受前王留下的恩泽,生活安乐而且获得实际利益。所以前代贤王虽然去世,但他的功德永远不会被人民忘记。

【注释】

①《诗》:指《诗经·周颂·烈文》。 ②于戏(wūhū):同"呜呼"。叹词,啊、啊呀! 唉! ③前王:指周文王、周武王。 ④君子:指后贤后王。 ⑤贤其贤:前一"贤"字为动词,作重视讲。后一"贤"字为名词,作贤人讲。 ⑥亲其亲:前一"亲"字为动词,作亲近、亲爱讲,后一"亲"字为名词,作亲人讲。 ⑦乐其乐:前一"乐"字为动词,作享受讲,后一"乐"字为名词,作安乐讲。 ⑧利其利:前一"利"字为动词,

作获得讲,后一"利"字为名词,作利益讲。　⑨没世:终生、一辈子。

【评述】

本节继续引用《诗经》,从歌颂前王明德、新民止于至善的伟大功业中,鼓励和教育后贤后王,贤其贤,亲其亲,使人民乐其乐,利其利,光大先王盛德使天下人民处于和睦融洽之中。

"于戏! 前王不忘"句,见《诗经·周颂·烈文》,这是周成王亲政告祖,诸侯助祭,祭毕敕戒诸侯之词,意在歌颂文王之功德,教育民人永志不忘文王之恩泽,自新新人,布德于天下。唐孔颖达说:"此一经广明诚意之事,以文王、武王意诚于天下,故诗人叹美之云:此前世之王其德不可忘也。"(《十三经注疏·大学》)宋朱熹说:"此言前王所以新民者止于至善,能使天下后世无一物不得其所。所以既没世而人思慕之,愈久而不忘也。"(《四书集注·大学章句》)又说:"贤其贤者,闻而知之,仰其德业之盛也;亲其亲者,子孙保之,思其覆育之恩也;乐其乐者,含脯鼓腹,而安其乐也;利其利者,耕田凿井,而享其利也。此皆先王盛德至善之余泽,故虽已没世,而人犹思之,愈久而不能忘也。"(赵顺孙《大学纂疏》)宋赵顺孙说:"亲、贤、乐、利,上四字皆自后人而言,下四字或指前王之身,或指前王之泽。"(同上)

总之,本节咏叹前王至善至美,以见新民之极功。前王是指文王、武王,君子是指后贤后王,"小人"指后世之人民。后世蒙前王之泽,被前王之化,故君子则贤其所贤,亲其所亲,小人则乐其所乐,利其所利,所以前王虽然没世,人们终究不会忘记他们的。

以上四节,朱熹认为是《传》之三章,释"止于至善。"首引《诗经》"邦畿""缗蛮""穆穆",重点是说"止"字,应有所止,止于善处。次引《诗经》"瞻彼",重点是说"至善"。止而有所求,达于至善之境界。最后引"前王不忘",咏叹前王至善至美,新民之功,后世承泽而不忘。四节环环相扣,层层深入,以见明德、新民均达至善之极处。

五、听　讼　章

　　子曰:"听讼①,吾犹②人也。必也使无讼乎!"无情③者不得尽其辞④。大畏⑤民志⑥,此谓知本⑦。

【今译】

　　孔子说:"审理案件,我和别人差不多,一定要做到没有诉讼事件发生才好!"一定要使虚辞矫饰而无实情的人不敢把不实的谎言说出来。使他们畏惧人民的舆论制裁,不敢争讼,这才叫作懂得根本。

【注释】

　　①听讼:审理案件。听,判断、处理。讼,诉讼,争讼。　②犹:同。　③无情:没有实情。　④尽其辞:把话说完。辞,指狡辩、虚伪的言辞。　⑤畏:畏惧、敬畏。　⑥民志:民心。引申为人民的舆论。　⑦本:根本。指明己德而以德化民。

【评述】

　　本章引孔子之言,论述听讼为末,明德为本。明己德而以德化民乃根本首务。

　　汉郑玄说:"情,犹实也。无实者多虚诞之辞。圣人之听讼与人同耳,必使民无实者不敢尽其辞,大畏其心志,使诚其意,不敢讼。本,谓诚其意也。"(《十三经注疏·大学》)唐孔颖达说:"此一经广明诚意之事,言圣人不惟自诚己意,亦服民使诚意也。……必也使无理之人不敢争讼也。"(同上)他们把"本"理解为诚意。宋朱熹说:"引夫子之言,而言圣人能使无实之人,不敢尽其虚诞之辞。盖我之明德既明,自然有以畏服民之心志。故讼不待听而自无也。观于此言,可以知本末之先后矣。"(《四书集注·大学章句》)宋胡泳说:"使他无事,在我之事,本也。恁地看,此所以听讼为末。"(《朱子语类·大学三》)宋黄卓说:"大畏民志者,大有以畏服斯民自欺之志。"(同上)他们则把"本"理解为明德。诚意为意念诚实,明德为自明己德,都是内心的修己功夫,意思是一致的。

"听讼"句出自《论语·颜渊篇》,本章引用此句,意在说明"明德"为本,"听讼"为末。使人民化于德,习于礼,无争无讼,才是圣善。东汉王符说:"导之以德,齐之以礼,务厚其情而明其义,民亲爱则无相害伤之意,动思义则无奸邪之心。夫若此者,非律之所使也,非威刑之所强也,此乃教化之所致。"(《潜夫论·德化篇》)宋陈淳说:"听讼末也,明德本也。不能明己之德,而专以智能决讼者,抑末矣。"(《大学口义》)所以以德化民,使人们自己感化向善,不致涉讼。即使偶有人涉讼,也不敢将不实之言辞出口欺蒙;即使有恶人,也大大畏惧社会舆论的制裁而罢争息讼。因此,明德才是根本。

本章朱熹认为是《传》之四章,释"本末"。此文《小戴礼记·大学》本在"止于信"之下,"所谓修身在正其心者"之上,朱熹认为是错简,故移此。今从之。

六、知 本 章

此谓知本①,此谓知②之至③也。

【今译】

这就叫作懂得根本,这就叫作进入知的最高境界。

【注释】

①此谓知本:本,根本。程颢、程颐认为这句是衍文。 ②知:知识。 ③至:最高境界。

【评述】

本章阐明格物致知的道理。由于原文佚失,仅存"此谓知本","此谓知之至也"两句。原在《小戴礼记·大学》"其所厚者薄,其所薄者厚,未之有也"之下,朱熹将它移于此。其理由是:"以文义与下文推之,而知其释知至也,以句法推之,而知其为结语也,以传之例推之,而知其有缺文也。"(赵顺孙《大学纂疏》)今从之。前一句,程颢、程颐认为是衍文。朱熹认为后一句是结论,在它上面"别有阙文。"他按程颢、程颐阐发的意思,补写了"格物致知"章,系统发挥其"格物致知"哲学思想,认为人的知识在认真研究外界事物中获取,日积月累,可以达到"知之至"的境界,补入《大学》本文。我们认为朱熹补写的"格物致知"章,并非《大学》原文。且有人认为是画蛇添足,反对补写。如明人张侗初说:"'大畏民志',格物也。'此谓知本',知物有本末之本也。物格而后知至矣,故曰:'此谓知本,此谓知之至也'。此正是释格物致知,直捷痛快,不须蛇足。"(《四书遇·听讼章》)清张岱也说:"以'古之欲明明德'直接在'止于至善'之下,直截痛快,不必更为补传。"(《四书遇·知本章》)所以未将其列入原文之中。但朱熹对"格物致知"的见解颇多精辟之论,为了阅读和理解方便,我们将他的补传录之于下,并作今译、注释,按文意加以评述:

右①传之五章,盖②释"格物致知"之义,而今亡③矣。间④尝⑤窃取⑥程子之意以补之。曰:"所谓致知在格物者,言欲致吾之知,在即物⑦而穷⑧其理也。盖人心之灵,莫不有知,而天下之物,莫不有理。惟于理有未穷,故其知有不尽也。是以⑨《大学》始教,必使学者即凡天下之物,莫不因⑩其已知之理,而益穷之,以求至乎其极。至于用力之久,而一旦豁然贯通⑪焉,则众物之表里精粗⑫无不到⑬;而吾心之全体大用⑭无不明矣。此谓物格,此谓知之至也。"

【今译】

朱熹说:前面一节是传文的第五章,原来是解释"格物致知"的意义的,但原文现在已经佚失了。近来我曾经私下采取程颢、程颐先生的意思把它补足起来。我说:"所谓取得知识在于明辨事物的道理:是说要想把我们心中的知识推究到极点,在接触每种事物的时候都要用心探求它的道理。因为人的心是最灵敏的,没有什么东西不可以知道,而天下各种事物,没有不具备自己内在的特点。只是由于有些道理我们还没有去深究,所以人们的知识就会有许多不完全的地方。因此《大学》开始教育学生,一定要让求学的人在遇到天下所有事物时,根据已经掌握的道理,进一步去深入推究它,以求达到它的顶点。当他坚持努力,铢积寸累,日子一长,就会突然彻悟,自然贯通。那么,一切事物的表面现象,内部联系和精微粗浅的道理,就没有不能理解的了。至此,我们心中全部的体用功能,没有不明悟畅达了。这就叫作明辨事物,这就叫作达到了知识的顶点。"

【注释】

①右:指前面或上面。　②盖:发语词,无义。也可作原来、本来讲。　③亡:佚失、遗失。　④间(jiàn):近来,近日。　⑤尝:曾经。⑥窃:私自、私下。含谦意。　⑦即物:接触事物。即:靠近。　⑧穷:深入探究。　⑨是以:所以、因此。　⑩因:依据、凭借。　⑪豁(huò)然贯通:一下子明白通达。豁然:开阔敞亮的样子。　⑫表里精粗:指事物表面现象、内部联系,精微的道理,粗浅的道理。　⑬到:达到。引申为理解、掌握。　⑭大用:大的功用。指体用功能。

【评述】

朱熹在补文中首先认为"格物致知"是为学之"本"。他说:"进学则在致知。""欲致吾之知,在即物而穷其理也。"当先而不可后,所以"致知,是《大学》最初下手处,若理会得透彻,后面便容易了"(赵顺孙《大学纂疏》)。宋程子说:"学莫先于致知,能致其知,则思日益明,至于久而后有觉耳。"(《二程集·遗书》)宋司马光认为知至而能御外物，"然后能知至道"这是立身之本。"己之道诚善也，是也。虽茹之以藜霍，如粱肉；临之以鼎镬，如茵席；诚恶也，非也。虽位之以公相，如涂泥，赂之以万金，如粪土。……如此则视天下之事，善恶是非，如数一二；如辨黑白，如日之出，无所不照，如风之入，无所不通，洞然四达，安有不知者哉!"(《司马文正公传家集》卷六十五"致知在格物论")宋真德秀说："《大学》教人以格物致知，盖即物而理在焉，庶几学者有着实用功之地，不至驰心于虚无之境。"(《大学衍义》)五代时有一将军，年纪大了而不识字。既贵，遂令人于每件东西上书一名字贴着，他仔细看，日积月累，渐渐认识字。所以格物致知是涵养德性之本。

其次，朱熹正确地揭示了人的知识的来源和认知规律。他说："言欲致吾之知，在即物而穷其理也。""物格者，穷理之谓也。……然理无形而难知，物有迹而易睹，故因是物而求之。"(赵顺孙《大学纂疏》)说明人的知识在认真研究、观察事物中获取，来源于实践。而认知过程则由已知到未知，循环往复，不断升华。他说："学者即凡天下之物，莫不因其已知之理而益穷之，以求至乎其极。"宋张洽说："穷理者，因其所已知而及其所未知，因其所已达而及其所未达。"(《朱子语类·大学五》)日积月累，可以达到知识渊博，豁然贯通的境地。而认知过程不是一次可以完成的，这是因为"天下之物，莫不有理，惟于理有未穷，故其知有不尽也"。物理无穷，所以认知过程永远不会完结。只有不断认识，才能获得丰富的知识，才能对事物的表里精粗无不到，推致到极处。

再次，朱熹认为"格物致知"乃是修己工夫，与修己相结合，以明吾心之明德。"观物察己，还因见物反求诸己。"(《朱子语类·大学五》)即物穷理至极致，"而吾心之全体大用无不明矣"。诚如宋杨道夫说："格物莫若察之身，其得之尤切。"(同上)

所以，从朱熹所补传文看，思虑精微，逻辑推理严密，言简意赅，对贯通《大学》原文，颇有作用。

七、诚 意 章

所谓诚^①其意^②者，毋^③自欺^④也。如恶恶臭^⑤，如好好色^⑥，此之谓自谦^⑦。故君子必慎其独^⑧也。

【今译】

所谓要使自己的意念诚实，就是不要自己欺骗自己。好像厌恶臭气那样厌恶邪恶，好像喜爱美色那样喜爱善良，这样，才叫作意念诚实，自我满足。所以有道德修养的君子必须在独处无人的时候，一丝不苟地谨慎自己的行为。

【注释】

①诚：诚实。使动词，使……诚实。 ②意：意念、念头。 ③毋：不。 ④自欺：自己欺骗自己。 ⑤恶(wù)恶(è)臭：前一"恶"字作动词，厌恶、厌恨。后一"恶"字为形容词，修饰臭。恶臭：难闻的气味，即臭气。 ⑥好(hào)好色：前一"好"字作动词，喜爱、喜欢。后一"好"字为形容词，修饰色。好色：美好的颜色。色，借指美女。 ⑦谦(qiè)：同"慊"，满足，欢快。 ⑧独：独处。处在单独无人之处。

【评述】

本节阐述为学必须诚意的道理，而诚意必从慎独开始，做到毋自欺。

唐孔颖达说："此一节明诚意之本先须慎其独也。"(《十三经注疏·大学》)宋朱熹说："诚其意者，自修之首也。自欺云者，知为善去恶而心之所发未实也。谦，快也，足也。独者，人所不知而止所独知之地也。盖有他人所不及知而己独知之者，故必谨之于此。"(《四书集注·大学章句》)宋曾祖道说："须是表里一致，便是不自欺。"(《朱子语类·大学三》)宋国秀说:"《大学》诚意,看来有三样:一则内全无好善恶恶之实,而专事掩覆于外者,此不诚之尤也;一则虽知好善恶恶之为是,而隐微之际,又苟且以自瞒底;一则知有未至,随意应事,而自不觉,陷于自欺底。"(同上)诚意者,行之首。宋陈埴说:"才萌欺心,便落小人旋涡中,可畏之甚。"(《经说》)故必须慎独。宋黄士毅说:"独也者,诚与不诚之本根。此又指本根以示人,使人知其本根而谨之。"(《讲义》)《中庸》说:"莫见乎隐,莫显乎微,故君子慎其独也。"都强调要"慎独"。

"慎独"是一种美德。古往今来,许多杰出人物在"慎独"方面表现了高尚的精神境界。诸葛亮鞠躬尽瘁,死之日"不使内有余帛,外有赢财"(《三国志·诸葛亮传》)。范仲淹"先天下之忧而忧,后天下之乐而乐",一心奉公。据《咸宁县志》载:清雍正年间,叶存仁先后在淮阳、浙江、安徽、河南等地作地方官三十余年,严于律己,毫不苟取。在他离任时,僚属们派船送行,然而船迟迟不启航。直到明月高悬,才划来一只小船。原来是僚属为他送来临别馈赠,为了避人耳目,特地深夜送来。他们以为叶存仁平时不收受礼物,是怕别人知道引出麻烦。而此时夜深人静,肯定会收下。叶存仁见此情景,便叫随从备好文房四宝,即兴赋诗一首:"月白风清夜半时,扁舟相送故迟迟。感君情重还君赠,不畏人知畏己知。"将礼物原璧奉还。"不畏人知畏己知",表现了意念专诚、不自欺的崇高慎独品质。诚意的第一要紧处是"毋自欺",故必须以"慎独"工夫来做到诚意。

小人①闲居②为不善,无所不至③。见君子而后厌然④,揜⑤其不善,而著⑥其善。人之视己,如见其肺肝然,则何益矣?此谓诚于中⑦,形于外⑧,故君子必慎其独也。

【今译】

　　没有道德修养的小人,在独居无人注意时,什么坏事都干得出来。

遇到有道德的君子时,却遮遮掩掩,乔妆打扮,把自己的坏行为掩盖起来,装出一副良善的模样。其实,别人早已看穿了他所做的坏事,就像洞察他们的肺肝一样,那么,这种隐蔽遮掩,隐恶扬善的做法又有什么好处呢?这就是说:内心深处藏着恶念,必然会在外表上暴露出痕迹。所以有道德修养的君子,一定要谨慎地对待独处。

【注释】

①小人:指没有道德修养的人。　②闲居:平时独居、独处。③无所不至:没有什么地方不到。引申为什么坏事都干得出来。④厌(yā)然:隐蔽、掩藏的样子。　⑤揜(yǎn):同"掩"。遮蔽,掩蔽。⑥著:显示、彰明。　⑦诚于中:里面有实在的东西。诚:实在。这里指心中藏着恶念。　⑧形于外:显露在外面。形,作动词,显露、表现。

【评述】

本节继续阐述为学必须诚意的道理。以"小人闲居为不善"作比喻,从反面说明"诚于中,形于外",做了恶事是掩盖不住的,教育人们必须慎独以达诚意。

唐孔颖达说:"小人独居无所不为,见君子而后乃厌然,闭藏其不善之事,宣著所行善事也。小人为恶,外人视之,昭然明察矣,如见肺肝然。小人既怀诚实恶事于中心,必形见于外,不可掩藏。"(《十三经注疏·大学》)宋朱熹说:"此言小人阴为不善,而阳欲掩之,则是非不知善之当为,与恶之当去也。但不能实用其力以至此耳。然欲掩其恶而卒不可掩,欲诈为善而卒不可诈,则亦何益之有哉。此君子所以重以为戒,而必谨其独也。"(《四书集注·大学章句》)宋陈淳说:"造化流行,生育赋予,更无别物,只是个善而已。"(《大学口义》)宋黄榦说:"须是幽独之中,常致其谨,常为善而不为恶。九分为善矣,而幽独之中,有一分不善,此一分不善处,便是一分自欺,则在我为善之意,便有一分不实。"(《语录》)古人说:"若要人不知,除非己莫为",诚于中,必形于外,是掩盖不住的。春秋时,有人偷了一口大钟,要想背着逃走。可是钟太大,背不动。便用锤敲破它,钟"吭"地发出声音来。这人害怕被人听见抓住他,便急忙捂着自己的耳朵(见《吕氏春秋》)。这就是自欺欺人掩耳盗钟的故事。所以君子要毋自欺,致力于慎独的内心修养。而这是一种很高的自我修养,必须有高度的自觉性。"苟知其理以当然,而觉其身以必然",不断锤炼自己的道德意志,诚意于中,时时处处用道德规范来约束自己的言行。

曾子^①曰:"十^②目所视,十手所指^③,其严^④乎!"

【今译】

曾子说:"即使在独处时,有许多双眼睛在注视着你,有许多只手在指点着你,这是多么严厉的监督啊!"

【注释】

①曾子(前505—前436):春秋末鲁国南武城(今山东费县)人,名参,字子舆。孔子学生。传孔子"忠恕"之道。相传《大学》是他所著。《礼记》中保留他的言行。　②十:虚数,极言其多。　③指:用手指点。　④严:严厉、严峻。严肃可畏。

【评述】

本节引曾子的话,继续阐明诚意的必要性。诚于中,必形于外,做了坏事是掩饰不了的。正好像在冥冥中仍有不少人在监视一样。君子应日三省于己而慎其独。

唐孔颖达说:"君子修身,外人所视,不可不诚其意。……指视者众,其所敬畏可严待乎?"(《十三经注疏·大学》)宋朱熹说:"引此以明上文之意,言虽幽独之中,而其善恶之不可揜如此,可畏之甚也。"(《四书集注·大学章句》)宋魏元寿说:"'十目所视,十手所指'不是怕人见。盖人虽不知,而我已自知,自是甚可惶恐了。"(《朱子语类·大学三》)。这节引用曾子的话,申明上文"诚于中,形于外","如见其肺肝然"的意思,十目、十手,极言看着他、指着他的人之多,无形中的严密监视,是多么可怕啊！所以教育人们,严于律己,提高"慎独"的自觉性,使意念诚实而行善不辍。

富①润②屋,德③润身,心广体胖④。故君子必诚其意。

【今译】

　　有钱的人装修房屋,使之富丽堂皇,有德的人,修养身心,使之焕发光彩,内心宽广和洽,外表必定舒泰坦荡。所以有道德的君子,一定要使自己的意念诚实。

【注释】

　　①富:财富。指有钱的人。　②润:滋润,引申为修饰、修养。③德:道德。指有德的人。　④胖(pán):舒泰安乐。与现代汉语"胖"(pàng)的意义不同。

【评述】

本节继续用比喻手法,说明诚意的必要性。"富润屋"是比喻有钱的人装修房屋,"德润身"是以道德来充溢内心,这样就心无愧怍而广大宽平,身体也因之而安乐舒泰了,可见诚意之必要。

汉郑玄说:"有实于内,显见于外。"(《十三经注疏·大学》)唐孔颖达说:"家若富则能润其屋,有金玉又华饰见于外也。德能沾润其身,使身有光荣见于外也。内心宽广则外体胖大,为之于中,必形见于外也。以有内见于外,必须精诚其意在内,心不可虚也。"(同上)宋朱熹说:"富则能润屋矣,德则能润身矣,故心无愧怍,则广大宽平而体常舒泰。德之润身者然也。盖善之实于中而形于外者如此,故又言此以结之。"(《四书集注·大学章句》)宋陈孔硕说:"财积于中则屋润于外,德积于中则身亦润于外矣。"(《大学讲义》)宋陈淳说:"上说小人实有是恶,故其恶形见于外;此说君子实有是善,故其善亦形见于外。"(《大学口义》)故君子必诚其意。程伊川问尹和靖:"读《大学》何如?"对曰:"只看得'心广体胖'一句甚好。"又问如何?尹氏但长吟"心广体胖"一句。尹和靖说:"'心广体胖'只是乐。"伊川云:"这里著'乐'字不得,如何?"曰:"是不胜其乐。"(《朱子语类·大学三》)尹和靖为什么独喜"心广体胖"一句呢?就是因为心广体胖是内心无愧怍,充满至善之德,无物欲之蔽,心底彻底诚实。

　　以上四段,朱熹以为是传之六章,释"诚意"。这四节从"所谓诚其意者"以下至"故君子必诚其意"。《小戴礼记》本在"《诗》云:'瞻彼淇澳'"之上,朱熹把以下诸节移在前面,故此下即接"所谓修身在正其心者"一段。朱熹分析移动的原因说:《经》曰:欲诚其意,先致其知。又曰:知至而后意诚。盖心体之明,有所未尽,则其所发,必有不能实用其力而苟焉以自欺者。然或已明而不谨乎此,则其所明,又非己有,而无以为进德之基。故此章之指,必承上章而通考之,然后有以见其用力之始终,其序不可乱而功不可缺如此云。"说明诚意工夫,在于致知上得来,《大学》戒人毋自欺,即推其根本,则必用力于格物致知之地,然后理明心定,所发于心者莫不自然真实。所以蔡模非常赞赏朱熹安排,认为"此章改定,实朱子之绝笔也,学者其深玩而精体之"(《大学演说》),故从之。

　　这四节,围绕"诚意"这一中心展开分析,是《大学》一篇的枢要。出现了二个"必慎其独",一个"必诚其意",用比喻譬说,用正反对比,反复叮嘱人们做到"心意诚实"。如果小人闲居不为善,则其不善必形于外而不能掩盖;君子慎独之至,言行一致,则其善亦必形于外。所以"诚意"上联"致知、格物",下启"正心、修身、齐家、治国、平天下",都从这里开始,其重要性自不待言。诚如宋刘炎说:"过此一关,终是省事。"(《朱子语类·大学三》)诚意是君子、小人的分界线。诚意者,便能成为君子。不诚意者,便会沦为小人。

八、修 身 章

所谓修身在正其心者：身①有所忿懥②，则不得其正；有所恐惧，则不得其正；有所好乐③，则不得其正；有所忧患，则不得其正。心不在焉④，视而不见，听而不闻，食而不知其味。此谓修身在正其心。

【今译】

之所以说提高自身品德修养的关键，在于端正自己的内心世界，这是因为：内心产生愤怒，就不能做到心正不邪；内心产生恐惧，就不能做到心正不邪；内心沉湎于享乐，就不能做到心正不邪；内心产生忧愁，就不能做到心正不邪。内心不安定，看到了东西，却像没有看到一样，听到了声音，却像没有听到一样，吃东西，却不知道食物的味道。这就是说修养本身品德在于端正自己的内心。

【注释】

①身：指心，内心　②忿懥：(fèn zhì)：愤怒。　③好乐：爱好逸乐。　④焉：这里。代词。

【评述】

本章承上章而启下章，阐明修身的关键在于正心。

唐孔颖达说："懥，谓怒也。身若有所怒，则不得其正，有所恐惧……而违于正也。修身之本必在正心。若心之不正，身亦不修；若心之不在，视听与食不觉知也，是心为身本，修身心在于正心也。"(《十三经注疏·大学》)程子(颢、颐)说："身之有身，当作心。"(《四书集注·大学章句》)认为这里的"身"字，应当作"心"字解。"心"才会产生愤怒、恐惧等感情，程子的解释是对的。宋朱熹说："忿懥，怒也。盖是四者，皆心之用，而人所不能无者，然一有之而不能察，则欲动情性，而其用之所行,或不能不失其正矣。"(同上)"心有不存,则无以检其身,是以君子必察乎此,而敬以直之,然后此心常存而身无不修矣。"(同上)又说:"人之一心,湛然虚明,如鉴之空,如衡之平,以为一身之主者,固其真体之本然,而喜怒忧惧,随感而应,妍蚩俯仰,因物赋形者,亦其用之所不能无者也。……唯是此心之灵,既曰一身之主,苟得其正,而无不在是,则耳、目、鼻、口、四肢、百骸,莫不有所听命,以供其事,而其动静语默,出入起居,唯吾所使,而无不合于理。如其不然,则身在于此,而心驰于彼,血肉之躯,无所管摄,其不为'仰面贪看鸟,回头错应人'者,几希矣。"(《朱子语类·大学五》)宋陈淳说:"感自外入,以彼物之至吾前而言;应由中出,以此心之接彼物而言。彼物之来,有千变万状之不齐,而吾心之应,各随天则之自然尔。当好、当恶、当喜、当怒,轻重深浅分数,无毫发差,是谓物各付物,各止其所,而我无与焉。然亦须吾胸中鉴空衡平之体素定,然后能如此。而非临时区处之谓也。"(《大学口义》)宋真德秀说:"盖未曾应物之时,此心只要清明虚静,不可先有一物,如鉴未照物,只是一个空,衡未称物,只是一个平,此乃心之本体。及至事物之来,随感而应,因其可喜而喜,因其可怒而怒,因其当忧而忧,因其当惧而惧,在我未尝先有此心,但随物所感而感之耳。故其喜怒忧惧无不中节,此所谓鉴空衡平之用。"(《大学衍义》)宋程颐说:"忿懥、恐惧、好乐、忧患,人所不能无者,但不以动其心。"(《朱子语类·大学三》)宋林子蒙说:"心,全德也。欠了些个,德便不全,故不得其正。"(同上)

以上一章,朱熹以为是传之七章,释"正心修身"。修身在正其心,说明心是身之主宰,必须不断自我净化。凡人所有忿懥、恐惧、好乐、忧患,则其心为感情所动,往往不得其正。明崇祯时兵部尚书洪承畴,任辽蓟总督抵御清兵,在松山会战时大败,被清兵俘虏。崇祯皇帝听到洪承畴兵败误传殉节消息,亲撰祭文,遥祭亡灵。洪承畴被俘后,一度表现了忠贞的节操。清王命他下跪,他说:"吾天朝大臣,岂拜小邦王子乎!"清人将他囚禁在斗室中,他终日号哭,滴水不沾,口诵诸葛亮

《出师表》中"鞠躬尽瘁,死而后已",只求速死。但后来禁不起女色诱惑,心不能保其正,屈膝投降清朝,充当清兵马前卒,成为历史上的贰臣(《明季北略·洪承畴降清》)。与此相反,南宋洪皓出使金国,被扣留十五年,历尽折磨,忠贞爱国。他不畏强暴,视死如归,不辱使命。他巧妙地拒绝韩昉推荐,不出仕金朝,保持民族气节。他机智地争取悟室,灵活地搜集情报,供南宋决策时参考。青史垂名,被誉为第二个苏武(《宋史·洪皓传》)。可见正心的必要。若心不专注,就会视而不见,听而不闻,食而不知其味。所以说修身在正其心,心正,理明,意志坚定,就不会被外界感情所迷惑动摇了。

九、齐　家　章

所谓齐^①其家在修其身者:人之^②其所亲爱而辟^③焉;之其所贱恶^④而辟焉;之其所畏敬^⑤而辟焉;之其所哀矜^⑥而辟焉;之其所敖惰^⑦而辟焉。故好而知其恶,恶而知其美者,天下鲜^⑧矣。故谚^⑨有之曰:"人^⑩莫知其子之恶,莫知其苗之硕^⑪。"此谓身不修不可以齐其家。

【今译】

之所以说整顿好自己的家庭,在于提高自身的品德修养,其原因在于:人们对于自己亲近喜爱的人往往过分偏爱;对于自己鄙视厌恶的人往往多存偏见;对于自己畏服敬重的人往往过分偏敬;对于自己同情怜悯的人往往过分偏怜;对于自己认为傲慢怠惰的人往往过分偏激。带着主观的偏见。所以在喜爱某个人的同时,能知道他的缺点和不足;在厌恶某个人的同时,能了解他的优点和长处。这样的人是天下少有的。所以民间俗谚有这样的话:"溺爱子女的人不知道自己孩子的缺点,切盼庄稼长势旺盛的农夫不知自己禾苗的壮硕。"这就是说,自身的道德品质不修养好,就不能整顿好自己的家庭。

【注释】

　　①齐:整齐、整顿。　②之:同"于"。　③辟:偏向、偏见。
④贱恶:卑贱厌恶。　⑤畏敬:畏服尊敬。　⑥哀矜(jīn):哀怜同情。
⑦敖惰:简慢怠惰。敖,通"傲"。　⑧鲜(xiǎn):少。　⑨谚:谚语。
人们在实践中总结出来的,流传于民间的简练通俗而富有意义的话。
⑩人:指溺爱子女的人。后一句省主语"人"。按文意应指爱庄稼的农
民。　⑪硕(shuò):大。这里有壮硕、茂盛之意。

【评述】

本章举主观爱恶不同而容易存偏见为例,阐明齐家与修身的关
系。修身是齐家的前提,身之不修,何以治家。在《大学》的八条目
中,修身居中,凡格物、致知、正心、诚意许多工夫,皆所以修身。而齐
家、治国、平天下,则又因此身之既修而推广出去。那么怎样达到修
身而家齐呢? 治家一定要心存公平而防止偏见。对于自己的儿子总
看不到他的缺点,自己所种的禾苗,总嫌它还长得不茂盛。溺爱者不
明,贪得者无厌,就因为感情上存在偏见的缘故。治家,最忌的是这
样的偏见,有了偏见,家人骨肉之间便永远不会和洽,家也就治理不
好了。

汉郑玄说:"之,适也。譬,犹喻也。言适彼而以心度之曰:吾何以
亲爱此人,非以其有德美与? 吾何以敖惰此人,非以其志行薄与? 反
以喻己,则身修与否可自知也。人莫知其子之恶,犹爱而不察。"(《十
三经注疏·大学》)唐孔颖达说:"人心多偏。若心爱好之而多不知其
恶;若嫌恶之而多不知其美。……人之爱子,其意至甚,子虽有恶,不
自觉知,犹好而不知其恶也。农夫种田,恒欲其盛,苗虽硕大,犹嫌其
恶,以贪心过甚,故不知其苗之硕。若能以己子而方他子,己苗而匹他
苗,则好恶可知,皆以己而待他物也。不知子恶,不知苗硕之人不修其
身,身既不修,不能以己譬人,故不可齐整其家。"(同上)宋朱熹说:

"人,谓众人。之,犹于也。辟,犹偏也。五者在人,本有当然之则,然常人之情,唯其所向而不加审焉,则心陷于一偏,而身不修矣。溺爱者不明,贪得者无厌,是则偏之为害,而家之所以不齐也。"(《四书集注·大学章句》)宋赵顺孙说:"溺爱之深者,子有恶而弗知;贪得之甚者,苗已硕而弗知。此两语,状出偏之所由生,尤为亲切。"(赵顺孙《大学纂疏》)宋陈淳说:"若一偏于好,则懵然不知其人之有恶;一偏于恶,则人虽有美,亦不得而知。此只是行一己之私,好恶出于私,则身不可修,身不修则家不可得而齐。身者,家之主也。大概闺门之内,恩常掩义,常易至于偏。治家非如治国,治国则可用刑威,治家则严刑不可得而施,只是公其心已耳。"(《大学口义》)

人的感情是不同的,对自己所亲爱的人,对自己所厌恶之人,对自己所畏敬的人,对自己所哀怜的人,对自己认为简慢和怠惰的人,必然会产生不同的感情,便不免产生一种偏见。"爱之欲其生,恶之欲其死。""爱之欲置之膝,恶之欲坠之渊。"对于一家的人不能心存公正而一碗水端平,长幼亲疏之间,要想齐一其心,和其家政,是难以办到的。所以要想整治好家庭,必须提高自己的道德品质修养,无偏见,别善恶,出以公心,一视同仁。

偏见是人的毒瘤,是事业的障碍。偏见会带来偏爱和偏恨。俗语说:"情人眼里出西施,情敌口里变东施。"《列子》记载了一则《疑人偷斧》的寓言。"有亡铁(斧)者,意其邻之子。视其行步,窃铁也;颜色,窃铁也;言语,窃铁也;动作态度无为而不窃铁也。俄而抇其谷而得其斧。他日,复见其邻人之子,动作态度无似窃斧者。"有一个人丢了斧头,便怀疑是邻家的儿子偷了,看他走路的姿势,面部的表情,说话的态度,行动的样子,都像是偷斧头的人。后来这个人在水沟里找到斧头,再看邻家的儿子,就一点也没有偷斧头的样子了。

还有一则寓言《疑人作盗》,说的也是偏见。"宋有富人,天雨墙坏。其子曰:'不筑,必将有盗。'其邻人之父亦云。暮而果大亡其财。其家甚智其子,而疑邻人之父。"(《韩非子》)同样的忠告,家人采取不同的态度,可见,由于偏见,常会疑心生暗鬼。要克服偏见,必须培养公正无私的美德。"公则四通八达,私则一偏向隅。"(《薛文清公读书录》)《荀子·不苟篇》说:"公生明,偏生暗。""有公心必有公道。"(《傅子·通志篇》)晋祁黄羊"外举不避仇,内举不避亲"的事迹,就是公正无私的典型。只有公正无私,克服偏见,也就身修而后家齐了。

以上一章,朱熹认为是传之八章,释"修身齐家。"

十、治 国 章

所谓治国必先齐其家者:其家不可教①,而能教人者,无②之。故君子③不出家而成教于国④。孝者,所以事君⑤也;弟⑥者,所以事长也;慈⑦者,所以使众也。《康诰》曰:"如保⑧赤子⑨。"心诚求之⑩,虽不中⑪,不远矣。未有学养子而后嫁者也。

【今译】

　　之所以说治理好国家,一定要先整顿好自己的家庭,其原因是:自己家里的人尚且不能教育好,而能教育好全国人民的事,是不曾有过的。所以君子只要提高了自身的品德修养,整顿好自己的家庭,就是不出家门,也能完成对全国人民的教化。因为在家孝顺父母的道理,就是用来奉待君主的道理;在家尊敬兄长的道理,就是用来奉事尊长的道理;在家慈爱子女的道理,就是用来对待民众的道理。治家和治国的道理是一致的。《尚书·康诰》说:"爱护民众就像保护初生的婴儿一样。"如果内心真诚地向这方面努力追求,虽然不能完全符合要求,离爱子之诚的差距也就不会太远了。爱子之心,人人都有,谁也没有见过女子先学会怎样养育孩子之后再出嫁的。

【注释】

①教:教育、教化。　②无:没有。　③君子:有道德修养的人。这里指治国者。　④成教于国:在国家内完成对人民的教化任务。于,在,介词。　⑤事君:奉侍君主。　⑥弟:通"悌",恭敬兄长。　⑦慈:慈爱。　⑧保:保护、爱护。　⑨赤子:初生的婴儿。因初生婴儿肤色是红的,故称赤子。　⑩之:代词。指代保护赤子之心。　⑪中:中式,达到标准。

【评述】

本节论述治家和治国的一致性,推其家以治国。把孝、弟、慈的家庭道德,推之于事君、事长、使众的治国行动。讲了三层意思。

首先,论述治国必先齐家。家人尚不能教导,怎能教导国人? 人能孝亲,就可以忠事君;弟能敬兄,就可以恭事长辈;上能慈下,就可以役使民众。孝、弟、慈是家庭里的道德,推其家之理以治其国,故君主可以不出家门而在全国完成教化人民的使命。宋朱熹说:"身修则家可教矣。孝、弟、慈,所以修身而教于家者也。然而国之所以事君、事长、使众之道,不外乎此。此所以家齐于上,而教成于下也。"(《四书集注·大学章句》)宋万人杰说:"孝以事亲,而使一家之人皆孝;弟以事长,而使一家之人皆弟;慈以使众,而使一家之人皆慈,是乃成教于国者也。"(《朱子语类·大学三》)

第二,引用《尚书·康诰》"如保赤子"为喻,论述君主应存慈爱之心,体察民众之情,舒民众之疾苦,达到治理国家的目的。赤子是初生的婴儿,全仗父母保护,婴儿尚不能言,如果父母能诚心诚意去体察他的要求,关心他的饥饱、冷暖、痛痒,虽然未能事事猜中,有此诚心也就差不多了。以体察赤子之诚,来体察百姓疾苦,就会得到民众的拥护,国家也就能治理好了。唐孔颖达说:"赤子,谓心所爱之子,言治民之时,如保爱赤子,爱之甚也。"(《十三经注疏·大学》)又说:"心诚求之,言爱此赤子,内心精诚求赤子之嗜欲。为治人之道,亦当如此也。"(同上)宋甘节说:"心诚求之者,求赤子之所欲也。于民,亦当求其有不能自述。此其推其慈幼之心以使众也。"(《朱子语类·大学三》)

第三,举未有先学会养子方法而后嫁人为例,论述治国并无成法,只能边干边学,只要齐家得法,把齐家的孝、弟、慈等家庭道德原则,推之于事君、事长、使众,而又心诚求之,国家也就能治理了。宋陈淳说:"在我事亲之孝,即国之所以事君者;在我事兄之悌,即国之所以事长者;在我爱子之慈,即国之所以使众者。能修之于家,则教自行于国矣。"(《大学口义》)

一家仁①,一国兴②仁。一家让③,一国兴让。一人贪戾④,一国作乱⑤。其机⑥如此。此谓一言偾事⑦,一人定国。尧舜⑧帅⑨天下以仁,而民从之。桀纣⑩帅天下以暴,而民从之。其所令,反⑪其所好,而民不从。是故⑫君子有诸己⑬,而后求诸人;无诸己,而后非诸人。所藏乎身不恕⑭,而能喻⑮诸人者,未之有也。故治国在齐其家。

【今译】

君主的家庭讲究仁义,整个国家都会崇尚仁义。君主的家庭讲究谦让,整个国家都会崇尚谦让。君主贪婪残暴,整个国家和社会就会产生混乱。国君所作所为的作用竟是这样重要。这就叫作国君一句话可以败坏整个事业;一个人可以安定整个国家。唐尧虞舜领导天下人民以仁义作准则,于是民众就跟着他们追求仁义。夏桀商纣用暴虐为准则来号令天下,于是民众就跟着他们施暴。暴君们要求人民从善的政令,与他们暴虐的本性是相违背的,于是民众是不会听从这种命令的。所以,有道德的君子首先应该从自身做起,具备美德,然后才去要求别人具备美德;自己身上没有恶习,然后才去批评别人,使之改恶从善。如果自己不讲恕道,而去晓喻人们讲求恕道,这样的事也是不可能有的。所以治理好国家的前提在于整顿好自己的家庭。

【注释】

①仁:仁义、仁德。　②兴:兴盛、兴起。引申为崇尚、追求。
③让:谦让、逊让。　④贪戾(lì):贪婪、暴虐。　⑤乱:混乱、扰乱。指
犯上作乱。　⑥机:作用。　⑦偾(fèn)事:败事。偾:覆败、败坏。
⑧尧舜:传说中原始社会后期部落联盟首领。尧,陶唐氏,名放勋,史
称唐尧,禅位于舜。舜,有虞氏,名重华,史称虞舜,禅位于禹。是两位
圣明的君主,好君主的代表。　⑨帅:同"率"。率领、领导。　⑩桀纣
(jié zhòu):历史上的两个暴君。桀,夏朝亡国之君,名履癸,荒淫暴
虐,被商汤击败,放逐于南巢。纣,商朝亡国之君,名辛,荒淫残暴,被
周武王所灭,自焚于鹿台。这两个是暴君的代表。　⑪反:违反、违
背。　⑫是故:所以。　⑬有诸己:为使自己所有的。指自己有了善
的品德。诸,"之于"合音,通"之"。　⑭恕:恕道。以仁爱之心待人,
做到"己所不欲,勿施于人"。　⑮喻:晓喻、开导。

【评述】

本节承前节,继续论述齐家与治国的一致性。侧重于君主的表率
作用,先修其身而后化民,先受其教而后教民,达到家齐而国治。分三
个层次加以论述。

首先,说明治家与治国的关系,上行而下效。一家人能够仁爱,一
国的人就兴起仁爱之心。一家人能够礼让,一国的人就兴起礼让。反
之,君主如果贪婪暴戾,一国的人就会起而作乱,国家不得安宁。所以
君主一言可以败事,一人可以安定国家。唐孔颖达说:"人君行善于
家,则外人化之。故一家一国皆仁让也。人君一人贪戾恶事,则一国
学之作乱。动于近,成于远,善恶之事,亦发于身而及于一国也。"(《十
三经注疏·大学》)宋朱熹说:"此言成教于国之效。"(《四书集注·大
学章句》)宋陈孔硕说:"仁逊以家言,贪戾以人言者,言为恶之效,捷于
为善也。仁与逊必积而形于一家,而后可以化一国。若夫贪婪,则才
出于一人之身,而一国已作乱矣。以此见为善者,不可无悠久之积;为
恶者,不可有斯须之暂,示深戒也。"(《大学讲义》)《左传》襄公十三年

载:"让,礼之主也。范宣子让,其下皆让。栾黡为汰,弗敢违也。晋国以平,数世赖之。"晋国的范宣子(士匄),让中军元帅与荀偃,自为中军佐。栾黡是一个专横跋扈,不知谦让的人。当时他为下军元帅,有人让他出任上军元帅。由于范宣子谦让,影响了他,他也表示谦让,仍任下军元帅。晋国将帅间和睦团结,这样的好形势持续了好几代。

其次,举尧舜、桀纣为例,从正反两面说明君主表率作用的重要性。强调君子应修德以化民。尧舜以仁爱领导天下,人民也跟着他行仁爱之善事,桀纣以残暴领导天下,人民也跟着他做残暴的恶事。上行下效,则是必然的。所以君主一定要修己身之德,为人民树立榜样,才能使全国人民化于德而向于善。汉郑玄说:"言民化君行也。君若好货,而禁民淫于财利,不能正也。"(《十三经注疏·大学》)唐孔颖达说:"君所号令之事,若各随其行之所好,则人从之其所好者。是恶,所令者是善,则所令之事及其所好,虽欲以令禁人,人不从也。"(同上)宋陈孔硕说:"己有此善,而后可以求人有此善;己无此恶,而后可以非人有此恶。皆己先之也。"

第三,进一步强调君主修德的重要性。己有善行,才可责人以善,己无恶行,才可正人之恶。如果自己没有推己及人之恕道,而想人家信从你,这是不可能的,所以要治理天下,必先要修身齐家。唐孔颖达说:"无善行于身,欲晓喻人为善行,不可得也。"(《十三经注疏·大学》)宋朱熹说:"此又承上文一人定国而言。有善于己,然后可以责人之善,无恶于己,然后可以正人之恶。皆推己以及人,所谓恕也。不如是,则所令及其所好,而民不从矣。"(《四书集注·大学章句》)又说:"大凡治国,禁人为恶,而劝人为善,便是求诸人,非诸人。然须是在己有善无恶,然后可以求诸人,非诸人。"(赵顺孙《大学纂疏》)宋叶味道说:"苟此心未得其正,虽欲推以及人,断未能恰好。譬如自己怠惰,遂恕他人之怠惰,以为我既如此,何须过望于人;自己疏放,遂恕他人之疏放。……若将不肖之心,推以及人,以此为恕,岂谓之终身可行!"(《文集》)所以在实行推己及人之恕道时,也要强调修己之德,自己有了善行,方可恕之他人。

《诗》^①云:"桃之夭夭^②,其叶蓁蓁^③。之^④子^⑤于归^⑥,宜其家人^⑦。"宜其家人,而后可以教^⑧国人。《诗》^⑨云:"宜兄宜弟^⑩。"宜兄宜弟,而后可以教国人。《诗》^⑪云:"其仪不忒^⑫,正是四国^⑬。"其为父子兄弟足法^⑭,而后民法^⑮之也。此谓治国,在齐其家。

【今译】

《诗经·周南·桃夭》说:"娇艳的桃花多么茂盛,它的叶子碧绿青翠。这位姑娘要出嫁了,她会使夫家和睦相亲。"一家人和睦相亲,然后才可以教化全国人民。《诗经·小雅·蓼萧》说:"家中兄弟和睦友爱。"兄弟和睦,友爱相处,然后才可以教化全国人民。《诗经·曹风·鸤鸠》说:"他仪表庄重,言行一致,可以作为四方各国的榜样。"他作为父亲、儿子、兄长、弟弟时,道德行为都足以使人效法,那么人民也就以他为榜样了。这就叫作治理好国家,首先要整治好自己的家庭。

【注释】

①《诗》:指《诗经·周南·桃夭》。这是一首祝贺女子出嫁及时之歌。　②夭夭:草木茂盛的样子。诗以桃花喻少女,指少女风华正茂,娇艳宜人。　③蓁蓁(zhēn):树叶茂盛的样子。以桃叶之茂,喻女子将来室家之盛。　④之:这个。　⑤子:女子、姑娘。古代子、女均可称子。　⑥于归:出嫁。　⑦宜其家人:适宜于她的家人。即使夫家和睦相亲。宜,和顺之意。　⑧教:教育、教化。　⑨《诗》:指《诗经·小雅·蓼萧》,这是一首谢恩祝福之歌,言君子以兄弟相待,祝其德寿且乐。　⑩宜兄宜弟:友爱兄长,关怀弟弟,指兄弟之间和睦。　⑪《诗》:指《诗经·曹风·鸤鸠》。这是一首形为夸美而实为讽刺曹国国君之诗。　⑫其仪不忒(tè):他的仪容没有差错。仪,礼仪、仪容。忒:差错。　⑬正是四国:可领导四方各国。正是,亦作"是正",纠正、

指正之意。　⑭足法：足以为人们效法。　⑮法：效法、学习。

【评述】

本节三引《诗经》，进一步阐明治国在齐其家的道理。古人在辞有尽而意无穷时，多援《诗》以吟咏其余意，其味深长，让人们自去体会其内在底蕴，加深理解。

"宜其家人，而后可以教国人。"一家的人能和睦相处，才能推其道以教一国之人，点出治国先齐其家的观点。"桃之夭夭"句见《诗经·周南·桃夭》篇，以桃花鲜艳，桃叶茂盛起兴，祝贺出嫁的女子家庭和睦，子孙繁衍。

"宜兄宜弟，而后可以教国人。"一家兄弟之间，互相尊重，和睦相处，才能推其道以教一国之人。继续申明治国先齐其家的道理。"宜兄宜弟"句见《诗经·小雅·蓼萧》篇。这是一首赞美睦邻友好之诗。以宜兄宜弟，表示国与国之间和睦相处。

"其为父子兄弟足法，而后民法之也。"自己能遵守做父亲慈爱、做儿子孝顺、做兄长友爱、做弟弟恭敬的法则而没有差错，然后可以匡正四方的国家，为天下法式而行教化于天下。再次申述治家之法，即可推之为治国之法，其身正，才可以为民之法式，治国先齐其家的理论。"其仪不忒"句见《诗经·曹风·鸤鸠》篇，赞美曹国国君外为四国之长，领导诸侯。其实美非其实，以美为刺。宋朱熹说："三引《诗》，皆以咏叹上文之事，而又结之如此，其味深长，最宜潜玩。"（《四书集注·大学章句》）

以上三节，朱熹以为是传之第九章，释"齐家治国"。本章分三节申述治国在齐其家的道理，首先说明治家的原则即是治国的原则，"不出家而成教于国"。其次说明治国重在修身齐家，提高自身的道德品质。"有诸己，而后求之人，无诸己，而后非诸人。"其三，三引《诗经》，申述治国在齐其家之义，回环往复，含义深长。

十一、平 天 下 章

所谓平天下^①在治其国者，上^②老老^③而民兴孝，上长长^④而民兴弟，上恤孤^⑤而民不倍^⑥。是以君子有絜矩之道^⑦也。

【今译】

之所以说使天下太平在于治理好自己的国家，其原因是：君主能尊敬孝养老人，那么，人民就会盛行孝道。君主能敬重长辈，那么，人民就会盛行敬长友弟之风。君主能关怀体恤孤独的人，那么，人民就会照样去做体恤孤贫的事。所以，君子应当做到推己及人，在道德上为人民树立榜样。

【注释】

①平天下：平治天下，统一天下。　②上：在上位者。指国君或统治者。　③老老：尊敬老人。前一"老"字为动词，作尊敬、尊重讲。后一"老"字为名词，老人。也指父母长辈。　④长长：敬重长辈。前一"长"字为动词，作敬重、尊重讲。后一"长"字为名词，作长辈讲。也指兄长。　⑤恤(xù)孤：体恤哀怜孤独无依的人。　⑥倍：同"背"，违背。　⑦絜(xié)矩之道：絜，测量、计度。矩，方。制作方形的规矩。执矩以度天下一切的方形。即以己之意度人。引申为道德上的示范、榜样作用。

【评述】

本章以与民同好恶，任贤才，不专财利为主，多侧面、多视角详尽地论述平天下的道理。唐孔颖达说："自此以下至终篇。复明上文平天下在治其国之事。但欲平天下先须治国，治国事多，天下理广，非一义可了，故广而明之。"(《十三经注疏·大学》)由于本章头绪较多，现按其内在逻辑结构,分节叙述。

本节着重阐明治国以仁孝为本。君主先存仁孝之心,以己之心以度人,兴仁孝于天下。唐孔颖达说:"上恤孤而民不倍者,孤弱之人,人人所遗弃。是上君长,若能恤孤弱不遗,则下民学之,不相弃倍。"(《十三经注疏·大学》)宋朱熹说:"老老,所谓老吾老也。兴,谓有所感发而兴起也。孤者,幼而无父之称。絜,度也。矩,所以为方也。言此三者,上行下效,捷于影响,所谓家齐而国治也。亦可见人心之所同,而不可使有一夫之不获矣。是以君子必当因其所同,推以度物,使彼我之间,各得分愿,则上下四旁,均齐方正,而天下平矣。"(《四书集注·大学章句》)

仁孝是治国的出发点和归宿点。老老、长长、恤孤,是仁孝的表现。在上位的人能孝养老人,则百姓自然以此为榜样孝养父母;在上位的人能敬重长辈,则百姓自然以此为榜样,敬兄友弟。在上位的人能够体恤孤弱,则百姓自然以此为榜样,体恤帮助孤弱。这就是以自身的仁孝,启发百姓仁孝的絜矩之道。就近处说,是齐家之事,就百姓之感发兴起处说,是治国而平天下之事。

那么,什么是絜矩之道呢?絜,度也。矩,是作方的工具。荀子说:"五寸之矩,尽天下之方。"(《荀子》)絜矩之道就是度己度人之道。《论语·卫灵公》所说的"己所不欲,勿施于人",是消极方面的推己度人之道。《中庸》所说的"所求乎子以事父,所求乎臣以事君,所求乎弟以事兄,所求乎朋友先施之",《论语·雍也》所说的"己欲立而立人,己欲达而达人",则是己之所欲,施之于人,是积极方面的推己度人之道。推己之心以度人,和执矩以度天下的一切的方形一样,就是絜矩之道。换言之,就是推己之心以度人的美德。君主如果具备这种仁义孝慈之心以待人的美德,就能使天下太平了。《吴越春秋》上记载这样一件事:禹治洪水到苍梧,见有一个犯了罪被缚的人,禹抚摸着他的背而哭。益说:"这个人犯了法,应该有这个下场,哭他干什么?"禹说:"天下有道,民不罹辜;天下无道,罪及善人。"我听说一个男子不耕种,天下就会受到饥饿;一个女子不养蚕,天下就会受到寒冷,我替天帝治理水土,使人民安居乐业,各得其所。现在还有人犯法,说明我的德薄,这是我不能教化人民的明证,所以悲痛而哭。禹以仁爱之心教化人民,所以成为后人传颂的圣君。

所①恶②于上③,毋④以使下⑤;所恶于下,毋以事上;所恶于前,毋以先后⑥;所恶于后,毋以从前⑦;所恶于右,毋以交⑧于左;所恶于左,毋以交于右。此之谓絜矩之道。

【今译】

　　厌恶上级的行为,就不要拿上级的行为来对待下级;厌恶下级的行为,就不能拿下级的行为来奉侍上级;厌恶前面人的行为,就不要拿前面人的行为来对待后面的人;厌恶后面人的行为,就不要拿后面人的行为来对待前面的人;厌恶右面人的行为,就不要拿右面人的行为施加给左面的人;厌恶左面人的行为,就不要拿左面人的行为施加给右面的人。这就叫作推己度人,道德上的榜样作用。

【注释】

　　①所:如果。连词,表示假设。　②恶(wù):厌恶、厌恨。　③上:上级,在上位的人。　④毋:不。　⑤下:下级。　⑥先后:前面人的行为施加于后人。　⑦从前:加给前面的人。　⑧交:加给、施加。

【评述】

本节继续申述以度己之心度人的絜矩之道,反复申戒不要把自己厌恶的东西施加给别人。

唐孔颖达说:"上经云君子有絜矩之道也,其絜矩之义未明,故此经申说。能持其所有以待于人,恕己接物,即絜矩之道也。"(《十三经注疏·大学》)宋朱熹说:"此覆解上文'絜矩'二字之义。如不欲上之无礼于我,则必以此度下之心,而亦不敢以此无礼使之。不欲下之不忠于我,则必以此度上之心,而亦不敢以此不忠事之。至于前后左右,无不皆然。则身之所处,上下四旁,长短广狭,彼此如一,而无不方矣。……此平天下之要道也。"(《四书集注·大学章句》)宋叶味道说:"《大学》末章,始终以絜矩言,盖平天下之道,莫切于絜矩。此章节目虽多,无非发明'絜矩'二字。"(《文集》)

以度己之心以度人,是我国一种崇高的传统美德,显示了宽容体谅的情怀,能设身处地地替别人着想。《中庸》说:"忠恕违道不远,施诸己而不愿,亦勿施于人。"《论语·卫灵公》载,孔子的学生子贡问孔子说:"有没有一个字可以作为终身奉行的准则。"孔子回答说:"那大概就是'恕'字吧。"为了使子贡明白"恕"的道理,孔子补充说:"己所不欲,勿施于人。"后来子贡对孔子说:"我不欲人加诸我也,吾亦欲无加诸人。"意思是说:我不喜欢别人加在我身上的东西,我也不想强加在别人身上。具体执行了"己所不欲,勿施于人"的原则。

以度己之心度人,还要做到推己及人,以爱己之心来对待别人。将心比心,把别人当自己对待,设身处地为对方着想。清代诗画家郑板桥五十二岁得子,钟爱之情自不待言。但郑板桥由爱自己的儿子,推及到爱仆人的子女。他在山东潍县任县令时,在给堂弟郑墨的家书中写道:"家人(仆人)儿女总是天地间一般人,当一般爱惜,不可使吾儿凌虐他。凡鱼飧果饼,宜均分散给,大家欢喜雀跃。"(《郑板桥集》)叮嘱堂弟将仆人的儿女与自己儿子一样对待,不许欺侮他们,有东西大家分着吃,体现了郑板桥推己及人的崇高情怀。大禹也是推己及人的典范。他接受任务去治水时,刚刚和涂山氏的一位姑娘结婚,处在蜜月之中。当他想到有人被淹死时,心里就像自己家里亲人被水淹死一样痛苦不安。他毅然离开新婚三天的妻子,率领群众治水。三过家门而不入,经过十三年的努力,终于治平洪水,使人民安居乐业。所以君主能存推己及人之心,人民就会拥护,天下也就太平了。

《诗^①》云:"乐只^②君子,民之父母。"民之所好好^③之,民

之所恶恶④之,此之谓民之父母。

【今译】

　　《诗经·小雅·南山有台》说:"快乐的君主啊! 您是人民的父母。"人民所喜爱的东西您也喜爱它,人民所厌恶的东西您也厌恶它,这才叫作人民的父母。

【注释】

　　①《诗》:指《诗经·小雅·南山有台》。这是一首歌颂乐得贤才之诗。得贤,则能为国家立太平之基。　②只:啊、哉。语气词。③好好(hào):均作喜爱讲。　④恶恶(wù):均作厌恶讲。

【评述】

　　本节引《诗经》说明平天下应从民所欲,体念民心,为民父母。所引"乐只君子"句见《诗经·小雅·南山有台》。所引之句在歌颂君主为民父母之德。怎样才能"为民父母"呢? 就是君主要有仁爱之心,做到从民所欲。人民所喜欢的,我也从而喜欢它,人民所厌恶的,我也从而厌恶它。能与人民同好同恶,共甘苦,共患难,体察民意,就无愧为民之父母了。

　　唐孔颖达说:"又申明絜矩之道也。若能以己化从民所欲,则可谓民之父母。善政恩惠,是民之愿好。己亦好之,以施于民,若发仓廪,赐贫穷,赈乏绝是也。苛政重赋,是人之所恶。己亦恶之而不行也。"《十三经注疏·大学》)宋朱熹说:"言能絜矩而以民心为己心,则是爱民如子,而民爱之如父母矣。"(《四书集注·大学章句》)

　　越王句践被吴王夫差击败,困于会稽,向吴王投降,国破身辱,欲复其国,问政于大夫文种,文种说:"爱民而已!"句践问:"此为何意?"文种说:"利之无害,成之无败,生之无杀,与之无夺。""臣闻善为国者,遇民如父母之爱其子,如兄之爱其弟。闻有饥寒为之哀,见其劳苦为之悲。"(《吴越春秋·句践归国外传第八》)句践乃缓刑薄罚,省其赋敛,从民所欲,以民为本,于是人民殷富,皆有带甲之勇,乐为所用,终于击败吴王夫差,倾覆吴国,报仇雪耻。

汉宣帝时,任命黄霸为颍川太守,霸力行教化,从民所欲,关心人民疾苦。他让邮亭乡官都养鸡猪,用来赡养鳏寡贫穷的人。关心农民耕田、种桑、植树、养畜、节用、殖财,以及柴米油盐等生活琐事。得到人民的亲任,视之如父母,有事率臆相告。有一次,黄霸想考察属吏是否扰民,便派一年长清廉吏员外出,并嘱咐他保密。吏员外出后,不敢住邮亭,在路旁吃饭,乌鸦叼走了他碗里的肉。这件事刚好被一位想到太守府言事的人看到,便与黄霸说了此事。后来吏员出差回来向黄霸复命,黄霸亲自慰劳他说:"甚苦!食于道旁乃为乌所盗肉。"(《汉书·黄霸传》)员吏大为惊奇,以为黄霸完全知道他的情况,有所询问,一一回答,毫厘不敢隐瞒。由于黄霸关心人民,视民如子,人民也视之如父,把情况告诉他。民间情况他了解得清清楚楚。"某所大木可以为棺,某亭猪子可以祭,吏往皆如言。"(同上)

《诗》①云:"节②彼③南山,维④石岩岩⑤。赫赫⑥师尹⑦,民具⑧尔瞻⑨。"有国者⑩不可以不慎,辟⑪则为天下僇⑫矣。

【今译】

《诗经·小雅·节南山》说:"那座雄伟高峻的南山啊!层层的岩石多么险峻。权势显赫的太师尹氏,人民的目光都在注视着您。"由此可见,掌握国家命运的人不能不小心谨慎,倘若肆意妄为,出了偏差,就会被天下人民所推翻。

【注释】

①《诗》:指《诗经·小雅·节南山》。这是一首讥刺周天子执政太师尹氏为政不平,大失民望之诗。　②节:高峻、雄伟的样子。③彼:那,他。　④维:发语词,无义。　⑤岩岩:累累堆积的岩层,高峻险恶。　⑥赫赫:显耀光明的样子,引申为权势显赫。　⑦师尹:太

师尹氏。师,太师。周王朝执政三太之一。尹,姓。　⑧具:通"俱",都。　⑨尔瞻:望着您。瞻,这里有注视之意。　⑩有国者:掌握国家命运的人。即国家的领导人。　⑪辟:偏差。　⑫僇(lù):通"戮"。杀戮。引申为推翻。

【评述】

本节仍引《诗经》为喻,阐明平天下要出以公心,不能偏私,否则将会大失民望,被人民推翻。

所引"节彼南山"句见《诗经·小雅·节南山》。这是一首大夫家父刺幽王任用尹氏,听政不平之诗。太师尹氏,吉甫之族人。幽王不用皇父,而任尹氏为太师,居位而不亲民,大失民望,故诗人刺之。君主为人民所瞻仰、崇奉,故不可以不谨慎,如不能行絜矩之道,与民同好恶,而有所偏私,就会被天下人所诛戮而亡国亡身。周幽王之亡国,就提供了历史教训。

汉郑玄说:"岩岩,喻师尹之高严也。师尹,天子之大臣,为政者也。言民皆视其所行而则之,可不慎其德乎!邪辟失道,则有大刑!"(《十三经注疏·大学》)唐孔颖达说:"人君在上,民皆则之,不可不慎。君若邪辟,则为天下之民共所诛讨,若桀纣是也。"(同上)宋朱熹说:"言在上者,人所瞻仰,不可不谨。若不能絜矩而好恶徇于一己之偏,则身弑国亡,为天下之大戮矣!"(《四书集注·大学章句》)宋叶味道说:"此言不能絜矩之祸也。"(《文集》)

偏私,就不能正确判断事物,好恶颠倒,脱离人民。吴王夫差打败句践以后,趾高气扬,北伐齐,与晋争霸于黄池,不听忠臣伍子胥、公孙圣等的劝告,并杀害他们,听信奸臣伯嚭蛊惑,以句践为忠诚。结果被"十年生聚,十年教训"后的句践所打败,欲求为奴而不可得,身死国灭,为天下笑(见《史记·越王句践世家》)。隋炀帝不喜人谏,刚愎自用,以是为非,以非为是,结果淹没在农民战争的风暴之中,被宇文化及所杀(见《隋书·炀帝纪》)。明崇祯皇帝刚愎自用,听信谗言,不察是非,中清人反间计,诛杀抗清防边卓有成效的蓟辽督帅袁崇焕,自坏长城,使辽东边事不可收拾,终于为清人所灭亡(见《明史·袁崇焕传》)。这样的教训历史上比比皆是,作为君主,能不行絜矩之道而不谨慎吗?

《诗》^①云:"殷^②之未丧师^③,克配^④上帝。仪监^⑤于殷,峻命不易^⑥。"道得众,则得国;失众,则失国。

【今译】

　　《诗经·大雅·文王》说:"当殷商没有丧失民心的时候,还能够秉承上帝的天命而为天下之主。我们应该以殷商的兴亡作为借鉴,知道保持大命的不易。"这就是说:得到民心,就能得到国家;失去民心,就会失去国家。

【注释】

　　①《诗》:指《诗经·大雅·文王》。这是一首歌颂文王受天命建立周朝之诗。所引两句,以亡殷为鉴,争取民心。　②殷:指殷朝。③丧师:失去众人。引申为失去民心。　④克配:能够配合。克,能,能够。配,配合,引申为符合、秉承。　⑤仪鉴:原诗作"宜鉴"。宜以亡殷为借鉴。仪,宜。鉴,观察。引申为借鉴。　⑥峻命不易:获得上天的大命不容易。峻,大。

【评述】

本节仍引《诗经》,教育君主应以殷朝灭亡为鉴,行絜矩之道。阐明民为邦本,得民心者得国,失民心者失国的道理。

　　所引"殷之未丧师"句,见《诗经·大雅·文王》。这是一首歌颂文王受命作周之诗。说的是当初殷商没有丧失民心时,还能够配合上帝而为天下之主。周朝应该借鉴殷商的兴亡历史,知道保持大命而为天子的不容易。得众则得国,失众则失国。以殷为鉴,以文王为法。

汉郑玄说："师,众也。克,能也。峻,大也。言殷王帝乙以上未失其民之时,德亦有能配天者,谓天享其祭祀也。及纣为恶而民怨神怒,以失天下,监视殷时之事,天之大命得之诚不易也。"(《十三经注疏·大学》)唐孔颖达说："言帝乙以上得众则得国,言殷纣失众则失国也。"(同上)宋朱熹说："引《诗》而言此,以结上文两节之意。有天下者,能存此心而不失,则所以絜矩而与民同欲者,自不能已矣。"(《四书集注·大学章句》)宋叶味道说："上面既说两项好恶之验如此,下面又举文王之诗总结之。言殷未丧众时,犹能克配上帝,今日只以殷为监视,便见得天命无常,甚不易保。"(赵顺孙《大学纂疏》)

周朝之兴,在于顺天命得民心,殷朝之亡在于逆天命失民心。人心向背是得国与失国的分水岭。商汤居亳,从民所欲。"十一征而无敌于天下。东面而征,西夷怨;南面而征,北狄怨,曰:'奚为后我?'民之望之,若大旱之望雨也。"(《孟子·滕文公下》)人民争先恐后希望汤去解放自己,于是汤灭桀而有天下。刘备居荆州新野时,曹操率大军进攻荆州,刘备率众南逃,荆州人民都跟着他,到当阳时,有众十余万,辎重车数千辆,每日只能走十余里。曹军即将追及。有人对刘备说:"宜速行保江陵,今虽拥大众,被甲者少,若曹公兵至,何以拒之?"劝他丢弃百姓,抢占江陵据守。刘备说:"夫济大事必以人为本,今人归吾,吾何忍弃去!"(《三国志·蜀书·先主传第二》)不愿抛弃人民,而与之共患难。人民是历史文化的创造者,唐太宗说过:"水所以载舟,亦所以覆舟。民犹水也,君犹舟也。"(《资治通鉴》卷一百九十七"唐纪十三")又说:"天子者,有道则人推而为主,无道则人弃而不用。"(《贞观政要·政体》)充分认识到人民力量的巨大和君与民的关系。所以在上位者应该牢牢记住以民为本,从民所欲,行絜矩之道,才能长治久安。

是故君子先慎①乎德。有德此②有人,有人此有土,有土此有财,有财此有用③。德者,本也;财者,末也。外本④内末⑤,争民施夺⑥。是故财聚⑦则民散⑧;财散则民聚。是故言悖⑨而出者,亦悖而入;货悖⑩而入者,亦悖而出。

【今译】

　　所以,国君首先要谨守自己的道德。有了道德,这就会有人民归附,有了人民,这就会拓展国土,有了土地,这就会产生财富,有了财富,这就会使国家财用充足。道德,是立国的根本;财富,只是树木的枝叶。如果国君轻视道德这个根本,而重视财富这个末节,本末倒置,就会导致争利于民,施聚敛劫夺之政于民。所以财富聚集于国君手里,民心就会离散;国君把财富分散给人民,民心就会归附。所以,用违背情理的话去责备别人,别人也会用违背情理的话来回报你;用不合情理的手法搜括财物,也会不合情理地丧失。

【注释】

　　①慎:谨慎、小心。　②此:这、这就。　③用:财物充足,合理使用。　④外本:疏远轻视道德这个根本。外,疏远、轻视。　⑤内末:亲近、重视财富这个末节。内,亲近、重视。　⑥争民施夺:争利于民,施聚敛劫夺之政于民。　⑦财聚:财富聚集在国君手中。　⑧民散:民心离散。　⑨言悖:违背情理的语言。悖,通“背”。违背。　⑩货悖:用不合理的手段聚敛财货。

【评述】

　　本节从德本、财末的角度,阐明治国应以德为本,以财为末,实行德治。若外本内末,则民心离散,国家不安。

　　唐孔颖达说:“有德之人,人之所附从,故有德此有人也。有人则境土宽大,故有土也。有土则生植万物,故有财也。财丰,而有供国用也。德能致财,财由德有,故德为本,财为末也。君若亲财而疏德,则争利之人皆施劫夺之情也。”(《十三经注疏·大学》)宋朱熹说:“先慎乎德,承上文不可不慎而言。德,即所谓明德。有人,谓得众。有土,谓得国。有国则不患无财用矣。人君以德为外,以财为内,则是争斗其民,而施之以劫夺之教也。盖财者人之所同欲,不能絜矩而欲专之,则民亦起而争夺矣。外本内末故聚财,争民施夺故民散,反是则有德而有人矣。悖,逆也。此以言之出入,明货之出入也。自'先谨乎德'以下至此,又因财货以明能絜矩与不能之得失也。"(《四书集注·大学章句》)宋叶味道说:"民本不是要如此。惟上之人以德为外,而急于财货,暴征暴敛,民便效尤,相攘相夺,则是上教得他如此。"(《朱子语类·大学三》)又说:"为国者岂可惟知聚财,而不思所以散财,此有天下者之大患也。"(赵顺孙《大学纂疏》)宋陈孔硕说:"以恶声加人,人必以恶声加己;以非道取人之财,人亦以非道夺之。言与货其出入虽不同,而皆归之理,其为不可悖一也。"(同上)老子说:"多藏必厚亡。"(《老子》第四十四章)言积聚之既多,必厚重而散亡也。

　　孔子说过:"为政以德,譬如北辰,居其所而众星共之。"(《论语·为政》)在处理德与财的关系上,主张以德为本,以财为末。藏富于民,"百姓足,君孰与不足? 百姓不足,君孰与足"(《论语·颜渊》),反对聚敛。冉求为季氏聚敛,孔子大为恼火,竟然要将他逐出门墙。"非吾徒也,小子鸣鼓而攻之,可也。"(《论语·先进》)本节就体现了孔子德治思想。"先慎乎德",就是要先谨守絜矩之道。"有人",指有德于民,人民前来归附。"有土"指有人之后,疆土不断开辟扩大。"有财",指有了土地,生殖万物,国家财源充足。"有用",指国用充裕。以德治国,国富民安。这是第一层意思,从正面叙述。但"德"与"财"的关系,则治国者当以德为本,以财为末,如果人君以德为轻而疏远之,以财为重而亲近之,则人民必然起而效尤,起而争夺。"争民"是争利于民,"施夺"是施聚敛劫夺之政于民。上行下效,君与民争利,民与君争财,必然酿成"上下交征利"(《孟子》)的局面,导致国家动荡,社会不安,人心离散。这是第二层意思,从反面论述。推其造成原因,仍是由于在上位者轻德重财,没有处理好德与财的关系,对人民施行劫夺之教的结果。所以在上位者如果把人民的财富聚集在自己的府库内,则人民势必散而至于四方;倘若把国库内的财物散与人民,则人民必然聚集拢来,归心于国家。如果在上位的"悖入",即搜括百姓的财物归己,那末人民便会"悖出",即犯上作乱,把君主的财货夺回去。"聚财""悖入",则人心离散,国家灭亡;"散财"则人心归附,国家兴盛。这是第三层意思,正、反比较论说,教育君主实行德治。

范蠡是我国杰出的政治家,又是大商人。他帮助句践雪会稽之耻以后,乃乘扁舟,浮游江湖。在陶地经商,十九年之中三次达到千金,他三次分散给贫困的朋友与疏远的兄弟,得到大家的拥护。他以政治家的胸怀治家,聚财、散财,所以司马迁称他"富而好行其德者也"(《史记·货殖列传》)。而后唐庄宗恰恰相反,光知聚财而身死国灭。庄宗灭后梁之后,即天子位,与皇后刘氏贪于财货,将天下贡赋半入内库。有功将士,不愿赏赐,于是人心离散。当李嗣源举兵犯洛阳的危急时刻。庄宗善言慰劳卫士说:"适报魏王已进西川金银五十万,到京当即给尔曹。"卫士对曰:"陛下赐已晚矣,人亦不感圣恩。"庄宗只好流涕而已,辛辛苦苦打来的江山,被李嗣源夺走;辛辛苦苦聚敛的财富,被入洛阳之兵抢劫一空,自己则被乱兵杀死。这不是"货悖而入者,亦悖而出"吗? 这不是没有处理好"德""财"的关系而本末倒置吗?

《康诰》曰:"惟①命不于常②。"道善则得之,不善则失之矣。《楚书》③曰:"楚国④无以为宝,惟善以为宝。"舅犯⑤曰:"亡人⑥无以为宝,仁亲⑦以为宝。"

【今译】

《尚书·康诰》说:"只有上天赋予的天命是没有常规的。"这就是说:"有好的道德就能得到天命,没有好的道德就会失去天命。"《国语·楚语》说:"楚国没有什么可以作为宝贝,只是把善作为宝贝。"晋文公的舅舅子犯教他回答秦穆公吊晋献公之丧时说:"逃亡在外的人,没有什么可以当作宝贝，只有把仁爱亲人当作宝贝。"

【注释】

①惟：只、只有。　②不于常：没有一定常规。于，语助词，无义。
③《楚书》：指《国语》中的《楚语》，记载春秋时期楚国的历史，共二卷
十八篇。　④楚国：古国名，西周时立国于荆山一带，春秋时逐渐强
大，并吞周围随、黄等五十多个小国，北上与晋争霸，为春秋五霸之一。
战国时被秦所灭。　⑤舅犯：狐偃，字子犯。晋文公重耳之舅，故称舅
犯。这是晋文公流亡在外，听说其父晋献公去世，秦穆公趁吊丧之机，
劝晋文公兴兵归国时，其舅子犯教他回答秦穆公的话，表示自己有仁
人之心，不忍用武。　⑥亡人：流亡在外的人。晋文公自称。　⑦仁
亲：仁爱亲人。指热爱晋献公、晋惠公。

【评述】

本节承前节，引《康诰》、《楚书》、舅犯的话申述德本、财末，以德治
国，以善为宝的道理。

《康诰》："惟命不于常"。意思是说，天命是不常在哪一姓的。君
主善就能得天命，不善就会失去天命。告诫君主以德治国，勿聚敛财
富，剥夺人民，行善以保天命。宋朱熹说："道，言也。因上文引文王诗
而申言之。其叮咛反复之意益深切矣。"(《四书集注·大学章句》)宋
陈孔硕说："命不于常，命非天命也，在人而已。天命视人心以为去就，
此理昭然，可不畏哉？"(《大学讲义》)《说苑》记载了这样一件事。桓公
问管仲："王者何贵？"答："贵天。"桓公仰而视天。管仲说："所谓天者，
非谓苍苍莽莽之天也，君人者以百姓为天，百姓与之则安，辅之则强，
非之则危，背之则亡。……民怨其上，不遂亡者，未之有也。"说明君主
应以百姓为天，百姓亲附、支持则国安，百姓反对、背离则国危。君主
以德治国，亲善百姓，人民也就归附，国运也就绵长、昌盛了。

《楚书》是指《国语·楚语》，事出《王孙圉论国之宝》篇。大意是楚
国大夫王孙圉到晋国聘问。晋定公设宴招待他。赵简子佩带着叮咛

作响的美玉作傧相。他问王孙圉说:"楚国的白珩(佩玉)还在吗?"王孙圉回答说:"还在。"赵简子说:"它作为宝贝,价值多少?"王孙圉便说:"我们根本不曾把它当作宝贝。被楚国看作宝贝的,叫观射父,他能制定外交辞令,能到诸侯国聘问,使人家无法拿我们国君做话柄。还有个左史倚相,他能根据历代典籍,来说明各种事物,时时向我们国君提供前代成败的经验教训,让我们国君不忘记先王的功业。……这些人才是国家的宝贝。至于佩带它能叮哨作响的白珩,不过是先王的一件小玩意儿,没有什么可宝贵的。"说明善人才是国家之宝。这种类似的记载,在《史记》《新序》里也有,内容大同小异,都说明楚国以善人为宝,而不以金玉为宝。宋朱熹说:"言不宝金玉而宝善人也。"(《四书集注·大学章句》)

舅犯的话,原见《礼记·檀弓》:"晋献公之丧,秦穆公使人吊公子重耳。且曰:'寡人闻之,亡国恒于斯,得国恒于斯。虽吾子俨然在忧服之中,丧亦不可久也,时亦不可失也,孺子其图之。'以告舅犯。舅犯曰:'孺子其辞焉。丧人无宝,仁亲以为宝。父死之谓何,又因以为利,而天下其孰能说之。孺子其辞焉。'公子重耳对客曰:'君惠吊亡臣重耳,身丧父死,不得与于哭泣之哀,以为君忧。父死之谓何,或敢有他志,以辱君义。'稽颡而不拜,哭而起,起而不私。子显以致命于穆公。穆公曰:'仁夫! 公子重耳。夫稽颡而不拜,则未为后也,故不成拜。哭而起,则爱父也。起而不私,则远利也。'"晋文公避骊姬之谗,流亡在翟,舅犯等随行。时晋献公卒。秦穆公使子显吊重耳,劝其乘丧乱复国。晋文公鉴于时机尚未成熟,不受秦命。这两句话是舅犯教晋文公答复秦使子显的婉言报谢之辞。表现了晋文公具有仁人之心,受到秦穆公的赞赏。

以上引文均说明以善为宝。教育君主以德治国,诚如朱熹所说:"又明不外本而内末之意。"(《四书集注·大学章句》)陈孔硕所说:"举此二事,以实上文财德本末之言。"(《大学讲义》)

《秦誓》①曰："若有一个臣,断断兮②,无他技③,其心休休④焉,其如有容⑤焉。人之有技,若己有之;人之彦圣⑥,其心好⑦之,不啻⑧若自其口出,寔⑨能容之。以能保我子孙黎民⑩,亦尚⑪有利哉!人之有技,媢疾⑫以恶之;人之彦圣,而违之俾不通⑬,寔不能容。以不能保我子孙黎民,亦曰殆⑭哉!"

【今译】

《尚书·秦誓》说:"如果有这样一个臣子,只是忠诚老实而没有其他本领,但他胸怀宽广,道德高尚,有容人之量。人家有才能,就像他自己有才能一样;人家具有美好的德行,他从内心喜爱,他不只是口头上说说喜欢而已。这种人如果能加以重用,将来一定能保护我的子子孙孙和平民百姓。而且一定会替我的子孙后代和平民百姓谋利益的。如果另外有这样的人,人家有才能,他就嫉妒和憎恶他;人家具有美好的德行,他就故意刁难他,压制他,使他的美德不能为国君所了解。这种人是不能加以重用的。因为他们将来不能保护我的子子孙孙和平民百姓,也可以说国家就危险了。

【注释】

①《秦誓》:《尚书》中的一篇,是秦穆公败于晋而悔过之辞。这里所引的话是秦穆公从痛苦的教训中总结出来的用人经验。　②断断兮:忠诚老实,勤恳专一的样子。兮,啊。《尚书》为"猗",语助词,无义。　③技:技艺、本领。　④休休:平易宽广的样子。　⑤有容:有容人之量。　⑥彦圣:美好的德行。彦,美士。　⑦好:喜欢、喜爱。　⑧不啻(chì):不仅、不但。　⑨寔:"实"的异体字。《尚书》为"是"。可互通。"这"的意思。　⑩黎民:平民百姓。　⑪尚:差不多。《尚书》为"职"。　⑫媢(mào)疾:嫉妒。媢,《尚书》为"冒",忌。　⑬俾(bǐ)不通:使不能通于君主。俾,使。　⑭殆:危险。

【评述】

本节引《尚书·秦誓》阐明治国平天下，必须进用品德高尚，忠诚专一的贤人，斥退胸怀狭隘，嫉贤忌能的小人。

《秦誓》是《尚书》中的篇名。公元前629年，秦穆公听信杞子的意见，派孟明视、西乞术、白乙丙三大将出师袭郑。出师时大臣蹇叔竭力劝阻，但穆公不听。结果在回师过崤山时，遇晋军袭击，惨遭失败，三大将被俘。秦穆公自责自悔，作此《誓》以告群臣。"一个"，《尚书·秦誓》作"一介"，指一个"耿介之臣"。"断断兮"，诚实专一的样子。"休休"，宽容美善的样子。"彦"，有才有德的人。"圣"，道德高尚的人。"不啻"，就是"不但"。"媢疾"，就是嫉妒。"违"，离弃的意思。"殆"，危险的意思。《秦誓》这段话的意思是：倘若有一个臣子，诚实专一，似乎并无特长，而其胸襟宽大，有容人之量，看他人的技能，和他有此技能一样；见他人的彦才圣德，便有爱好之心，不仅自其口说，内心更为热爱，实在有容人之量。这样的人必能保我的子孙黎民，且有利于国家。如另有其人见他人有技能，便以妒忌之心厌恶他，见人之才彦圣德，便设法离弃他，使他不得通于君主，实在是胸襟狭隘不能容人。这样的人必不能保我子孙黎民，国家也便危险了。

汉郑玄说："如有束脩一介臣，断断猗然专一之臣，虽无他技艺，其心休休焉，乐善其如是，则能有所容，言将任之。人之有技，若己有之，乐善之至也。人之美圣，其心好之，不啻自其口出，心好之至也，是人必能容之。用此好技圣之人，安我子孙众人，亦主有利哉，言能兴国。见人之有技艺，蔽冒疾害以恶之，人之美圣而违背壅塞之，使不得上通。冒疾之人，是不能容人，用之不能安我子孙众人，亦曰危殆哉。"（《尚书正义》卷二十《秦誓》）魏王肃说："一介，耿介，一心端悫。断断，守善之貌，无他技能，徒守善而已。休休，好善之貌，其如是人能有所容忍小过，宽则得众。穆公疾技巧多端，故思断断无他技者。"（同上）

作为国君，一定要进贤任能，而摒退嫉贤忌能的人，国家才会兴盛，国运才会绵长。"舜有贤臣五人而天下治。"武王有治乱之臣十人而周朝兴。诸葛亮在《出师表》中告戒刘禅："亲贤臣,远小人,此先汉所以兴隆也;亲小人,远贤臣,此后汉所以倾颓也。"(《三国志·蜀书·诸葛亮传》)齐桓公任管仲而霸诸侯,有一次,"齐桓公见郭氏之墟,问于野人曰:郭何故亡? 对口:以其善善而恶恶。公曰:善善而恶恶,国所以兴也,而亡何故? 对曰:善善而不能行,恶恶而不能去,所以亡也。管仲曰:君与其人俱来乎? 曰:否。管仲曰:君亦一郭氏也。公乃召而官之"(《司马文正公传家集》卷六十四)。宋司马光说:"自非上圣,必有偏也。厚于才者,或薄于德;丰于德者,或杀于才,钧之不能两全,宁舍才而取德。"(同上)所以君主如果能进用有高尚道德而才能欠缺的人,摒退有才能而嫉贤忌能,蔽善无德的人,则国治而天下平了。

唯^①仁人,^②放流^③之,进^④诸四夷^⑤,不与同中国^⑥。此谓唯仁人,为能爱人,能恶人。

【今译】

　　只有具有仁德的国君,才能把这种嫉贤忌能的人加以流放,将他们驱逐到边远的地方去,不许他们与贤德的人同住在中国。这就是说:只有具有仁德的人,能够懂得热爱好人,憎恨坏人。

【注释】

　　①唯:只有、仅。　②仁人:具有仁德的人。　③放流:放逐、流徙。　④进(bǐng):通"屏",屏除,屏退,引申为驱逐。　⑤四夷:东夷、西戎、南蛮、北狄。古代泛指边远的少数民族地区。　⑥中国:古代指汉族居住的中原地区,即黄河流域。

【评述】

本节承上文而说,阐明只有仁人才能爱人,才能恶人,进贤去恶,使国家大治。

唐孔颖达说:"言唯仁人之君,能放流此蔽善之人,使屏远在四夷,不与同在中国,若舜流四凶而天下咸服是也。"(《十三经注疏·大学》)宋朱熹说:"言有此媢疾之人,妨贤而病国,则仁人必深恶而痛绝之,以其至公无私,故能得好恶之正如此也。"(《四书集注·大学章句》)宋叶味道说:"此盖仁人深得好恶之正,始能如此决裂。"(赵顺孙《大学纂疏》)

怎样才能进贤去恶,首要条件应该是仁人。仁人是具有最高美德的人,其心中坦荡无私,站在公正的立场上,才能审察人的善恶,进善去恶。此外还要具有识别真伪的才能。因为假的、恶的东西为了蒙蔽人们耳目,常常会乔装打扮披上真的外衣,欺世盗名。白居易有诗说:"试玉要烧三日满,辨才须待七年期。"辨物与辨人时间差别如此之大,因为人会伪装,可见辨人之难。安禄山是一个大野心家,性狡黠。唐玄宗宠爱杨贵妃,他便请求为杨贵妃义儿。有一次,"上与贵妃共坐,禄山先拜贵妃。上问何故,对曰:胡人先母而后父。上悦。"(《资治通鉴》卷二百一十五"唐纪")安禄山身体肥胖,腹垂过膝。有一次"上(玄宗)戏指其腹曰:此胡腹中何所有?其大乃尔?对曰:更无余物,正有赤心耳!上悦。"(同上)正是这样伪装忠于玄宗,讨得玄宗的信任和重用。当他羽翼丰满,便发动了"安史之乱",举起屠刀,杀向长安,唐王朝从此一蹶不振。这是一个君主受蒙蔽而吃尽苦头的例子。隋文帝杨坚有两个儿子,长子杨勇忠诚老实。次子杨广玩弄权术,他在房间里摆着断了弦积上灰尘的乐器,给人以"不喜声色"的印象。故意把一些府库封起来,给人以"节俭"的印象,极力讨好父母,使之留下"比杨勇更孝顺"的印象。终于,杨广取代杨勇的太子地位。等他一登上皇位,便露出了骄奢淫佚的真面目,很快地断送了隋朝的江山(见《隋书·炀帝纪》),这又是一个受蒙蔽而失江山的例子。战国齐威王时,在齐威王耳边毁谤即墨大夫的人接连不断。齐威王便派人去即墨调查,只见"田野辟,民人给,官无留事,东方以宁。"于是重赏即墨大夫。同时,歌颂阿大夫的话充溢于耳,齐威王便派人去阿地调查,只见"田野不辟,民贫苦",疆土被敌国攻占。而阿大夫采取厚币贿赂威王左右的方法,美誉自己。所以齐威王便烹了阿大夫及左右常誉阿大夫的人。这是一个能辨别真伪善恶,使国家大治的例子(《史记·田敬仲完世家》)。

要使进贤去恶,治理国家,君主要放手用贤人,不要从中牵制。孔子的学生宓子贱出任单父宰,向鲁君告辞的时候,请求派近史二人与他一起去上任。宓子贱让二史撰写文书,刚下笔,就在后面拉他们的手肘,字写得不好,就发怒指责他们。二史无法可想,只好请求回去。将这一情况告诉鲁君。鲁君便去问孔子。孔子说:"宓子贱是君子,他的才能可以帮助国君建立王霸之业。屈节让他治理单父,将用以初试锋芒。他不让二史写好字,从后牵制,或许是以此为喻讽谏国君吗?"鲁君恍然大悟,叹一口气说:"这是我的不是,是我干扰了宓子贱的施政方针,多次要求他有善政。不是二史,我无从知道自己的过失。不是您老先生,我不能自己醒悟。"于是,立即派心腹使者对宓子贱说:"从今以后,单父不是我所管辖,听从您的节制,放手行其政事。"单父因而大治(《司马文正公传家集》卷六十四)。这是鲁君能用贤人而大治的例子。也有君主不会任用贤人的。乐毅为燕代齐,下七十余城,燕王怀疑他,让骑劫代替他为将。齐田单让骑劫中计而打败了他,收复七十余城。廉颇为赵将,拒秦,坚守不战,赵王怀疑他,使赵括代替他为将。被白起打败而成为俘虏,坑杀赵兵四十万。项羽用范增之谋,强霸诸侯。围汉王于荥阳,刘邦几乎被虏。随后听了刘邦的反间计,怀疑范增,范增怒而去,项羽终于为汉所败,自刎乌江。从上述例子看,君主要任贤去恶是非常不容易的。正如荀子所说:"人主有六患,使贤者为之,则与不肖者规之;使智者虑之,则与愚者论之;使修士行之,则与污邪之人疑之,虽欲成功,得乎哉!"(《荀子·君道篇》)所以只有仁人,才能任善去恶,任贤退不肖,不是仁人,是做不到的。

见贤而不能举^①,举而不能先^②,命也^③。见不善而不能退^④,退而不能远^⑤,过^⑥也。好人之所恶,恶人之所好,是

为拂⑦人之性⑧,菑⑨必逮⑩夫身。

【今译】

发现了贤人却不能举荐他,举荐了却又不能亲近信任他,这是以怠慢的态度对待贤人。发现了不善的人却不能斥退他,斥退了却不能流放他到边远地方去,这是过失和错误。喜爱大家所憎恶的事物,憎恶大家所喜爱的事物,这就叫作违背了人的本性,这样,灾祸一定会落到自己身上。

【注释】

①举:举荐、推举。　②先:尽先使用。引申为亲近、信任。③命:慢。轻慢、怠慢。　④退:斥退,摒退。　⑤远:指边远的地区。⑥过:过失、错误。　⑦拂:拂逆、违背。　⑧性:本性。　⑨菑:"灾"的异体字,灾祸、灾殃。　⑩逮(dài):及、到。

【评述】

本节仍承上文,阐明举贤罢恶的必要性、重要性。见善人而不能举荐,或已举荐而不能亲近、信任他,还可以说是怠慢,见不善而不能罢退,退而不能"屏诸四夷",这却是过失了。更有甚者,好恶颠倒,是非不分,以善为恶,以恶为善,违逆民意,灾祸一定会落到自己身上。

汉郑玄说:"'命'读为'慢',声之误也。举贤而不能使君以先己,是轻慢于举人也。"(《十三经注疏·大学》)《程子外书》说:"'命'当作'怠',字之误也。"朱熹对以上两说没有评断,说:"未详孰是。"清俞樾《群经评议》说:"'先'盖'近'字之误。'见贤而不能举,举而不能近',与'见不善不能退,退而不能远'正相对成文。"这个说法是有道理的。唐孔颖达说:"此谓凡庸小人见此贤人而不能举进于君,假设举之,又不能使其在己之先,是谓慢也。谓轻慢于举人也。小人见不善之人而不能抑退之,假令抑退之而不能使远,是愆过之人也。好人之所恶者,人谓君子,君子所恶者,凶恶之事,今乃爱好凶恶,是好人之所恶也。

恶人之所好者,君子所好仁义善道,今乃恶此仁义善道,是恶人之所好也。若此者,是谓拂戾善人之性,如此,灾必及夫身矣。"(同上)宋朱熹说:"若此者,知所爱恶矣,而未能尽爱恶之道,盖君子而未仁者也。好善而恶恶,人之性也,则不仁之甚者也。"(《四书集注·大学章句》)宋叶味道说:"若见贤不能举,纵能举之,又不能推先之。见不善不能退,纵能退之,又不能远绝之,是犹未免过失怠慢之机,而未能如仁者尽好恶之极也。今有人焉,于人之所当好,所同好者,反从而恶之。于人之所当恶,所同恶者,反从而好之,如此等人,不仁之甚。"(《讲义》)

见贤能举,举而能近,才可以治国平天下。春秋时,齐桓公得管仲,三熏而三沐之,解其缧绁,置以为相。鲍叔,桓公之傅也,避于太宰之位而安随其后;国子、高子,天子之守卿也,人率五乡而听其政令,况其余四境之内,上下之人,其孰敢不战战栗栗,从桓公而贵亲之,是以能九合诸侯,一正天下,为五霸之首。西汉陈平,是项楚之逃亡将领,汉高祖使典护诸将。绛、灌之属尽害之。高祖以陈平为护军中尉,尽监护诸将,诸将乃不敢言。终于六出奇计,安定刘家天下。韩信,项楚逃亡之卒,汉高祖用萧何一言,拔于行伍之中以为大将。诸将皆惊而不敢信也。是以五年之中,灭项羽,定天下,创业垂统四百岁而不绝。刘备与关羽、张飞,布衣之友,周旋艰险,恩若兄弟。一旦得诸葛孔明,待之过于关、张,关、张不悦,刘备说:"孤之有孔明,犹鱼之有水,愿诸君勿复言。"是以能起于败亡之中,保有一方,与魏、吴为敌国,成鼎立之势。苻坚得王猛于处士之中,以为丞相,贵戚大臣有害之者,苻坚常杀之,谓太子宏及长乐公丕曰:"汝事王公如我也。"是以能东取燕,西取凉,南取襄阳,北取拓跋,奄有中原,几乎平定海内。此五人皆英主贤才,如果四位君主知之不明,用之不固,信之不专,则管仲醢于齐庭,陈平穷于户牖,韩信饿于淮阳,诸葛孔明老于隆中,王猛死于华山,名字埋灭,哪里会有奕世之光明。

至于见不善而不能退,退而不能远,好恶颠倒,终于灾祸及身的也大有人在。吴王夫差,听信受贿卖国的太宰伯嚭谗言,杀害忠臣伍子胥,终于身败国灭。伯嚭佞臣,天理难容,死于越王句践刀剑之下。楚平王宠信佞臣费无忌,逼死太子,杀害忠臣伍奢、伍尚。终于国都被吴国攻破,被伍员鞭尸三百。唐玄宗喜爱大家所厌恨的安禄山,不听人谏安禄山欲谋反,反而对安禄山一再升官进爵,终于酿成安史之乱,杨贵妃被杀,自身被迫退位,唐朝局面不可收拾。所以信恶去善,乃逆人之性,灾祸一定会降临到自己身上,这种例子历史上还少吗?

是故君了有大道①,必忠信②以得之,骄泰③以失之。生财有大道,生之者众④,食之者⑤寡⑥,为之者⑦疾⑧,用之者舒⑨,则财恒⑩足矣。

【今译】

　　所以君主应掌握为政以德的重大原则。在政治上,一定要依靠忠诚信实获得天下,骄纵恣肆一定会失去天下。在经济上也有重大原则。创造财富的人多,消费物资的人少,生产劳动创造财富的人积极努力,使用财富的人舒缓有节。那么,国家的财富就会永远保持充裕。

【注释】

　　①大道:重大的原则。　②忠信:忠诚、信实。　③骄泰:骄纵恣肆。　④众:多。　⑤食之者:消费者。　⑥寡:少。　⑦为之者:直接的生产劳动者。　⑧疾:快。引申为积极性高。　⑨舒:舒缓。引申为节用。　⑩恒:常,永远。

【评述】

本节阐明治国平天下中的政治原则和经济原则。政治原则是“为政以德”,经济原则是“发展生产”。

治国平天下的重要政治原则是“为政以德”。“忠信以得之,骄泰以失之。”唐孔颖达说:“大道,谓所由行孝悌仁义之大道也。孝悌仁义必由行忠信以得之,由身骄泰以失之也。人君当先行仁义,爱省国用,以丰足财物。"(《十三经注疏·大学》)宋朱熹说:"君子,以位言之。道,谓居其位而修己治人之术。发己自尽为忠,循物无违为信。骄者,矜高。泰者,侈肆。"(《四书集注·大学章句》)行仁政于天下,必须首先取信于民。孔子说过:"自古皆有死,民无信不立。"(《论语·颜渊》)诚实守信,是一种美德,只有忠诚守信的人,才能得到人民的信任。北宋词人晏殊,素以忠诚著称,他聪慧过人,七岁即有文名,十四岁被荐于朝廷,正好真宗皇帝御试进士。真宗听说他很聪明,就让他做考试题目。晏殊看了试题,对真宗说:"我十天前做过这个题目,草稿还在,请陛下另外出个题目吧!"真宗见他这样忠诚老实,感到可信,便赐他同进士出身(《宋史·晏殊传》)。春秋战国时,商鞅在秦孝公的支持下变法,为了树立威信,推进改革,他下令在都城南门外立一根三丈长的木头,并当众宣布:谁能把这根木头搬到北门,赏十金。围观的人们不相信,你看我,我看你,谁也不动手。于是又下令说,谁能搬动,赏五十金。其中一个男子站出来,把木头扛到北门,商鞅立即赏他五十金。于是商鞅的新法获得人们的支持,很快在秦国推广,秦国因而富强起来(《史记·商君列传》)。所以,"忠信以得之"。相反,如果骄泰起来,就会失去人民的信任而国破家亡。项羽是一位咤叱风云的英雄人物,战必胜,攻必取,西屠咸阳,杀秦王子婴,号令天下。但骄泰起来,杀义帝失信于天下,封刘邦为汉王而失于防范,率军东归,说,"富贵不归故乡,如衣绣夜行,谁知之者"(《史记·项羽本纪》),耀威风于乡里,终于被刘邦围困垓下,自刎身亡。苻坚也号称英主,统一了我国北方,建立前秦,骄泰起来,认为"投鞭足以断流",不听大臣、太子、皇后、宗室的劝告,兴兵伐晋,导致淝水之败,"风声鹤唳,草木皆兵",前秦政权终于分崩离析(《晋书·苻坚载记》)。

治国平天下的经济原则是发展生产。"生之者众,食之者寡;为之者疾,用之者舒。"生产的总量超过消费的总量,国家才会富足。唐孔颖达说:"生之者众者,谓为农桑多也;食之者寡者,谓减省无用之费也;为之者疾者,谓百姓急营农桑事业也;用之者舒者,谓君上缓于营造费用也。……人君能如此，则国用恒足。"(《十三经注疏·大学》)宋吕祖谦说："国无游民则生者众矣，朝无幸位，则食者寡矣，不夺农时，则为之疾矣，量入为出，则用之舒矣。"(《四书集注·大学章句》)宋朱熹说："此因有土有财而言，以明足国之道，在乎务本而节用，非必外本内末而后财可聚也。"(同上)宋陈孔硕说："此古人生财之政也。"(赵顺孙《大学纂疏》)发展生产，节省开支，这是理财的又一重要原则。汉文帝在位二十三年，重视发展农业生产，减轻赋税。他说："夫农，天下之本也。其开籍田，朕亲率耕，以给宗庙粢盛。"行三十税一之制。节约费用，"宫室苑囿车骑御服无所增益。有不便，辄弛以利民。尝欲作露台，召匠计之，直百金，上曰：'百金，中人十家之产也，吾奉先帝宫室，常恐羞之，何以台为！'"他身着黑色厚缯，"所幸慎夫人，衣不曳地，帷帐无文绣，以示敦朴，为天下先"(见《汉书·文帝本纪》)。汉文帝注意发展生产，又节约开支，故有"文景之治"，为汉朝的长治久安，打定了坚实的基础。

　　仁者以①财发身②，不仁者以身③发财。未有上好仁④，而下不好义⑤者也；未有好义，其事⑥不终⑦者也；未有府库⑧财，非其财者也。

【今译】

　　仁德的人运用疏散财富来争取民众，使王业兴盛，没有仁德之辈凭借自身权力去聚敛财富，从而失去民心。没有听说过上面的君主爱好仁德，而下面的臣民不爱好道义的事情；没有听说过爱好道义而事业不获成功的事情。没有听说过人民爱好道义而国库里的财物不是属于国君的事。

【注释】

　　①以：用、凭借。　②发身：使自身兴盛。即王业兴盛。　③身：自身。指自身权力。　④仁：仁德、仁义。　⑤义：道义。　⑥事：事

业。　⑦终:终极、结果。引申为成功。　⑧府库:国家贮藏财物的地方。

【评述】

本节承上节,阐明仁者与不仁者对待财富的不同态度及其不同结果。

汉郑玄说:"发,起也。言仁人有财则务与施予,以起身成其令名。不仁之人有身贪于聚敛,以起财务成富。"(《十三经注疏·大学》)唐孔颖达说:"仁德之君,以财散施,发起身之令名也。不仁之人,唯在吝啬,务于积聚,劳役其身,发起其财。在上人君好以仁道接下,其下感君仁恩,无有不爱好于义,使事皆得其宜也。臣下悉皆好义,百事尽能终成。君若行仁,民必报义,义必终事。譬如人君有府库之财,必还为所用也。"(同上)宋朱熹说:"发,犹起也。仁者散财以得民,不仁者亡身以殖货。上好仁以爱其下,则下好义以忠其上,所以事必有终,而府库之财无悖出之患也。"(《四书集注·大学章句》)宋陈淳说:"惟上之人不妄取民财,而所好在仁,则下皆好义,以忠其上矣。下既好义,则为事无有不成遂者矣。天下之人,皆能成遂其上之事,则府库之财,亦无悖出之患,而为我有矣。非若不好仁之人,财悖而入,亦悖而出也。"(《大学口义》)

对待财富,仁者与不仁者有两种不同态度,产生两种不同结果。仁者散财以聚民,可以平治天下,这就叫作"以财发身"。齐国的孟尝君,派冯谖到自己的食邑薛地收债。冯谖到薛后"使吏召诸民当偿者,悉来合券,券遍合,起矫命以责赐民,因烧其券,民称万岁。"就是假传孟尝君的命令,把借据烧掉,不要薛地的人民还钱,民称万岁,欢声雷动。后来孟尝君得罪了齐王,罢了他的相位。孟尝君便回到自己的食邑去。"未至百里,民扶老携幼,迎君道中。"受到人民的热烈欢迎。齐王听到人心拥护孟尝君,便作自我批评,仍请孟尝君复相位(见《战国策·齐人有冯谖者》)。这是"财散则民聚"。南宋大将岳飞,爱民如子,每遇赏赐,全部分散给士兵;赏赐的御酒少,不够喝,便倒在水缸里与水伴和,每人都能喝到,因此深得士兵拥戴,所向无敌。而不仁者,凭借手中权力,搜括民财,必致身遭灾祸,这就叫作"以身发财"。纣王聚敛民财,"厚赋税以实鹿台之钱,而盈巨桥之粟,盖收狗马奇物,充仞宫室"(《史记·殷本纪》)。荒淫暴虐,挥霍无度,导致商朝很快灭亡。唐德宗横敛于民。"泾原军士,闻琼林大盈,金帛充盈,相与取之。"(宋王谠《唐语林》)这是"财聚则民散","货悖而入者,亦悖而出"。

所以要治国平天下,在上位者一定要以仁心待臣民,施恩义于臣民,这样在下位的臣民,一定会以忠义事君上,那么无论什么事都能做成,府库的财货,也不会悖出,都成为国君自己的财富了。

孟献子①曰:"畜②马乘③不察④于鸡豚⑤。伐冰之家⑥,不畜牛羊。百乘之家⑦不畜聚敛之臣⑧,与其有聚敛之臣,宁有盗臣⑨。"此谓国不以利⑩为利,以义为利⑪也。

【今译】

　　孟献子说:"拥有四马拉车的大夫,就不应当去察看、关心养鸡、喂猪的琐事。拥有凿冰办丧祭特权的卿大夫,就不应当畜牛养羊追求财利。拥有一百辆兵车的卿大夫,就不应当豢养那些热衷于聚敛财富的家臣,与其有这种聚敛财富的家臣,宁可有盗窃府库之财的家臣。"这就是说,治理国家不以聚敛财富为有利,而以追求仁义为有利。

【注释】

　　①孟献子:鲁国大夫仲孙蔑。　②畜:养、豢养。作动词。引申为拥有。　③马乘(shèng):四匹马拉的车。古代士初试为大夫,始得备车子,驾四马。　④察:察看、查看,引申为关心。　⑤豚:小猪。这里指猪。　⑥伐冰之家:卿大夫。伐冰,凿冰。伐,凿。我国古代卿大夫丧祭时有用冰的特权,故以伐冰之家指代卿大夫。　⑦百乘之家:拥有一百辆四匹马拉的军车的卿大夫采邑。即指有采邑的卿大夫

之家。　⑧臣:家臣、家宰。　⑨盗臣:盗窃府库财物的家臣。　⑩
利:财富,也指私利。　⑪利:利益。

【评述】

本节承前节,阐明义与利的关系问题,治理国家者不与民争利,应
以义为利,不应以利为利。

汉郑玄说:"孟献子,鲁大夫仲孙蔑也。畜马乘,谓以士初试为大
夫也。伐冰之家,卿大夫以上丧祭用冰。百乘之家,有采地者也。鸡
豚牛羊,民之所畜养,以为财用者也。国家利义不利财,盗臣损财耳,
聚敛之臣乃损义。"(《十三经注疏·大学》)宋程子说:"圣人以义为利,
义之所安,即利之所在。"(赵顺孙《大学纂疏》)宋朱熹曰:"君子宁亡己
之财,而不忍伤民之力,故宁有盗臣而不畜聚敛之臣。"(同上)

本节首先教育在上位者不与民争利。鸡豚牛羊,人民畜养以为
利。士大夫既已食君之禄,而享人民之奉,则不应再去关心饲养鸡猪、
畜养牛羊之事,与民争利。其次,教育在上位者损害人民利益,不如损
害自己利益。聚敛之臣是横取人民之财,剥民之膏血以奉上。盗臣是
盗窃府库之私财。聚敛之臣和盗臣都是不好的。但盗臣祸未及民,聚
敛之臣则祸及民,两者相较,退一步权衡,则宁有盗臣。其三,教育在
上位者摆正"义"和"利"的关系。以利为利,则会出现如孟子所说的
"上下交征利,则国危矣"的局面;以义为利,"则不遗其亲,不后其君,
惟义之安,则自无不利"的国治而天下平的景象。

长①国家而务②财用者,必自③小人矣。彼为善之④,小
人之使为国家,灾害并至,虽有善者,亦无如之何矣。此谓
国不以利为利,以义为利也。

【今译】

掌握国家命运的君主而专门致力于聚敛财富,这必定是从重用好

佞的小人开始的。君主即使心存善良，但用这些奸佞小人来治理国家，天灾人祸就会接踵而来，那时候，即使有贤才善人出来挽救，也是无可奈何的了。这就是说，治理国家不应以聚敛财富为有利，而以追求、崇高仁义为有利。

【注释】

①长：掌握、领导。　②务：专门从事。　③自：由。指由小人误导。　④彼为善之：从字面讲，他因为重视他们。朱熹说："此句上下，疑有阙文、误字。"

【评述】

本节承前节，继续进一步揭露君主重用聚敛之臣的原因及其危害性，反复教育君主为国者不以利为利，应以义为利。

汉郑玄说："彼，君也。君将欲以仁义善其政，而使小人治其国家之事，患难猥至，虽云有善不能救之，以其恶之已著也。"（《十三经注疏·大学》）唐孔颖达说："远财重义，是不以利为利，以义为利也。"（同上）宋朱熹说："彼为善之'此句上下疑有阙文误字。"自，由也。言由小人导之也。此一节深明以利为利之害，而重言以结之，其丁宁之意切矣。"（《四书集注·大学章句》）宋陈淳说："小人导君于利，若长国家，而专务财用者，皆自小人导而为之。"（《大学口义》）

关于"必自小人"句中之"自"字，朱熹释为"由"。而俞樾释为"用"。他在《群经评议》中说："'必自小人'者，必用小人也。《诗·緜》篇及《江汉》篇，《毛传》《郑笺》都说'自，用也。'"又说："'彼'当以小人言。'彼为善之'句申说上文必用小人之故。言长国家而务财用所以必用小人者，以务财用之事惟彼为善之也。'善'与'能'同义。"可供理解本节文义时参考。

本节首先尖锐地指出，掌握国家权力而专门聚敛财富的君主，是小人教之使然的。因为小人背离仁义，善于聚敛，若被君主重用，将横征暴敛以奉君主。所以产生敛聚之政的原因在于小人。其次，指出执行聚敛之政的危害性。小人以聚敛财富为专务,背离儒家以义为利,见得思义的理财原则,对人民、对国家必然带来无穷的灾难。虽有善人出来纠偏,也无能为力了。第三,反复叮咛为政者,要平治天下,一定不要以利为利,而要以义为利。"亦有仁义而已矣。"(《孟子·梁惠王》)

以上十四节,为平天下章。朱熹认为是传之十章,释"治国平天下"。本章从不同侧面、不同角度阐述治国平天下的原则、方法,其义甚博而其旨甚远。归结起来务在与民同好恶,而不专其利,皆推广絜矩之意。如果能做到这些,那么,就亲贤乐利,各得其所,而国治天下平了。

朱熹总结十章传文说:"凡传十章。前四章统论纲领指趣,后六章细论条目工夫。其第五章乃明善之要;第六章乃诚身之本;在初学尤为当务之急,读者不可以其近而忽之也。"(《四书集注·大学章句》)

这是朱熹分析了《大学》传之十章内容,特别指出第五章"格物致知",第六章"诚意正心"是关键章节,叮嘱学者不可忽略。宋万人杰说:"致知""诚意",是学者两个关。致知乃"梦"与"觉"之关;诚意乃"恶"与"善"之关。透得致知之关则"觉",不然则"梦";透得诚意之关则"善",不然则"恶"。"致知、诚意以上工夫较省,逐旋开去,至于治国平天下,地步愈阔,却须要照顾得到。"(《朱子语类·大学二》)宋蔡渊说:"明善之要,诚身之本,朱子于篇末尤恳切为学者言之,何耶? 盖道之浩浩,何处下手,学者用工夫之至要者,不过明善,诚身而已。明善,即致知也;诚身,即力行也。始而致知,所以明万理于心,而使之无所疑;终而力行,所以复万善于己,而使之无不备。知不致,则真是真非莫辨,而将何所从适? 行不力,则虽精义入神,亦徒为空言。此《大学》第五章之明善,第六章之诚身所以为学者用功之至切至要。"(《大学演说》)由此看来,掌握了"格物致知""诚意正心"就能把《大学》传文的十个章节贯穿起来,环环相扣,对于《大学》的理解也就迎刃而解了。所以朱熹特别叮嘱学者不可以因其近而忽略。

附录一：
朱熹《大学章句序》及今译

原　文

　　《大学》之书，古之大学所以教人之法也。盖自天降生民，则既莫不与之以仁义礼智之性矣。然其气质之禀，或不能齐，是以不能皆有以知其性之所有而全之也。一有聪明睿智能尽其性者出于其间，则天必命之以为亿兆之君师，使之治而教之，以复其性。此伏羲、神农、黄帝、尧、舜所以继天立极，而司徒之职、典乐之官所由设也。三代之隆，其法寖备，然后王宫、国都以及闾巷，莫不有学。人生八岁，则自王公以下，至于庶人之子弟，皆入小学，而教之以洒扫、应对、进退之节，礼、乐、射、御、书、数之文。及其十有五年，则自天子之元子、众子，以至公卿、大夫、元士之适子，与凡民之俊秀，皆入大学，而教之以穷理、正心、修己、治人之道。此又学校之教，大小之节，所以分也。夫以学校之设，其广如此，教之之术，其次第节目之详又如此；而其所以为教，则又皆本之人君躬行心得之余，不待求之民生日用彝伦之外，是以当世之人无不学。其学焉者，无不有以知其性分之所固有，职分之所当为，而各俛焉以尽其力。此古昔盛时所以治隆于上，俗美于下，而非后世之所能及也！及周之衰，贤圣之君不作，学校之政不修，教化陵夷，风俗颓败。时则有若孔子之圣，而不得君师之位以行其政教，于是独取先王之法，诵而传之，以诏后世。若《曲礼》《少仪》《内则》《弟子职》诸篇，固小学之支流余裔，而此篇者，则因小学之成功，以著大学之明法，外有以极其规模之大，而内有以尽其节目之详者也。三千之徒，盖莫不闻其说，而曾氏之传，独得其宗，于是作为传义，以发其意。及孟子没而其传泯焉，则其书虽存，而知者鲜矣！自是以来，俗儒记诵词章之习，其功倍于小学而无用；异端虚无寂灭之教，其高过于大学而无实。其他权谋术数，一切以就功名之说，与夫百家众众技之流，所以惑世诬民，充塞仁义者，又纷然杂出乎其间。使其君子不幸而不得闻大道之要，其小人不幸而不得蒙至治之泽，晦盲否塞，反复沉痼。以及五季之衰，而坏乱极矣！天运循环，无往不复。宋德隆盛，治教休明。于是河南程氏两夫子出，而有以接乎孟氏之传。实始尊信此篇而表章之，既又为之次其简编，发其归趣，然后古者大学教人之法，圣经贤传之指，粲然复明于世。虽以熹之不敏，亦幸私淑而与有闻焉。顾其为书犹颇放失，是以忘其固陋，采而辑之，间亦窃附己意，补其缺略，以俟后之君子。极知僭逾，无所逃罪，然于国家化民成俗之意，学者修己治人之方，则未必无小补云。

淳熙己酉二月甲子新安朱熹序

今　译

《大学》这部书，是说明古代的大学是用来教育人的法则。天生育人民，就已经赋予他们仁、义、礼、智这种内在的、美好的本性。但由于人们禀受的气质不同，不能一致，所以禀受的仁、义、礼、智内在之性有偏有全，不能获得全部。一旦有绝顶聪明智慧而能禀受仁、义、礼、智全部完美之性的人涌现出来，那么，上天一定要命令他作为广大人民的君主和老师,让他们管理和教育人民,用以恢复、彰明他们内在的本性。这就是伏羲、神农、黄帝、尧、舜之所以继承天命,为人民树立榜样,教化人民的原因。由于教化人民的需要,司徒这一职官,管理音乐的官员也因此而设置起来。夏、商、周三代国家兴盛,教化人民的法制也逐渐完备。随后,王宫、国都以及人民聚居的街巷都设立学校。儿童到八岁时,那么,从国王、公卿以下至平民百姓的孩子,就都进小学读书,教他们洒水扫地,接应对答,迎送宾客等生活礼节,学习礼制、音乐、射箭、驾车、书法、算术等知识和技能。等到十五岁时,那么,从天子的嫡长子,其余王子,以及公卿、大夫、士的嫡长子,与一般平民中俊杰优秀的人,都进入大学学习。教他们探究事理,端正内心,修身律己,治理人民的原理、原则和方法。这就是学校的教育,分小学、大学,而教学任务、教育内容都有所不同。学校的设立如此普遍,教育的方法、顺序、原则又如此详备,而且作为教育的内容,都是根据君主亲身实践得来的经验教训,不必到人民生活实际、伦常关系之外去寻求。所以,当时的人没有不学习的。通过学习,没有一个不知道仁、义、礼、智之性是内在固有的,士、农、工、商等职业应当分别承担。大家勤勤恳恳地努力工作。这是古代兴盛时期,之所以上面政治清明,下面风俗和美的原因,不是后代所能赶得上的。等到周朝衰落,贤明圣德的君王没有出现,学校教育之政不讲,这样,教化废弛,风俗败坏。当时虽然有孔子这样的圣人,但不能得到君主和老师的地位。来推行他的政治理想和仁义教化。于是,只好拿过去圣王的成法,记诵而传习,用以教育后代。像《曲礼》《少仪》《内则》《弟子职》等篇章,本来是小学的分支课程。而《大学》这一篇,是在小学教育取得成功的基础上,以彰明大学的明德之法则,从外部看,有极大的规模气象,从内部看,有完整、系统的条目和方法。孔子的三千学生,没有一个不接受大学的教育。而曾参的传习,独得孔子大学之道的正宗，因此，他作《大学》传文，阐发孔子大学原意，形成传统。这个传统等到孟子逝世而中断。虽然《大学》这本书还在，但理解、掌握他的人就少了！从此以后，圣学失传，庸俗的儒生，追求记诵、文字、训诂，诗赋、文章之学，其所费之功超过小学，但却是远离德本的无用之学；异端邪说和佛、道之教，其声势超过大学而无实际效果；其他讲权谋、术数等追求功名利禄的说教，以及诸子百家各种杂技流派，这些迷惑世人，欺骗人民，堵塞仁义的学说，纷纷然混杂在其中。使君子遭到不能预闻圣道之要的不幸，使平民百姓遭到不能蒙受圣君至治恩泽的不幸。他们闭目塞听，沉沦在痛苦的深渊之中。直到衰落的五代，学风更是坏乱极了。但天的命运循环往复，衰而复盛。宋朝建立，圣德隆盛。政治和教化非常美好而光明，在这样的形势下，河南程颢、程颐两先生出来，从而上接孟子大学之教的儒道传统。开始重视这篇《大学》而将它阐发和推荐出来，接着又替它整理编定次序，阐发其主旨。从此以后，古人用大学教人的原理、法则，孔子的圣经和曾子的传文之指归，清楚明白地再次大明于世。即使像我朱熹那样不敏慧的人，亦有幸间接地向二程夫子学习而有所了解。我看到这部《大学》还有错简和失误的地方，因此忘记了自己学识的浅陋，采取前人之意，其中也私下附上自己的意见，补充它的缺略之处，以等待有道德、有学问的君子加以批评指教。我自己非常知道这是僭越逾制之事，不能逃脱罪责。然而纂辑补充是书，对于国家教化人民，移风易俗的愿望，对于学者掌握修己治人的原则、方法，未必没有小补吧！

宋孝宗淳熙己酉(1189)二月甲子(二月二十日)

新安朱熹序

附录二：
《大学》古本

　　大学之道，在明明德，在亲民，在止于知善。知止而后有定，定而后能静，静而后能安，安而后能虑，虑而后能得。物有本末，事有终始，知所先后，则近道矣。古之欲明明德于天下者，先治其国；欲治其国者，先齐其家；欲齐其家者，先修其身；欲修其身者，先正其心；欲正其心者，先诚其意；欲诚其意者，先致其知；致知在格物。物格而后知至，知至而后意诚，意诚而后心正，心正而后身修，身修而后家齐，家齐而后国治，国治而后天下平。自天子以至于庶人，壹是皆以修身为本。其本乱，而末治者，否矣。其所厚者薄，而其所薄者厚，未之有也。此谓知本；此谓知之至也。所谓诚其意者，毋自欺也。如恶恶臭，如好好色，此之谓自谦。故君子必慎其独也。小人闲居为不善，无所不至，见君子而后厌然，揜其不善，而著其善。人之视己，如见其肺肝然，则何益矣？此谓诚于中，形于外。故君子必慎其独也。曾子曰："十目所视，十手所指，其严乎！"富润屋，德润身，心广体胖，故君子必诚其意。《诗》云："瞻彼淇澳，菉竹猗猗。有斐君子，如切如磋，如琢如磨，瑟兮僩兮，赫兮喧兮，有斐君子，终不可谖兮。"如切如磋者，道学也。如琢如磨者，自修也。瑟兮僩兮者，恂慄也。赫兮喧兮者，威仪也。有斐君子，终不可谖兮者，道盛德至善，民之不能忘也。《诗》云："于戏！前王不忘。"君子贤其贤而亲其亲，小人乐其乐而利其利，此以没世不忘也。《康诰》曰："克明德。"《大甲》曰："顾諟天之明命。"《帝典》曰："克明峻德。"皆自明也。汤之《盘铭》曰："苟日新，日日新，又日新。"《康诰》曰："作新民。"《诗》曰："周虽旧邦，其命惟新。"是故君子无所不用其极。《诗》云："邦畿千里，惟民所止。"《诗》云："缗蛮黄鸟，止于丘隅。"子曰："于止，知其所止；可以人而不如鸟乎?"《诗》云："穆穆文王，于缉熙敬止。"为人君，止于仁。为人臣，止于敬。为人子，止于孝。为人父，止于慈。与国人交，止于信。子曰："听讼，吾犹人也；必也使无讼乎!"无情者，不得尽其辞，大畏民志。此谓知本。所谓修身在正其心者：身有所忿懥，则不得其正；有所恐惧，则不得其正；有所好乐，则不得其正；有所忧患，则不得其正。心不在焉，视而不见，听而不闻，食而不知其味。此谓修身在正其心。所谓齐其家在修其身者：人之其所亲爱而辟焉，之其所贱恶而辟焉，之其所畏敬而辟焉，之其所哀矜而辟焉，之其所敖惰而辟焉，故好而知其恶，恶而知其美者，天下鲜矣。故谚有之曰："人莫知其子之恶，莫知其苗之硕。"此谓身不修，不可以齐其家。所谓治国必齐其家者，其家不可教，而能教人者，无之。故君子不出家，而能成教于国。孝者，所以事君也；弟者，所以事长也；慈者，所以使众也。《康诰》曰："如保赤子。"心诚求之，虽不中，不远矣。未有学养子而后嫁者也。一家仁，一国兴仁；一家让，一国兴让；一人贪戾，一国作乱；其机如此。此谓一言偾事，一人定国。尧舜率天下以仁，而民从之；桀纣率天下以暴，而民从之。其所令，反其所好，而民不从。是故君子有诸己，而后求诸人；无诸己，而后非诸人。所藏乎身不恕，而能喻诸人者，未之有也。故治国在齐其家。《诗》云："桃之夭夭，其叶蓁蓁，之子于归，宜其家人。"宜其家人，而后可以教国人。《诗》云："宜兄宜弟。"宜兄宜弟，而后可以教国人。《诗》云："其仪不忒，正是四国。"其为父子兄弟足法，而后民法之也。此谓治国在齐其家。所谓平天下在治其国者：

上老老，而民兴孝；上长长，而民兴弟；上恤孤而民不倍。是以君子有絜矩之道也。所恶于上，毋以使下；所恶于下，毋以事上；所恶于前，毋以先后；所恶于后，毋以从前；所恶于右，毋以交于左；所恶于左，毋以交于右。此之谓絜矩之道。《诗》云："乐只君子，民之父母。"民之所好好之，民之所恶恶之，此之谓民之父母。《诗》云："节彼南山，维石岩岩。赫赫师尹，民具尔瞻。"有国者不可以不慎；辟，则为天下僇矣。《诗》云："殷之未丧师，克配上帝。仪监于殷，峻命不易。"道得众则得国，失众则失国。是故君子先慎乎德；有德此有人，有人此有土，有土此有财，有财此有用。德者，本也；财者，末也。外本内末，争民施夺。是故财聚则民散，财散则民聚。是故言悖而出者，亦悖而入，货悖而入者，亦悖而出。《康诰》曰："惟命不于常。"道善则得之，不善则失之矣。《楚书》曰："楚国无以为宝，惟善以为宝。"舅犯曰："亡人无以为宝，仁亲以为宝。"《秦誓》曰："若有一个臣，断断兮，无他技，其心休休焉，其如有容焉；人之有技，若己有之；人之彦圣，其心好之，不啻若自其口出；实能容之。以能保我子孙黎民，尚亦有利哉！人之有技，媢疾以恶之，人之彦圣，而违之俾不通；实不能容。以不能保我子孙黎民，亦曰殆哉！"唯仁人，放流之，迸诸四夷，不与同中国。此谓唯仁人为能爱人，能恶人。见贤而不能举，举而不能先，命也；见不善而不能退，退而不能远，过也。好人之所恶，恶人之所好，是谓拂人之性，菑必逮夫身。是故君子有大道，必忠信以得之，骄泰以失之。生财有大道，生之者众，食之者寡，为之者疾，用之者舒，则财恒足矣。仁者以财发身，不仁者以身发财。未有上好仁，而下不好义者也；未有好义，其事不终者也；未有府库财，非其财者也。孟献子曰："畜马乘，不察于鸡豚；伐冰之家，不畜牛羊；百乘之家，不畜聚敛之臣。与其有聚敛之臣，宁有盗臣。"此谓国不以利为利，以义为利也。长国家而务财用者，必自小人矣。彼为善之。小人之使为国家，菑害并至，虽有善者，亦无如之何矣。此谓国不以利为利，以义为利也。

（录自《小戴礼记》）

附录三：
明道先生改正《大学》

大学之道，在明明德，在亲民，在止于至善。知止而后有定，定而后能静，静而后能安，安而后能虑，虑而后能得。物有本末，事有终始，知所先后，则近道矣。《康诰》曰："克明德。"《太甲》曰："顾諟天之明命。"《帝典》曰："克明峻德。"皆自明也。汤之《盘铭》曰："苟日新，日日新，又日新。"《康诰》曰："作新民。"《诗》曰："周虽旧邦，其命维新。"是故君子无所不用其极。《诗》云："邦畿千里，惟民所止。"《诗》云："缗蛮黄鸟，止于丘隅。"子曰："于止，知其所止，可以人而不如鸟乎？"《诗》云："穆穆文王，于缉熙敬止。"为人君止于仁，为人臣止于敬，为人子止于孝，为人父止于慈，与国人交止于信。古之欲明明德于天下者，先治其国；欲治其国者，先齐其家；欲齐其家者，先修其身；欲修其身者，先正其心；欲正其心者，先诚其意；欲诚其意者，先致其知；致知在格物。物格而后知至，知至而后意诚，意诚而后心正，心正而后身修，身修而后家齐，家齐而后国治，国治而后天下平。自天子以至于庶人，壹是皆以修身为本。其本乱而末治者，否矣；其所厚者薄而其所薄者厚，未之有也。此谓知本，此谓知之至也。

所谓诚其意者，毋自欺也。如恶恶臭，如好好色，此之谓自谦，故君子必慎其独也。小人闲居为不善，无所不至，见君子而后厌然，揜其不善而著其善。人之视己，如见其肺肝然，则何益矣？此谓诚于中，形于外，故君子必慎其独也。曾子曰："十目所视，十手所指，其严乎!"富润屋，德润身，心广体胖，故君子必诚其意。

所谓修身在正其心者：身有所忿懥则不得其正，有所恐惧则不得其正，有所好乐则不得其正，有所忧患则不得其正；心不在焉，视而不见，听而不闻，食而不知其味；此谓修身在正其心。

所谓齐其家在修其身者：人之其所亲爱而辟焉，之其所贱恶而辟焉，之其所畏敬而辟焉，之其所哀矜而辟焉，之其所敖惰而辟焉；故好而知其恶，恶而知其美者，天下鲜矣；故谚有之曰："人莫知其子之恶，莫知其苗之硕。"此谓身不修不可以齐其家。

所谓治国必先齐其家者：其家不可教，而能教人者无之，故君子不出家而成教于国，孝者所以事君也，弟者所以事长也，慈者所以使众也。《康诰》曰："如保赤子。"心诚求之，虽不中不远矣，未有学养子而后嫁者也。一家仁，一国兴仁；一家让，一国兴让；一人贪戾，一国作乱。其机如此。此谓一言偾事，一人定国。尧、舜帅天下以仁而民从之，桀、纣帅天下以暴而民从之。其所令反其所好，而民不从。是故君子有诸己而后求诸人，无诸己而后非诸人。所藏乎身不恕，而能喻诸人者，未之有也。故治国在齐其家。《诗》云："桃之夭夭，其叶蓁蓁；之子于归，宜其家人。"宜其家人，而后可以教国人。《诗》云："宜兄宜弟。"宜兄宜弟，而后可以教国人。《诗》云："其仪不忒，正是四国。"其为父子兄弟足法，而后民法之也。此谓治国在齐其家。

所谓平天下在治其国者：上老老而民兴孝，上长长而民兴弟，上恤孤而民不倍，是以君子有絜矩之道也。所恶于上，毋以使下；所恶于下，毋以事上；所恶于前，毋以先后；所恶于后，毋以从前；所恶于右，毋以交于左；所恶于左，毋以交于右；此之谓絜矩之道。《诗》云："乐只君子，民之父母。"民之所好好之，民之所恶恶之，此之谓民之父母。《诗》云："节彼南山，维石岩岩；赫赫师尹，民具尔瞻。"有国者不可以不慎，辟则为天下僇矣。《诗》云："瞻彼淇澳，菉竹猗猗。有斐君子,如切如磋,如琢如磨,瑟兮僩兮,赫兮喧兮,有斐君子,终不可谊兮。"如切如磋者,道学也;如琢如磨者,自修也;瑟兮僩兮者,恂慄也;赫兮喧兮者,威仪也;有斐君子,终不可谊兮者,道盛德至善,民之不能忘也。《诗》云:"于戏!前王不忘!"君子贤其贤而亲其亲,小人乐其乐而利其利,此以没世不忘也。子曰:"听讼吾犹人也,必也使无讼乎!"无情者不得尽其辞,大畏民志,此谓知本。《诗》云:"殷之未丧师,克配上帝,仪监于殷,峻命不易。"道得众则得国,失众则失国。

是故君子先慎乎德,有德此有人,有人此有土,有土此有财,有财此有用。德者本也,财者末也。外本内末,争民施夺。是故财聚则民散,财散则民聚。是故言悖而出者,亦悖而入;货悖而入者,亦悖而出。《康诰》曰:"惟命不于常。"道善则得之,不善则失之矣。《楚书》曰:"楚国无以为宝,惟善以为宝。"舅犯曰:"亡人无以为宝,仁亲以为宝。"《秦誓》曰:"若有一个臣,断断兮无他技,其心休休焉,其如有容焉。人之有技,若己有之,人之彦圣,其心好之,不啻若自其口出,实能容之,以能保我子孙黎民,尚亦有利哉!人之有技,媢疾以恶之,人之彦圣,而违之俾不通。实不能容,以不能保我子孙黎民,亦曰殆哉!"唯仁人放流之,迸诸四夷,不与同中国,此谓唯仁人为能爱人,能恶人。见贤而不能举,举而不能先,命也;见不善而不能退,退而不能远,过也。好人之所恶,恶人之所好,是谓拂人之性,菑必逮夫身。

是故君子有大道,必忠信以得之,骄泰以失之。生财有大道:生之者众,食之者寡,为之者疾,用之者舒,则财恒足矣。仁者以财发身,不仁者以身发财。未有上好仁而下不好义者也,未有好义其事不终者也,未有府库财非其财者也。孟献子曰:"畜马乘,不察于鸡豚,伐冰之家,不畜牛羊,百乘之家,不畜聚敛之臣,与其有聚敛之臣,宁有盗臣。"此谓国不以利为利,以义为利也。长国家而务财用者,必自小人矣。彼为善之。小人之使为国家,菑害并至,虽有善者,亦无如之何矣。此谓国不以利为利,以义为利也。

（录自《二程集·河南程氏经说卷第五》）

附录四：
伊川先生改正《大学》

　　大学之道，在明明德，在亲（当作新）民，在止于至善。知止而后有定，定而后能静，静而后能安，安而后能虑，虑而后能得。物有本末，事有终始，知所先后，则近道矣。古之欲明明德于天下者，先治其国；欲治其国者，先齐其家；欲齐其家者，先修其身；欲修其身者，先正其心；欲正其心者，先诚其意；欲诚其意者，先致其知；致知在格物。物格而后知至，知至而后意诚，意诚而后心正，心正而后身修，身修而后家齐，家齐而后国治，国治而后天下平。自天子以至于庶人，壹是皆以修身为本。其本乱而末治者，否矣；其所厚者薄而其所薄者厚，未之有也。

　　子曰："听讼吾犹人也，必也使无讼乎！"无情者不得尽其辞，大畏民志，此谓知本。（四字衍）此谓知本，此谓知之至也。《康诰》曰："克明德。"《太甲》曰："顾諟天之明命。"《帝典》曰："克明峻德。"皆自明也。汤之《盘铭》曰："苟日新，日日新，又日新。"《康诰》曰："作新民。"《诗》曰："周虽旧邦，其命惟新。"是故君子无所不用其极。《诗》曰："邦畿千里，惟民所止。"《诗》云："缗蛮黄鸟，止于丘隅。"子曰："于止，知其所止，可以人而不如鸟乎？"《诗》云："穆穆文王，于缉熙敬止。"为人君止于仁，为人臣止于敬，为人子止于孝，为人父止于慈，与国人交止于信。

　　所谓诚其意者，毋自欺也。如恶恶臭，如好好色，此之谓自谦，故君子必慎其独也。小人闲居为不善，无所不至，见君子而后厌然,揜其不善而著其善。人之视己,如见其肺肝然,则何益矣？此谓诚于中,形于外,故君子必慎其独也。曾子曰:"十目所视,十手所指,其严乎!"富润屋,德润身,心广体胖,故君子必诚其意。

所谓修身在正其心者:身(当作心)有所忿懥则不得其正,有所恐惧则不得其正,有所好乐则不得其正,有所忧患则不得其正。心不在焉,视而不见,听而不闻,食而不知其味,此谓修身在正其心。

所谓齐其(其衍字)家在修其身者:人之其所亲爱而辟焉,之其所贱恶而辟焉,之其所畏敬而辟焉,之其所哀矜而辟焉,之其所敖惰而辟焉,故好而知其恶,恶而知其美者,天下鲜矣。故谚有之曰:"人莫知其子之恶,莫知其苗之硕。"此谓身不修不可以齐其家。

所谓治国必先齐其家者:其家不可教,而能教人者无之,故君子不出家而成教于国,孝者所以事君也,弟者所以事长也,慈者所以使众也。《康诰》曰:"如保赤子。"心诚求之,虽不中不远矣,未有学养子而后嫁者也。一家仁,一国兴仁;一家让,一国兴让;一人贪戾,一国作乱。其机如此,此谓一言偾事,一人定国。尧、舜帅天下以仁而民从之,桀、纣帅天下以暴而民从之。其所令反其所好,而民不从。是故君子有诸己而后求之人,无诸己而后非诸人。所藏乎身不恕,而能喻诸人者,未之有也。故治国在齐其家。《诗》云:"桃之夭夭,其叶蓁蓁;之子于归,宜其家人。"宜其家人而后可以教国人。《诗》云:"宜兄宜弟。"宜兄宜弟,而后可以教国人。《诗》云:"其仪不忒,正是四国。"其为父子兄弟足法,而后民法之也。此谓治国在齐其家。

所谓平天下在治其国者:上老老而民兴孝,上长长而民兴弟,上恤孤而民不倍,是以君子有絜矩之道也。所恶于上,毋以使下;所恶于下,毋以事上;所恶于前,毋以先后;所恶于后,毋以从前;所恶于右,毋以交于左;所恶于左,毋以交于右,此之谓絜矩之道。《诗》云:"乐只君子,民之父母。"民之所好好之,民之所恶恶之,此之谓民之父母。《诗》云："节彼南山，维石岩岩；赫赫师尹，民具尔瞻。"有国者不可以不慎，辟则为天下僇矣。《诗》云："瞻彼淇澳，菉竹猗猗；有斐君子，如切如磋，如琢如磨，瑟兮僩兮，赫兮喧矣；有斐君子，终不可谊矣。"如切如磋者，道学也；如琢如磨者，自修也；瑟兮僩兮者，恂慄也；赫兮喧兮者，威仪也；有斐君子终不可谊兮者，道盛德至善，民之不能忘也。《诗》云："于戏！前王不忘！"君子贤其贤而亲其亲，小人乐其乐而利其利，此以没世不忘也。《康诰》曰："惟命不于常。"道善则得之，不善则失之矣。《楚书》曰："楚国无以为宝，惟善以为宝。"舅犯曰："亡人无以为宝，仁亲以为宝。"《秦誓》曰："若有一个臣，断断兮无他技，其心休休焉，其如有容焉，人之有技，若己有之，人之彦圣，其心好之，不啻若自其口出，实能容之，以能保我子孙黎民，尚亦有利哉！人之有技，媢疾以恶之，人之彦圣，而违之俾不通，实不能容，以不能保我子孙黎民，亦曰殆哉！"唯仁人，放流之，迸之四夷，不与同中国。此谓唯仁人为能爱人，能恶人。见贤而不能举，举而不能先，命也。（作怠之误也）见不善而不能退，退而不能远，过也。好人之所恶，恶人之所好，是谓拂人之性，菑必逮夫身。

　　是故君子有大道，必忠信以得之，骄泰以失之。《诗》云："殷之未丧师，克配上帝，仪监于殷，峻命不易。"道得众则得国，失众则失国。是故君子先慎乎德，有德此有人，有人此有土，有土此有财，有财此有用。德者本也，财者末也。外本内末，争民施夺。是故财聚则民散，财散则民聚。是故言悖而出者，亦悖而入，货悖而入者，亦悖而出。

　　生财有大道：生之者众，食之者寡，为之者疾，用之者舒，则财恒足矣。仁者以财发身，不仁者以身发财。未有上好仁而下不好义者也，未有好义其事不终者也，未有府库财非其财者也。孟献子曰："畜马乘，不察于鸡豚；伐冰之家，不畜牛羊；百乘之家，不畜聚敛之臣,与其有聚敛之臣,宁有盗臣。"此谓国不以利为利,以义为利也。长国家而务财用者,必自小人矣。彼为善之。小人之使为国家,菑害并至,虽有善者,亦无如之何矣。此谓国不以利为利,以义为利也。(一本云:"彼为不善之小人,使之为国家。")

（录自《二程集·河南程氏经说卷第五》）

参考书目

1.《尚书》 中华书局《十三经注疏》本
2.《诗经》 中华书局《十三经注疏》本
3.《左传》 〔春秋〕左丘明 中华书局《十三经注疏》本
4.《国语》 〔春秋〕左丘明 中华书局本
5.《老子》 〔春秋〕老聃 中华书局《诸子集成》本
6.《论语》 〔春秋〕孔丘及其弟子 中华书局点校本
7.《礼记》 孔门后学 中华书局《十三经注疏》本
8.《荀子》 〔战国〕荀况 中华书局《诸子集成》本
9.《孟子》 〔战国〕孟轲 中华书局《十三经注疏》本
10.《列子》 〔战国〕列御寇 中华书局《诸子集成》本
11.《中庸》 〔战国〕孔汲 中华书局《四书集注章句》本
12.《韩非子》 〔战国〕韩非 中华书局《诸子集成》本
13.《吕氏春秋》 〔战国〕吕不韦 中华书局《诸子集成》本
14.《史记》 〔西汉〕司马迁 中华书局点校本
15.《战国策》 〔西汉〕刘向 上海古籍出版社本
16.《说苑》 〔西汉〕刘向 《汉魏丛书》本
17.《新序》 〔西汉〕刘向 《汉魏丛书》本
18.《小戴礼记》 〔西汉〕戴圣 中华书局《十三经注疏》本
19.《吴越春秋》 〔东汉〕赵晔 《丛书集成初编》本
20.《汉书》 〔东汉〕班固 中华书局点校本

21.《潜夫论》　　　　〔东汉〕王符　　中华书局《诸子集成》本

22.《三国志》　　　　〔晋〕陈寿　　　中华书局点校本

23.《傅子》　　　　　〔晋〕傅玄　　　　子书百种本

24.《隋书》　　　　　〔唐〕魏徵等　　中华书局点校本

25.《贞观政要》　　　〔唐〕吴兢　　　上海古籍出版社本

26.《经典释文》　　　〔唐〕陆德明　　　中华书局本

27.《二程集》　　　　〔宋〕程颢、程颐　　中华书局本

28.《资治通鉴》　　　〔宋〕司马光　　　中华书局本

29.《司马文正公传家集》〔宋〕司马光　　《万有文库》本

30.《四书集注章句》　〔宋〕朱熹　　　　中华书局本

31.《朱子语类》　　　〔宋〕朱熹　　　　中华书局本

32.《大学演说》　　　〔宋〕蔡模　　　《大学纂疏》引

33.《大学思问》　　　〔宋〕蔡渊　　　《大学纂疏》引

34.《诸经讲义》　　　〔宋〕黄幹　　　《大学纂疏》引

35.《勉斋集》　　　　〔宋〕黄幹　　　《四库全书》本

36.《大学纂疏》　　　〔宋〕赵顺孙　华东师范大学出版社本

37.《大学讲义》　　　〔宋〕陈孔硕　　《大学纂疏》引

38.《大学衍义》　　　〔宋〕真德秀　　《四部丛刊》本

39.《岳阳楼记》　　　〔宋〕范仲淹　　《古文观止》引

40.《木钟集》　　　　〔宋〕陈埴　　　《四库全书》本

41.《经说》　　　　　〔宋〕陈埴　　　《大学纂疏》引

42.《大学口义》　　　〔宋〕陈淳　　　《大学纂疏》引

43.《讲义》　　　　　〔宋〕黄士毅　　《大学纂疏》引

44.《文集》　　　　　〔宋〕叶味道　　《大学纂疏》引

45.《唐语林》　　　　〔宋〕王谠　　　上海古籍出版社本

46.《宋史》　　　　　〔元〕脱脱等　　中华书局点校本

47.《薛文清公读书录》〔明〕薛瑄　　　《正谊堂全集》本

48.《王文正公全集》　　〔明〕王守仁　　　　　中华书局本
49.《饶双峰讲义》　　　〔明〕饶双峰　　　　　《四书遇》引
50.《明季北略》　　　　〔清〕计六奇　　　　　中华书局本
51.《明史》　　　　　　〔清〕张廷玉等　　　中华书局点校本
52.《群经评议》　　　　〔清〕俞樾　　　　　　俞氏丛书本
53.《郑板桥集》　　　　〔清〕郑燮　　　　上海古籍出版社本
54.《四书遇》　　　　　〔清〕张岱　　　　浙江古籍出版社本
55.《东塾读书记》　　　〔清〕陈沣　　　　《续皇清经解》本
56.《十三经注疏》　　　〔清〕阮元　　中华书局《十三经注疏》本
57.《四书读本》　　　　〔现代〕蒋伯潜　　浙江人民出版社本
58.《十三经概论》　　　〔现代〕蒋伯潜　　上海古籍出版社本
59.《四书今译》　　　　〔现代〕夏廷章等　　江西人民出版社本
60.《白话四书》　　　　〔现代〕黄朴民等　　陕西三秦出版社本

中庸直解

前　言

　　《中庸》是儒家学说中最早而最精密的一篇哲学论文，可以说是儒家学说的思想理论基础。以孔子为代表的言天道与性命的哲学思想，至此一变，形成思孟学派的心性哲学。因此受到历代学者的重视，将它从《小戴礼记》中辑出单行。宋程颢、程颐认为"此篇乃孔门传授心法"，"放之则弥六合，卷之则退藏于密"，视其为儒家道统的传文。朱熹倾注毕生精力作《中庸章句》，认为它上承尧、舜、文、武、孔子，历曾参、子思、孟子，下及程颢、程颐，朱熹自己，承接道统之传。他把四书置于六经之上，而把《中庸》看作是思想基础。他曾对李子方说："《中庸》一书，枝枝相对，叶叶相当，不知怎生做得一个文字整齐。"以为升高行远之助。正因为是理论，所以他认为"《中庸》之书难看"。他教育学生读四书的次序是：先看《大学》、次《论语》、次《孟子》，最后读《中庸》，不要先去攻那难的。"《中庸》多说无形影，如鬼神，如'天地参'等类，说得高；说下学处少，说上达处多。"理论性强。

　　《中庸》一书的主旨，在于阐述中庸之道是最高、最完美的道德，它不仅是人道的正执，也是天道的真理。从哲学思想看，体现了儒家的宇宙观、认识论和方法论。

　　从宇宙观看，《中庸》主张"天人合一"。认为宇宙的最高主宰或本体是天、天道，它博厚、高明，"上天之载，无声无臭"，在无声中化育万物。而自然的天、天道，却又存在于人们的心中。"天命之谓性"，就是说人的性是上天所赋予的，即天赋的诚、至诚，是存在于人们心中的本体。要求人的诚与天完美结合，使人道符合天道，天人合一，人与天、地并列而三，参天地之化育，成生命之天德。天道本体虽不显，而生万物之仁德与诚德却体现出来了。

由于人的资质有贤愚的不同，圣人则"自诚明"，天赋以内心诚实而明察事理，可以德配天地。而一般的人，则是"自明诚"，通过择善固守，而达到至诚，与天相配合而体现天德。因而天道化育与人道自化，无不本此诚。以至诚的本体观为极则，为孟子的心性哲学的根据。

从人性论看，《中庸》创性善的人性观。它认为"天命之谓性"，天赋予人的本性是善的，这就是人具有仁、义、礼、智、信的本性，这就是"诚明"。人当循天性之善，贯彻善行，修养性行。"率性之谓道"，人们遵循自然发展而行动，通过存养省察，择善固守，发扬固有善性，去恶扬善，达到"成己、成物"的目的。也为孟子所继承和阐发。

从认识论看，《中庸》主张知行合一。认为由日用人伦成就人道，是人人可以达到的，其途径则是人们通过博学、审问的感性认识，再通过慎思、明辨而提高到理性认识。在认知的基础上笃行之，付之实践行动。人们经过学、问、思、辨、行的认识和实践功夫，循环往复，行之不已，以求得中庸之人道，以配合天道。又主张体用结合。中庸之道致广大而尽精微。这就是说，它包括费和隐，即用和体两者。费，道之用，形而下者之事，无物不具，无体不有，是有形体的。隐，道之体，形而上者之事，非视听所及，隐藏于形体之内。这两者并非对立为二，而是存在于统一体中，由日常事物的"用"中，体现精致微妙的"体"。体用结合，也就是物道结合。在事事物物中无处不体现中庸之道。

从道德论看，《中庸》首先重视"亲亲尊尊"，从孝出发，理顺君臣、父子、夫妇、昆弟、朋友的五伦关系，素其位而行。并通过学习，追求智慧；通过行善，追求仁德；明于羞耻，追求勇敢，具备智、仁、勇三种美德。其次，《中庸》重视个人的道德修养。尊德性而道问学，认为修身是治国平天下之本。通过"自诚明"的戒慎恐惧；通过"诚身"的"慎独"，防察未然而杜绝已然，达到义精仁熟，知性、尽性，成己成物的目的。

从政治论看，《中庸》主张人治、德治。"为政在人、取人以身。"认为人存政举，人亡政息，君主要治理国家，必须任用贤才，而任用贤才，必须加强自身的道德修养，"动而世为天下道，行而世为天下法，言而世为天下则"，为天下人民的表率，始能得天下贤才而共同治理国家。而治理天下，则又依靠德治，"修道之谓教"。就是以礼乐刑政教化人民，导之以德，齐之以礼，始能近悦远来，无为而治，笃恭而天下平。

从方法论看，《中庸》主张执两用中。认为不偏之谓中，不易之谓庸，中者，天下之正道，庸者，天下之定理。中立而不依，无过无不及，合于"度"的要求，恰到好处。这是最完善的方法。舜能"执其两端，用其中于民"，所以成为圣人。如果能够执两用中，达到尽善尽美的中和境界，那么天地由此而运行不息，万物由此而生生不已了。

关于《中庸》的作者，历来学者大都认为是子思所作。见之于《史记·孔子世家》："伯鱼生伋，字子思，年六十二。尝困于宋。子思作《中庸》。"又见之于孔颖达《礼记正义》引郑玄《目录》："名曰《中庸》者，以其记中和之为用也。庸，用也。孔子之孙子思作之。以昭明圣祖之德也。"子思名伋（前483—前402），孔子之孙、鲤之子，受业于曾子，贤名闻于鲁穆公，尊敬有加，馈礼不受，说："今而后知君之犬马畜伋也。"曾仕卫，困于宋，六十二岁卒，后世尊为"述圣"。刘宋时戴颙作《中庸传》，也认定《中庸》为子思所作。后梁唐翔,北宋司马光、范仲淹、周敦颐均尊其说。程颢、程颐将《中庸》从《小戴礼记》中摘出,与《大学》并行。南宋朱熹辑为定本,与《大学》《论语》《孟子》合为四书,并作《中庸章句序》。略云:孔子学说,惟颜(渊)曾(参)传其真,至子思,去圣道日远而诸子异端学说纷起,子思恐愈久而愈失真传,乃推尧、舜以来相传之旨,质以平日所闻父师之言,更互演绎而作此书。肯定《中庸》为子思所作。

惟清人崔述认为《中庸》必出《孟子》之后,对《中庸》作者表示怀疑。袁枚根据《论语》《孟子》言山均称泰山,而《中庸》独称“华岳”,疑《中庸》或出西京儒生依托。王柏《中庸跋》疑出戴圣之手。有人从文中提到“今天下车同轨,书同文,行同伦”乃秦始皇时之事,疑为秦汉之际人所作。

我觉得《中庸》一书为子思所作,而在流传过程中,经过不少人对它的补充、修订,参入当时一些人的言论,是极有可能的,研究古代典籍的人大都知道这种情况。所以我们不能看到古书中杂有一些不同时代的语言,就否定作者。

我在撰写《中庸直解》时,同《论语直解》一样,力图保存、恢复、阐发书的原意、原貌。做了解题、原文、今译、注释、评述五个方面工作,而着力于评述。先用一句话对每段原文的主旨加以概括,然后择善介绍古今注疏家的诠释,再断以己意,把原意阐发出来。为弘扬传统文化,尽一点绵薄之力。

本书得以出版,全赖复旦大学出版社领导的大力支持,特别是责任编辑陈士强先生的热情帮助,从拟定体例到修改、审读稿件,付出了大量的心血,在此表示诚挚的感谢。

来可泓

于上海大学

1997 年 10 月 15 日

解　题

　　《中庸》原为《小戴礼记》中的一篇，是儒家论述人生哲理的论文。旧传为孔子的孙子、曾子的学生孔汲（子思）所作，尚无定论，有些学者认为约成书于战国末期至两汉之间。

　　《中庸》在梁武帝时（502—548）已另出单行。宋儒始特加提倡。程颐认为此篇乃孔门传授心法。始言一理，中散为万事，末复合为一理，善读者玩索有得，则终身用之，有不能尽者。朱熹作《中庸章句》，分《中庸》为三十三章，归结为三个部分。认为第一章是《中庸》一书的纲领，子思传述孔子之意而创立《中庸》，是一篇的体要。第二章至第十一章，是子思引孔子的话来阐述第一章的旨意；第十二章是子思所说的话，阐明第一章"道不可离"之意。自第十三章至第二十章，则是子思援引孔子的话，加以阐发；第二十一章是子思承上章孔子所说天道、人道的意思而立说。自第二十二章至第三十三章，都是子思的话，以反复推论天道、人道的意思。现按朱熹所分三十三章，必要时在章中再分若干节加以直解。

　　在宋代，《中庸》与《大学》《论语》《孟子》并列，合称为四书。朱熹为四书作注，成《四书章句集注》。宋以后用作开科取士，选拔政府官吏的教科书，对后世产生深远的影响。

　　《中庸》的主要思想，在于论述为人处世的普遍原则，不要太过，也不要不及，恰到好处，这就是中庸之道。全书论述了以下几个问题：

第一,阐明性、道、教三者的内涵及其相互关系,指出中和为不易之常道。

性,人之性,是上天所赋予的;道,人之道,是按照人的本性去做。教,教化。含有修己化人之意,使道得以修明。性、道、教三者是密不可分的,而以道为中心环节。就性与道而言,性是体,道是用,以道来体现人之性。就道与教而言,道是本,教是末,以教来修明人之道。因而道是须臾不可离开,如果可离,便不成其为道了。故虽独处隐微,亦不当离道,虽不见不闻,亦不能不存戒慎恐惧之心。《中庸》论修道,在慎独上下工夫。

当喜、怒、哀、乐尚未表现出来的时候,叫作“中”。表现出来而合乎法度,叫作“和”。中者,天下之大本;和者,天下之正道。能做到中和,天地由此而运行不息,万物由此而生生不已。“天地位焉,万物育焉。”各得其宜,各得其所。因此,中和为不易之常道。

第二,论述中庸之难行。

中庸之道,非常难行,过与不及都会偏离中庸。君子能时中,故其为真中庸;小人不能适中,而自以为中,故实为反中庸。知者、贤者以中庸为平凡而不屑知,不屑行;愚者、不肖者,则又不及知,不能行。所以“天下国家可均也,爵禄可辞也,白刃可蹈也,中庸不可能也”,“民鲜能久矣。”

但是历史上还是有得中庸之道的人。舜就是其中的一个,他是具有极大明智的人,好察、好问,隐恶而扬善,执其两端,用其中于民。颜回也是一个,他择乎中庸,得一善则拳拳服膺而弗失。因此笃守中庸之道,唯圣者能够做到。

第三,论述中庸之道的体用。

中庸之道“费而隐”,用广大而体精微。它虽然高深玄妙,但却体现在平凡之中。其小者、粗者,即使愚夫、愚妇,不肖者,亦可知之、行之;其大者、精者,则察乎天地,圣人亦有所不知、不能。故中庸之道，"行远必自迩，登高必自卑"，"造端乎夫妇"。必须从小事做起，从忠、恕之道做起。子事父以孝，臣事君以忠，弟事兄以敬，交朋友以诚，这是忠；"施之己而不愿，亦弗施于人"，这是恕。从这些平凡事体中体现出中庸之道的高深精髓。

第四，论述治国以修身为本。

"为政在人，取人以身，修身以道，修道以仁。"而仁以亲亲为大，故治民以亲为本，而事亲又以修身为先，故君子不可以不修身。修身的内容有达道五，达德三。"君臣也；父子也；夫妇也；昆弟也；朋友之交也。"此五伦是天下的达道。"知、仁、勇三者"，是天下的达德。欲培养此三达德，应自好学、力行、知耻开始。能努力于此，则虽有生而知之，学而知之，困而知之和安而行之，利而行之，勉强而行之的差别，及其成功则一。能修身，则可以治天下、国家。"知所以修身，则知所以治人；知所以治人，则知所以治天下国家矣！"要治国，应掌握九条大纲，这就是"修身也，尊贤也，亲亲也，敬大臣也，体群臣也，子庶民也，来百工也，柔远人也，怀诸侯也"。这九者，仍把修身放在第一位。这就是《大学》以明德为本，以亲民为末。通过修身，确立中庸之道，以之治理国家，天下国家便可得而治了。

第五，论述"诚"是实现中庸之道的最根本条件。

"诚者，天之道也；诚之者，人之道也。""诚者，物之终始，不诚无物，是故君子诚之为贵。"可见，诚有自诚而明和自明而诚两种情况。自诚而明，是天之道，它是不勉而中，不思而得，从容中道，得力于天命之性，生知安行之圣人能得之。自明而诚，是人之道，它是通过博学、审问、慎思、明辨，以明乎善而择之；通过笃行，以实行其所择之善而弗失之，得力于修道之教，学知利行之众人能得之。及其成功，这两者是一致的。其关键在于"诚"。如能至诚，便能成己成物。"以诚修身，成己也；以诚治人，推而至于赞化育，参天地，皆成物也。"所以,"天地之道可一言而尽也"。这个一,就是"诚"。

第六,尽力赞美孔子中庸之道。

《中庸》对孔子中庸之道赞扬备至。曾言仲尼远宗尧舜,近法文武;上法天,下法地,故其道广大如天地,悠久如四时,光明如日月。具备圣(聪明睿知)、仁(宽裕温柔)、义(发强刚义)、礼(齐庄中正)、知(文理密察)五德。足以有临、有容、有执、有敬、有别。言其大,则溥博如天;言其深,则渊泉如渊;言其用,见而民莫不敬,行而民莫不悦。是以声名扬溢于中国,施及蛮貊,其德可以配天。次言仲尼之教至高至善。它"淡而不厌,简而文,温而理,知远之近,知风之自,知微之显",能行"不言之教","无为而治"。不待责罚而民自化,以致"笃恭而天下平"之盛。其化民,直如上天之化育万物,达到无声无臭的崇高境界。

《中庸》对孔子"过犹不及"的思想作了进一步的发挥,阐发中和之为用。认为不偏不倚是衡量一切道德行为的最高准则。也论述了达到中庸之道的条件和方法,"始合而开,其开也有渐。末后开而复合,其合也有渐"。结构严密,体例完整,是一篇逻辑严密,表达儒家哲学思想的论文。

一、天　命　章

天命^①之谓性^②,率^③性之谓道^④,修道^⑤之谓教^⑥。

【今译】

　　人们禀受天赋的理叫作性,遵循各自的本性行事叫作道,把道加以修明并用来制约和教育人们叫作教。

【注释】

　　①天命:由天所命。谓天能致命于人,决定人类的命运。这里指自然的禀赋。　②性:人的本性。　③率(shuài):遵循。　④道:人道。指人循着理行事。　⑤修道:修明道德。　⑥教:教化。这里有省察自己,教育他人之意。

【评述】

　　本章为《中庸》一书的纲领,分五节申述。本节阐明性、道、教的内涵及其相互关系。

　　汉郑玄说:"天命,谓天所命生人者也;……性者,生之质命人所禀受度也。率,循也。循性行之是谓道。修,治也。治而广之,人仿效之是曰教。"(《十三经注疏》卷五十二《中庸》第三十一。以下简称《十三经注疏·中庸》)唐孔颖达说:"此节明中庸之德,必修道而行,谓子思欲明中庸,先本于道。天命之谓性者,天本无体,亦无言语之命。但人感自然而生,有贤愚吉凶,若天之付命遣使之然,故云天命。《老子》云:'道本无名,强名之曰道。'但人自然感生,有刚柔好恶,或仁或义或礼或知或信,是天性自然,故云'谓之性'。率性之谓道,率,循也。道者,通物之名,言依循性之所感而行,不令违越,是之曰道。感仁行仁,感义行义之属,不失其常,合于道理,使得通达,是率性之谓道。修道之谓教,谓人君在上,修行此道以教于下,是修道之谓教也。"(同上)

宋程颢说:"此章先明性、道、教三者所以名,性与天道,一也。天道降而在人,故谓之性。性者,生生之所固有也。循是而之焉,莫非道也。道之在人,有时与位之不同,必欲为法于后,不可不修。"(《二程集·河南程氏经说》卷第八《中庸解》。以下简称《二程集·中庸解》。按:晁公武《郡斋读书志》有明道《中庸解》一卷,伊川《大全集》亦载此卷。有人认为此卷为朱熹所辨蓝田吕氏讲堂之初本,非二程之书。但收入《中华书局》1981 年版《二程集》,故仍用之)宋朱熹说:"人物之生,因各得其所赋之理,以为健顺五常之德,所谓性也。率,循也。道,犹路也。人物各循其性之自然,则其日用事物之间,莫不各有当行之路,是则所谓道也。性、道虽同,而气禀或异,故不能无过不及之差,圣人因人物之所当行者而品节之,以为法于天下,则谓之教,若礼、乐、刑、政之属是也。盖人之所以为人,道之所以为道,圣人之所以为教,原其所自,无一不本于天而备于我。学者知之,则其于学知所用力而不能已矣。故子思于此,首发明之,读者宜深体而默识也。"(《四书章句集注·中庸章句》,以下简称《四书集注·中庸章句》)

宋陈淳说:"性即理也。何以不谓之理而谓之性,盖理是泛言天地间人物公共之理,性是在我之理,只是道理受于天而为我所有,故谓之性。"(《北溪大全集·中庸口义》)宋潘柄说:"品节之者,视亲亲之杀,尊贤之等,随其厚薄轻重而为之制,以矫其过不及之偏者也。"(《讲说》)宋陈孔硕说:"此章盖《中庸》之纲领,而此三句,又一章之纲领也。圣人教人,必先使之知所自来,而后有用力之地,此三句盖与孟子言性善同意,其示人切矣。"(《中庸讲义》)清张岱说:"天命之性,天而人者也,合而言之,道。率性之道,人而天者也。"(《四书遇》)

这三句话是本章的纲领。它说明性、道、教所以定名的由来、内涵及其相互关系。性,是人的本性,而这种本性是上天所赋予的。其所谓天,即是自然。诚如荀子《正名篇》说:"性者,天之就也。"《性恶篇》说:"不可学、不可事而在人者,谓之性;可学而能,可事而成之在人者,谓之伪(为)。"王充《论衡·初禀篇》说:"性,生而然者也。"古代学者对于性的善恶虽有不同见解,但对于性为先天生成这一点则无异议。《中庸》所说"天命之谓性",也就是这个意思。但由于人的禀赋不同,性就有智、愚、贤、不肖之分。道,是人之道。"率性之谓道",就是遵循人的本性去做这就是道。而子思是主性善说的,这就要求人们循善道而行。教,教化。含有修己化人之意。"修道之谓教",就是用礼、乐、刑、政等制度教化天下。亦无非是率循人性、修明人道。所以性、道、教三者关系,是把道看作是中心环节,从性与道来说,性是体,道是用,以道来体现人之性。就道与教来说,道是本,教是末,以礼、乐、刑、政的教化来修明人之道,教育人们达到不偏不倚、无过无不及的中庸之道的道德境界。

道①也者,不可须臾②离也,可离非道也。是故③君子④戒慎⑤乎其所不睹⑥,恐惧乎其所不闻。

【今译】

道,是时刻不能离开的,如果可以离开,就不是道了。所以君子即使在大家看不到的地方也谨慎检点,不敢疏忽,在大家听不到的地方,也恐慌惧怕,不敢怠惰。

【注释】

①道:谓日常事物当行之理,蕴藏在内心。 ②须臾(xūyú):片刻、一会儿。 ③是故:所以。 ④君子:《中庸》中的君子,有时指有德行的人,有时指有地位的人。这里指有德行的人。 ⑤戒慎:警戒、谨慎。 ⑥睹(dǔ):见、察看。

【评述】

本节说明道不可离,君子要不欺暗室。

汉郑玄说:"道,犹道路也,出入动作由之,离之恶乎从也。小人闲居为不善,无所不至也。君子则不然,虽视之无人,听之无声,犹戒慎恐惧,自修正是,其不须臾离道。"(《十三经注疏·中庸》)唐孔颖达说:"圣人修行仁、义、礼、知、信以为教化,道,犹道路也。道者开通性命,犹如道路开通于人,人行于道路,不可须臾离也。君子行道,先虑其微,若微能先虑,则必合于道,故君子恒常戒慎之。"(同上)

宋程颢说:"明道之要,不可不诚。道之在我,犹饮食居处之不可去,可去皆外物也。诚以为己,故不欺其心。人心至灵,一萌于思,善与不善,莫不知之。他人虽明,有所不与也。故慎其独者,知为己而已。"(《二程集·中庸解》)宋朱熹说:"道者,日用事物当行之理,皆性之德而具于心,无物不有,无时不然,所以不可须臾离也。若其可离,则为外物而非道矣。是以君子心常存戒惧,虽不见闻,亦不敢忽,所以存天理之本然,而不使离于须臾之顷也。"(《四书集注·中庸章句》)

道,是人之道,日常事物当行之理,蕴藏于内心。如为人君,止于仁;为人臣,止于敬;为人子,止于孝;为人父,止于慈;与国人交,止于信,都是力事追求而不可停止的。道如果"瞬息不存,便是邪妄"。故君子常存戒惧,不欺暗室。西汉谯玄,四川阆中人,成帝永始二年(前15)拜议郎,多次谏言。平帝元始四年(4)选明达政事能班风俗者八人,为绣衣使者,谯玄亦在列,与太仆王浑等分行天下,观览风俗。所至专行诛赏,事未毕而闻王莽篡位,谯玄便舍弃使者专车,改姓换名,私遁回家,隐居不出。后公孙述僭号于蜀,知谯玄贤能,连聘不赴。述便遣使者备礼征玄,并嘱付使者,若玄不出,便赐以毒药。太守乃亲自奉公孙述玺书至玄家,对玄说:"君高节已著,朝廷垂意,诚不宜复辞,自招凶祸。"玄仰天叹息说:"唐尧大圣,许由耻仕。周武至德,伯夷宁饿。彼独何人,我亦何人。保志全高,死亦奚恨。"遂受毒药。谯玄忠于汉室,义不事僭逆者,不为利诱,不为威胁,宁愿守道而死(事见《后汉书·独行列传》)。又有东汉王忱,曾到京师洛阳去,见施舍空房中有一患病书生,便怜而视之。书生对他说:"我准备到洛阳去,现患病在身,命在旦夕,腰间有十斤金子,愿意送给你。我死之后,请求将我埋葬。"他来不及问病人姓名,病人就气绝身亡。忙摸其腰间,果有十斤金子。便卖去一斤金子,为书生殡葬,其余九斤金子,全部葬于病人棺下,人无知之者(事见《后汉书·独行列传》)。他们都是不欺暗室,守道不移的君子。

莫①见②乎隐③,莫显④乎微⑤,故君子慎其独⑥也。

【今译】

　　在幽暗的地方,大家不曾见到隐藏着的事端,我的心里已显著地体察到了。当细微的事情,大家不曾察觉的时候,我的心中已显现出来了。所以君子独处的时候更加要谨慎小心,不使不正当的欲望潜滋暗长。

【注释】

　　①莫:不、没。　②见(xiàn):同"现"。表现。　③隐:隐蔽、暗处。　④显:显现、明显。　⑤微:细微。　⑥慎其独:即慎独。其,语气助词,无义。独处时十分谨慎。

【评述】

　　本节承前文告戒君子要见微知著,虽独居常心存戒惧,不可须臾离道。

　　汉郑玄说:"慎独者,慎其闲居之所为。"(《十三经注疏·中庸》)唐孔颖达说:"凡在众人之中犹知所畏,及至幽隐之处,谓人不见,便即恣情。人皆占听察见,罪状甚于众人之中,所以恒须慎惧。君子独守,能谨守道也。"(同上)宋朱熹说:"隐,暗处也。微,细事也。独者,人所不知而己所独知之地也……是以君子既常戒惧,而于此尤加谨焉。所以遏人欲于将萌,而不使其滋长于隐微之中,以至离道之远也。"(《四书集注·中庸章句》)宋黄榦说:"莫见、莫显,不特指他人之闻见,只是吾所独知,已是十分显见了,况人亦未有不知者乎!"(《勉斋集》)

暗得看不见的地方叫作隐,细得看不见的事物叫作微。暗得看不见的地方,却是最显露的,细得看不见的事物,却是最显著的。这就是《大学》所说的"诚于中必形于外","人之视己如见其肺肝然"。看似隐微,实则不啻"十目所视,十手所指"。所以君子必须慎独,虽独居也不敢须臾离道。慎独是一种自我修养的道德行为,古往今来,许多杰出人物在"慎独"方面达到了相当高的精神境界,如诸葛亮、杨震、范仲淹、于谦、海瑞等人,都表现了高尚的情操和崇高的品德,成为人们学习的楷模。

本节所说的"莫见乎隐,莫显乎微",与上节所说"戒慎恐惧",是两件事,我们必须加以区别理解,而不能将它们等同起来。道不可离,而君子必须"戒慎恐惧"于其所不睹、不闻,是言道之无所不在,无时不然。学者当无须臾毫忽之不谨而周防之,以全其本然之体,也即是防之于未然以全其体。"莫见乎隐,莫显乎微",而君子必谨其独者,言隐微之间人所不见,而己独知之。则其事之纤悉,无不显著,又有慎于他人之知者。学者尤当随其念之方萌,而致察焉,以谨其善恶之几也,也即是察之于将然,以审其几。"戒惧"是静中主敬;"慎独"是方动研几。静中主敬,私欲无端而起;方动研几,私欲无得而滋。诚如明艾千子所说:"'不睹''不闻',是吾心未与物接,而自己'不睹''不闻'之时;'隐''微'是吾心独睹、独闻,而人所'不睹''不闻'之时。自隆(明穆宗隆庆)万(明神宗万历)以后,诸名公径以'隐''微'仍作'不睹''不闻'者,大非。'慎独'是'戒惧'后再加提醒。譬如防盗,'戒惧'是平时保甲法,'慎独'是关津紧要处搜盘法。将'慎独'径作'戒惧',亦非。"(转引《四书遇》)

喜①、怒②、哀③、乐④之未发⑤,谓之中⑥;发而皆中节⑦,谓之和⑧。中也者,天下之大本⑨也;和也者,天下之达道⑩也。

【今译】

喜欢、愤怒、悲哀、快乐各种感情还没有向外表露的时候,是不偏不倚的,叫作中;向外表露的时候,没有太过和不及,都能合着自然的理叫作和。中,是天下人们的大根木;和,是天下人们共同要走的路。

【注释】

①喜:喜欢。　②怒:愤怒。　③哀:悲哀。　④乐(lè):快乐。四者均属人的感情。　⑤发:表露。　⑥中:不偏不倚。　⑦中(zhòng)节:合于自然的道理。中,符合。节,法度、法则。　⑧和:无所乖戾。　⑨大本:大根源。指道之体。　⑩达道:天下人民共由之路,引申为事物运动变化所应遵循的普遍规律。指道之用。

【评述】

本节论述"中""和"的性质及其功能。

汉郑玄说:"中为大本者,以其含喜、怒、哀、乐,礼之所由生,政教自此出也。"(《十三经注疏·中庸》)唐孔颖达说:"喜、怒、哀、乐缘事而生,未发之时,澹然虚静,心无所虑而当于理,故谓之中。不能寂静而有喜、怒、哀、乐之情,虽复动发,皆中节限,犹如盐梅相得,性行和谐,故云谓之和。人欲未发,是人性初本,故曰天下之大本。情欲虽发,而能和合,道理可通达流行,故曰天下之达道也。"(同上)

宋程颢说:"情之未发,乃其本心。本心原无过与不及,所谓'物皆然,心为甚'。所取准则以为中者,本心而已。由是而出,无有不合,故谓之和。非中不立,非和不行。所出所由,未尝离此大根本也。达道,众所出入之道。"(《二程集·中庸解》)宋朱熹说:"喜、怒、哀、乐,情也。其未发,则性也。无所偏倚,故谓之中。发皆中节,情之正也。无所乖戾,故谓之和。大本者,天命之性,天下之理,皆由此出,道之体也。达道者,循性之谓,天下古今之所共由,道之用也。此言性情之德,以明道不可离之意。"(《四书集注·中庸章句》)宋黄升卿说:"喜、怒、哀、乐未发,如处室中,东西南北未有定向,所谓中也。及其既发,如已出门,东者不复能西,南者不复能北。然各因其事,无所乖逆,所谓和也。"(《朱子语类》卷六十二《中庸一》,以下简称《朱子语类·中庸一》)宋潘时举说:"'中'字是状性之体。性具于心,发而中节,则是性自心中发出来也,是谓之情。"(同上)

中,性之德;和,情之德。喜、怒、哀、乐是人人都有的感情,但当喜、怒、哀、乐的感情没有接触事物,未表露的时候,此心寂然不动,故无过与不及的弊病,这种状态就叫作"中"。如果感情迸发出来,也能无过无不及,恰中其节,符合自然发展的普遍规律,这就叫作和。中,是天下事物的大本。和,在天下都可通行,所以说是"达道"。故以中为道之体,和为道之用。

致①中和②,天地位③焉,万物育④焉。

【今译】

　　君子的省察功夫达到尽善尽美的中和境界,那么,天地由此而运行不息,万物由此而生生不已。

【注释】

　　①致:到,达到。　②中和:这里指达到不偏不倚、无所乖戾,体用结合的境界。　③位:安于其所。　④育:生育、繁育。指万物各遂其生。

【评述】

本节论述中和的功效,天地安其位,万物遂其生。

汉郑玄说:"致,以之至也。位,犹正也。育,生也,长也。"(《十三经注疏·中庸》)唐孔颖达说:"人君所能至极中和,使阴阳不错,则天地得其正位焉;生成得理,故万物其养育焉。"(同上)宋程颢说:"此明中和及言其效。极吾中以尽天地之中,极吾和以尽天地之和,天地以此立,化育亦以此行。"(《二程集·中庸解》)宋朱熹说:"致,推而极之也。位者,安其所也。育者,遂其生也。自戒惧而约之,以至于至静之中,无少偏倚,而其守不失,则极其中而天地位矣。自谨独而精之,以至于应物之处,无少差谬,而天道不然,则极其和而万物育矣。"(《四书集注·中庸章句》)宋陈淳说:"致中,即天命之性;致和,即率性之道。及天地位,万物育,则修道之教,亦在其中矣。"(《北溪大全集·中庸口义》)

中是体,和是用。致中和,是兼表里而言。致中,欲其无少偏倚,而又能守之不失;致和,则欲其无少差谬,而又能无适不然。如果达到中和的境界,则天心与人心合一,本我一体,天地由此而运行不息,万物由此而生生不已。

以上五节,朱熹认为是第一章,并说:"子思述所传之意以立言。首明道之本原出于天而不可易,其实体备于己而不可离;次言存养省察之要;终言圣神功化之极。盖欲学者于此反求诸身而自得之,以去夫外诱之私,而充其本然之善,杨(时)氏所谓一篇之体要是也。其下十章,盖子思引夫子之言,以终此章之义。"

朱熹在上文中讲了三层意思。首先指出,这一章是《中庸》全书的总纲,是孔子之意而子思述以为经,作为立论的依据。第二,分析本章的内容。从"天命之谓性"到"可离,非道也",首言性是上天赋予的,循性而行谓之道。道之大原出于天,而实不外于我,故不可须臾离开。从"是故君子戒慎乎其所不睹"到"故君子慎其独也",次言"戒慎""恐惧""隐""显""慎独"存养省察功夫,以掌握中庸之道。从"喜怒哀乐之未发"到"万物育焉",最后说中和的功用。达到中和就能使天地各安其位,万物生生不息,天心与人心合一,本我一体。第三,勉励学者,从"慎独"出发,去物欲之私,涵养中庸之道,恢复内心之明德。并说明本章与以下十章的关系。朱熹将这一章的主旨、内容、作用,简明扼要地概括出来,为我们读《中庸》一书,作了画龙点睛的指导。

二、时　中　章

仲尼①曰:"君子中庸②,小人反③中庸。君子之中庸也,君子而④时中⑤;小人之中庸也,小人而无忌惮⑥也。"

【今译】

　　仲尼说:"君子做事能够符合中庸的道理,小人的所作所为完全违背中庸的道理。为什么这样呢?君子对于中庸的理能时时省察,做到随时而异,适中不偏。小人对于中庸的理,任性妄为,肆无忌惮。"

【注释】

　　①仲尼:孔丘的字。即孔丘。　②中庸:儒家的最高道德标准。中:不偏不倚,折中,无过,无不及;庸:平常。　③反:违背。　④而:能、能够。　⑤时中:应时制宜,言行处处符合中道。　⑥忌惮(jìdàn):顾忌、害怕。

【评述】

本章引孔子的话论述君子与小人对中庸的不同态度及其原因。

唐陆德明《经典释文》说:"魏王肃本作'小人之反中庸也'。"而《十三经注疏》本、《礼记·中庸篇》无"反"字。程颢、程颐、朱熹都以为当有"反"字。俞樾《群经评议》认为"反"字不加也可通。谢良佐《上蔡语录》、倪思中《中庸讲义》也都无"反"字。今据《十三经注疏》本,不加"反"字。

汉郑玄说:"庸,常也。用中,为常道也。反中庸者,所行非中庸,然亦自以为中庸也。"(《十三经注疏·中庸》)宋程颢说:"此章言中庸之用。时中者,当其可而已。犹冬饮汤,夏饮水而已之谓。无忌惮,以无所取则也,不中不常,妄行而已。"(《二程集·中庸解》)宋朱熹说:"中庸者,不偏不倚,无过不及。而平常之理,乃天命所当然,精微之极致也。唯君子为能体之,小人反是。君子之所以为中庸者,以其有君子之德,而又能随时以取中也。小人之所以反中庸者,以其有小人之心,而又无所忌惮也。盖中无定体,随时而在,乃平常之理也。君子知其在我,故能戒慎不睹,恐惧不闻,而无时不中。小人不知有此,则肆欲妄行,而无所忌惮矣。"(《四书集注·中庸章句》)明冯具区说:"小人之中庸,小人自以为中庸也。其'无忌惮'处,正是以'无忌惮'为'时中'耳。此小人不是小可,正是隐怪一流人。"(冯雪之《快雪堂集》)

君子能用中和之道,所以说君子中庸。小人不能用中和之道,事事和君子的行为相反,所以说小人反中庸。那么,什么是中和呢?以性情言之,叫作中和;以礼义言之,叫作中庸,其实是一致的。以中对和而言,则中者体,和者用,此是指已发未发而说。以中对庸而言,则又转折来,庸是体,中是用。诚如程颐所说:"中者,天下之正道;庸者,天下之定理。所以君子中庸,小人反中庸。"其原因在于君子能掌握"时中",恰到好处,而小人则不能。时代不同,情况不同,事有经有权,则其所谓中者亦异。"时中"就是随时而处其中,无过无不及,当其可之谓也。时止则止,时行则行,当其可也。可以仕则仕,可以止则止,可以速则速,可以久则久,当其可也。曾子、子思易地则皆然,禹、稷、颜回同道,当其可也。舜不告而娶,周公诛管蔡,孔子以微罪行,当其可也。小人见君子之时中,唯变所适,而不知其当可,不知忌惮,肆意妄行。

所以"时中"之意甚大,君子多识前言往行,以蓄其德,故能时中,而小人则相反。这里所指的小人,并非普通百姓,而是指不能因地因时制宜,执"时中"者而言。刘邦是个大人物,但当军事力量未强盛时,贸然出击匈奴,结果被困于平城,几乎成为匈奴的俘虏。这就是不识时中。后来采用娄敬建议,与匈奴和亲,使边境得以安宁,这就是执行了时中。项羽攻破咸阳,推翻秦朝的统治,天下令由己出。但不识时中,不能及时建国立业,而是一把火烧了咸阳,率兵向东,去夸耀自己的功业。分封诸侯,把原本可以统一的天下弄得四分五裂,终至败亡。

由此可见,时中之义甚大,凡是不能执时中者,均可视为小人。

三、鲜　能　章

子曰:"中庸其至①矣乎！民鲜②能久矣。"

【今译】

　　孔子说:"中庸的道理该是最高最好的了！可惜人们已经长久不能做到它了。"

【注释】

　　①至:极、最。　　②鲜(xiǎn):少。

【评述】

本章引孔子的话赞中庸之德之美,叹人民鲜能久行。

汉郑玄说:"鲜,罕也。言中庸为道至美,顾人罕能久行。"(《十三经注疏·中庸》)唐孔颖达说:"叹中庸之美,人寡能久行。"(同上)宋程颢说:"人莫不中庸,善能久而已。久则为贤人,不息则为圣人。"(《二程集·中庸解》)宋朱熹说:"过则失中,不及则未至。故惟中庸之德为至。然亦人所同得,初无难事,但世教衰,民不兴行,故鲜能之,今已久矣。"(《四书集注·中庸章句》)宋吕祖谦说:"中庸者,天下之所共知,天下之所共行,犹寒而衣,饥而食,渴而饮,不可须臾离也。众人之情,厌常而喜新,质薄而气弱,虽然不可离,而亦不能久也。"(引自《中庸纂疏》)清张岱说:"'至'字,即'无声无臭至矣'之'至',下言'至诚''至圣''至道''至德',皆同此'至'。有时言'大'字,亦与'至'同。至者,恰好之谓也。过则失中,不及则亦失中,皆名未至,则知贤知愚不肖之同为'不及'也。"(张岱《四书遇·中庸》)

本章子思引《论语·雍也》"子曰:中庸之为德也,其至矣乎,民鲜久矣!"来说明中庸之道至善至美,叹人们很少能够履行。但《论语》无"能"字。宋赵顺孙解释说:"《论语》有'之为德也'四字,不必言能,而能在其中,故下句无'能'字。"(《中庸纂疏》)元胡炳文解释说:"此比《论语》添一'能'字,惟民气质偏,故鲜能知能行,仍须看下章许多'能'字,方见子思之意。"(引自《四书遇》)他们的解释也有一定道理。一方面《论语》文中已包含"能"字。另一方面,《论语》是孔子本文,此章是子思檃括。

四、行　明　章

子曰:"道①之不行②也,我知之矣,知者③过之,愚者不及也;道之不明④也,我知之矣,贤者过之,不肖者不及也。人莫不饮食也,鲜能知味⑤也。"

【今译】

孔子说:"中庸的道理不能流行于世,我知道原因了,聪明的人常常超过中道,愚昧的人常常达不到中道;中庸的道理不能著明于世,我知道原因了,贤能的人常常超过中道,不贤的人常常达不到中道。譬如人没有不吃饭喝水的,由于习以为常,所以很少能辨别饮食的滋味了。"

【注释】

①道:指中庸之道。　②行:实行、流行。　③知(zhì)者:聪明的人。　④明:著明,明了。　⑤味:滋味。

【评述】

本章承上章之意,阐明中庸之道不明、不行之原因,极言失"中"之害。

此章"行""明"两字应互易。因为"知者""愚者"就"明"言,"贤""不肖"就行言。又因为由明而行,由不明,故不行,符合逻辑。故二字互易,意更明白。查《司马光与王安石书》,全引此文,正"行""明"两字互易。王安石《书李文公集后》、苏轼《中庸论》也均引此文,皆作"道之不明也,我知之矣,知者过之,愚者不及也;道之不行也,我知之矣,贤者过之,不肖者不及也。"

汉郑玄说:"罕知其味,谓愚者所以不及也。过与不及,使道不行,唯礼能为之中。"(《十三经注疏·中庸》)唐孔颖达说:"此复说人寡能行中庸之事。"(同上)宋程颢说:"此章言失中之害。必知所以然,然后道行;必可常行,然后道明。知之过,无征而不适用;不及,则卑陋不足为,是不行之因也。行之过,不与众共;不及,则无以异于众,是不明之因也。行之不著,习矣不察,是皆饮食而不知味者。如此而望道之行,难矣夫!"(《二程集·中庸解》)宋朱熹说:"道者,天理之当然,中而已矣。知、愚、贤、不肖之过不及,则生禀之异,而失其中也。知者知之过,既以道为不足行;愚者不及知,又不知所以行,此道之所以常不行也。贤者行之过,既以道为不足知;不肖者不及行,又不求所以知,此道之所以不常明也。道不可离,人不自察,是以有过不及之弊。"(《四书集注·中庸章句》)元胡炳文说:"此章分道之'不行''不明',而下章即舜之知,言道之所以行;即回之贤,言道之所以明。兼后面欲说知、仁、勇,此章为此三者发端而言。知者知之过,以为道不足行,是不仁也;贤者行之过,以为道不足知,是不知也;愚、不肖者,安于不及,不能勉而进,是不勇也。"(《四书通》)

本章承上章论述中庸之道不明、不行之原因,智者恃其见之高,而以道为不足行,此道所以不行;贤者恃其行之过,以为道不足知,此道之所以不明。如舜之大智,则知之不过而道所以行。如颜回之贤,则行之不过而道所以明。道之不明、不行,究其终极原因,则在于失其"中",由于习以为常,好比天天吃饭饮水而不辨其味了。

本章承前章中庸之道不能久行而来,进一步探索其原因,又为下章即虞舜之智，言道之所以行；即颜回之贤，言道之所以明。兼后面欲说智、仁、勇之发端之言，故此章处于承上启下的地位。

五、不　行　章

子曰："道其①不行矣夫②！"

【今译】

孔子说："中庸的道理恐怕不能在世上实行啊！"

【注释】

①其：助词。表示推测。　②矣夫(fú)：叹词。啊、吧。

【评述】

本章孔子感叹中庸之道恐怕不能在天下实行。

汉郑玄说："闵无明君教之。"(《十三经注疏·中庸》)宋朱熹说："由不明，故不行。"(《四书集注·中庸章句》)宋陈淳说："人之所以不能行道者，以其不能知道也。"(《北溪大全集·中庸口义》)宋黄榦说："因知之过，愚之不及，以叹道之不行也。"(《勉斋集》)

此章石经本在上文"鲜能久矣"之下，"道之不行"之上。本章子思取孔子之言，比而从之，感叹中庸之道不能行于天下。道不远人，像日常饮食一样，由而不知，故鲜能知味。惟其不知，是以不行，故以道其不行之言继之，承上章之义。

六、大　知　章

子曰："舜①其大知②也与③！舜好④问而好察⑤迩言⑥，

隐恶而扬善⑦，执其两端⑧，用其中于民，其斯⑨以为舜乎！"

【今译】

　　孔子说："舜大概算得上是大智的人了！他能虚心地向人请教，即使浅近的话也必认真体察。听到不合理的恶言便隐藏起来，听到合理的善言便加以宣扬。他能把握事物的两个极端，而用中道施与老百姓。由于舜能吸收天下人的智慧变成自己的智慧，所以舜就能成其为舜了。"

【注释】

　　①舜：传说中父系氏族社会后期部落联盟领袖，姓姚，有虞氏，名重华，史称虞舜。　②知：同"智"。　③也与：语气词连用。　④好(hào)：喜欢。　⑤察：审察、体察。　⑥迩(ěr)言：浅近的话。指老百姓的话。迩，近。　⑦隐恶扬善：包涵缺点，表扬优点。　⑧执其两端：把握事物的两个极端，如大小、厚薄之类。两端：这里指过与不及。　⑨斯：这个。

【评述】

本章论述舜是大智者，他能行中庸之道及其原因。

汉郑玄说："迩，近也。近言而善，易以进人，察而行之也。两端，过与不及也。用其中于民，贤与不肖皆能行之也。斯，此也。其德如此，乃为舜。舜之言充也。"（《十三经注疏·中庸》）宋程颢说："此章言舜所以用中。舜之知所以为大者，乐取诸人以为善而已。好问而好察迩言，隐恶而扬善，皆乐取诸人者也。两端，过与不及也。执其两端，乃所以用其时中，犹持权衡而称物轻重，皆得其平。故舜之所以为舜，乐取诸人，用诸民，皆以能执两端而不失中也。"（《二程集·中庸解》）宋朱熹说："舜之所以为大知者，以其不自用而取诸人也。迩言者，浅近之言，犹必察焉，其无遗善可知。然于其言之未善者，则隐而不宣，其善者，则播而不匿，其广大光明又如此，则人孰不乐告以善哉！两端,谓众论不同之极致。盖凡物皆有两端,如大小厚薄之类。于善之中又执其两端,而量度以取中,然后用之,则其择之审而行之至矣。然非在我之权度精切不差,何以与此。此知之所以无过不及,而道之所以行也。"(《四书集注·中庸章句》)宋赵顺孙说:"舜之知可谓大矣,其所以为大者,是不自用,而乐取诸人,所以常好问而好察迩言,若只据一己所有,便有穷尽,不得谓之大矣。"(《中庸纂疏》)

上章既叹道之不行,此章遂举舜能用中庸之道以明之。首先叹美舜是绝顶明智的人。然后分析其大智的原因。一是"好问而好察迩言"。好问,就是《论语》所说"不耻下问","以能问于不能,以多问于寡",不自以为是,而是虚怀若谷,集思广益,把群众的智慧集中起来,为己所有,为己所用。迩言,浅近而平凡的话,或是左、右亲近者之言。察迩言,含有《诗经》"询于刍荛"和《孟子》"善知言"的意思。通过考察,汲取合理成分,舍弃不合理成分,提高自己明辨是非的能力和处理政务的才干。二是"隐恶而扬善"。其言之善者赞扬之,不善者隐而不宣。消除言者的思想顾虑而充分调动积极性。则善者愈乐告以善,而不善者亦无所愧而不惜言,愿意率臆相告。这样正面、反面的话都能听到,使决策无误。三是"执其两端,用其中于民"。这就是《尚书》所说:"允执其中"。折中而用之,无过无不及,以求合于中庸之道于民。舜之所以为舜,其大智大慧的来源,就在于"取诸人以为善"。

七、予　知　章

子曰:"人皆曰'予①知②',驱③而纳④诸罟擭⑤陷阱⑥之中,而莫之知辟⑦也。人皆曰'予知',择乎中庸,而不能期月⑧守也。"

【今译】

孔子说:"人们都说:'我是明智的',但是如果将他驱赶到祸机四伏的罗网、木笼或陷阱中去,而不知道如何躲避。人们都说:'我是明智的',但是选择了中庸之道,却不能谨守一个月的时间。"

【注释】

①予:我。 ②知:同"智",明智。 ③驱:驱逐、驱赶。 ④纳:纳入,引申为落入。 ⑤罟擭(gǔhuò):捕捉野兽的器具。罟,网的总称。擭,装有机关的捕兽木笼。 ⑥陷阱:捕捉野兽的地坑。罟擭陷阱,比喻祸害所伏。 ⑦辟(bì):通"避"。躲避。 ⑧期(jī)月:一整月。指时间短暂。

【评述】

本章用比兴手法,说明人们被物欲所蔽而不能行中庸之道。

汉郑玄说:"予,我也。言凡人自谓有知,人使之入罟,不知避也。自谓择中庸而为之,亦不能久行。言其实愚又无恒。"(《十三经注疏·中庸》)唐孔颖达说:"明无知之人,行中庸之事。"(同上)宋程颢说:"此章辨惑。陷阱之可避,中庸之可守,人莫不知之,鲜能陷之,乌在其为知也欤?"(《二程集·中庸解》)宋朱熹说:"择乎中庸,辨别众理,以求所谓中庸,即上章好问、用中之事也。言知祸而不知避,以况能择而不能守,皆不得为知也。"(《四书集注·中庸章句》)宋叶味道说:"罟、擭、陷阱,人皆知其为掩捕而设,而不能避之,此殆借此以兴起能择中庸,而不能变于旬月之后。"(《文集》转引《中庸纂疏》)

本章以人不知避罟、网、陷阱,而犹以为聪明起兴,感叹人们不能守中庸之道。上章言舜是大智者,故能行中庸之道。而愚人却自以为智,却不能趋避祸害,不能行中庸之道。从反面揭示人们不能行中庸之道的原因。诚如明杨升庵说:"'道其不行矣夫!'其故只为不明,故喝之;下即以舜之明榜之。'人皆曰予知',其故只为不行,故叹之;下即以回之行榜之。一热喝,一冷叹,总是婆心。"(《杨升庵集》)一正一反,一反一复,在跌宕起伏的行文中,告诫人们行中庸之道。

八、服　膺　章

子曰:"回^①之为人也,择^②乎中庸,得一善^③,则拳拳^④服膺^⑤,而弗失之矣!"

【今译】

孔子说:"颜回做人处事,能审察选择中庸,如果领悟到中庸的一个道理,就牢记在心,不让它失去了!"

【注释】

①回:颜回,字子渊,鲁国人,孔子最得意的学生,最有德行。②择:选择,含有仔细审察之意。　③善:指中庸的理。　④拳拳:亦作"惓惓",牢牢握着不舍弃的样子。　⑤服膺(yīng):谨记在心,衷心信服。服,著。膺:胸。

【评述】

本章赞美颜回乃大智之人,能拳拳服膺坚持行中庸之道。

唐孔颖达说:"此一节是夫子明颜回能行中庸,言中庸之难也。"(《十三经注疏·中庸》)宋程颢说:"颜子择中庸而守之,此所以为颜子也。众人不能期月守,闻见之知,非心知也。颜子服膺而弗失,心知而已。此所以与众人异。"(《二程集·中庸解》)宋朱熹说:"颜子盖真知之,故能择、能守如此。此行之所以无过不及,而道之所以明也。"(《四书集注·中庸章句》)宋陈淳说:"惟其能择,而又能守之,乃为真能知之。"(《北溪大全集·中庸口义》)宋黄榦说:"因道之不明,起于贤者之过,不肖者之不及,故必贤如颜子,而后可以望斯道之明。"(《勉斋集》)宋吕祖谦说:"(颜子)随其所至,尽其所得,据而守之,则拳拳服膺而不

敢失;勉而进之,则既竭吾才而不敢缓,此所以恍惚前后而不可象,求见圣人之止,欲罢而不能也。"(《吕祖谦文集》)

　　颜回是孔子最喜爱的弟子。上章孔子叹一般人不能常守中庸之道,此章举出弟子颜回能择乎中庸之道,得了一句善言,一件善行,"则拳拳服膺,而勿失之矣"。颜回之所以能守中庸之道,是在于明中庸之道。人的认识过程总是由表及里,由浅入深,由感性的闻见之知,提高到理性的内心之知。俗话说:"知之深,爱之切。"从内心深处真正了解其善而始能固守之。颜回对中庸之道服膺弗失,正是循着这条由感性到理性认识路径的实践的结果。这段文字中"则"字说得紧严,转得有力,"矣"字说得决绝,有泰山不让土壤,故能成其高;河海不择细流,故能成其大之意。浅近中见高深,正见中庸之妙。

九、可　均　章

　　子曰:"天下国家可均①也,爵禄②可辞③也,白刃④可蹈⑤也,中庸不可能也。"

【今译】

　　孔子说:"天下国家是可以平定治理的,爵位和俸禄是可以推辞的,利刃是可以踩踏的,但中庸是很难做到的。"

【注释】

　　①均:平定治理。　②爵(jué)禄:爵位、俸禄。爵,周代按功劳的大小、地位的高卑,分公侯伯子男五等爵制。　③辞:推辞、辞让。④白刃:明晃晃的利刃,快刀。　⑤蹈(dǎo):踩、踏。

【评述】

本章用可均、可辞、可蹈三者极难做到之事,反衬中庸为极易行之事。进而揭示三者虽难,难而易,中庸虽易,易而难的真理。

汉郑玄说:"言中庸难为之难。"(《十三经注疏·中庸》)唐孔颖达说:"言上之事虽难,犹可为之,唯中庸之道,不可能也。为知者过之,愚者不及。言中庸难为之难也。"(同上)宋程颢说:"此章言中庸之难能。均,平治也。一事之能,一节之廉,一朝之勇,有志者,皆能之。久于中庸,惟圣者能之。"(《二程集·中庸解》)宋朱熹说:"三者,亦知、仁、勇之事,天下之至难也。然不必其合于中庸。则质之近似者,皆能以力为之。若中庸,则虽不必皆为三者之难,然非义精仁熟,而无一毫人欲之私者,不能及也。三者难而易,中庸易而难,此民之所以鲜能也。"(《四书集注·中庸章句》)宋陈淳说:"可均似知,可辞似仁,可蹈似勇。天下国家,至大难治也,而资禀明敏者能之;爵禄,人之所欲难却也,而资禀高洁者能之;白刃,人之所畏难犯也,而资禀勇敢者能之。则是三者虽最难,而皆可以力为。中庸乃天命人性之常然,不可以资质勉强而为之,须是学问功夫笃至,到那义精仁熟处,真有以自胜其人欲之私,方能尽得,此则若易而实难也。"(《北溪大全集·中庸口义》)清张岱引王观涛说:"中庸不可能,言难为力,非言绝德也。只是稍增一分便太过,稍减一分便不及,难得恰好。"(《四书遇》)

此章承上章之意,以均、辞、蹈三者之难,以反衬中庸之尤难。天下国家虽大,也有方法可以治理;高爵厚禄虽可留恋,也不难辞掉;明晃晃的利刀虽然可畏,也可奋不顾身地踩上去。达到智、仁、勇三者,确是人所难的。但有志之士,不存私念,是可以做到的。而中庸看似平平常常,虽无难知难行之事,也不要求人们付出性命,但要择其所守,长期坚持下去,做到不偏不倚,无过无不及,却是非常困难的,有时堕于过与不及之偏而不自知。汉高祖、唐太宗称得上是治平天下的人了,他们的才力、知识能驾驭古今,但不能做到中庸之道;伯夷、叔齐三以天下让,视爵禄如粪土,称得上辞爵禄的人了,但不能做到中庸之道;卞庄子敢于刺虎,不畏猛兽,可以说是勇于蹈白刃的人了,但不能做到中庸之道。廓清四海易,廓清寸心难。所以均、辞、蹈三者难而易,而中庸易而难。

十、问　强　章

　　子路①问强②。子曰:"南方之强与③?北方之强与?抑④而⑤强与?宽柔⑥以教,不报⑦无道⑧,南方之强也,君子居之⑨。衽金革⑩,死而不厌⑪,北方之强也,而强者居之。故君子和⑫而不流⑬,强哉矫!中立而不倚,强哉矫⑭!国有道⑮,不变塞⑯焉,强哉矫!国无道⑰,至死不变,强哉矫!"

【今译】

　　子路问孔子:"怎样才算是强呢?"孔子回答说:"你问的是南方的强呢,还是北方的强呢?或者是你自己的强呢?用宽容柔顺的方法教化人,不报复对自己蛮横无理的人,这是南方的强。君子拿这种忠厚、容忍的道来指导自己的行动。用武器甲胄当卧席,即使战死也毫不惧怕,这是北方的强。北方的强者拿这种强力胜人的道来指导自己的行动。所以君子对大家和蔼可亲而又不失之于流俗,岂不可算是矫强吗?中立而不偏倚,岂不可算是矫强吗?处在国家政治清明的时候,不改变显达以前的操守,岂不可算是矫强吗?处在国家政治黑暗的时候,至死不变平生的志愿,岂不可算是矫强吗?"

【注释】

　　①子路:姓仲名由,字子路,也字季路。鲁国人。孔子学生。好勇,故问强。　②强:刚强、坚强。　③与:呢?语气词,表疑问。④抑:抑或,表示选择。语助词。　⑤而:同尔,汝。指子路。　⑥宽

柔:宽厚温柔。　⑦报:报复。　⑧无道:横暴无理。　⑨居之:守着它。　⑩衽(rèn)金革:衽,卧席。金,兵戈之类武器。革,头盔铠甲之类的战袍战帽。指卧在兵戈甲胄上,安心于此。　⑪不厌:不悔。

⑫和:和协、调和。　⑬流:随波逐流,无原则地迁就。　⑭强哉矫(qiáo):赞许之辞。矫,强盛的样子。　⑮有道:政治清明,天下太平。

⑯不变塞:不改变未达时操守。塞,未达。　⑰无道:政治黑暗,不太平。

【评述】

本章孔子为子路分析君子之强和强者之强的不同性质,勉励子路守中庸之道,抑血气之刚,做到君子之强。

汉郑玄说:"强,勇者所好也。南方以舒缓为强,不报无道,谓犯而不校也。北方以刚猛为强,此抑子路之强也。"(《十三经注疏·中庸》)宋程颢说:"此章言强之中。南方之强,不及强者也;北方之强,过强者也。南方,中国也,虽不及强,然犯而不校,未害为君子。北方任力,故止为强者,能矫以就中,乃得君子之强。自'和而不流'以下,皆君子自矫其强者也。"(《二程集·中庸解》)宋朱熹说:"宽容以教,谓含容巽顺,以诲人之不及也。不报无道,谓横逆之来,直受之而不报也。南方风气柔弱,故以含忍之力胜人为强,君子之道也。北方风气刚劲,故以果敢之力胜人为强,强者之事也。矫,强貌;倚,偏著也;塞,未达也。国有道,不变未达之所守。国无道,不变平生之所守也。此则所谓中庸之不可能者,非有以自胜其人欲之私,不能择而守也。君子之强,孰大于是。夫子以是告子路者,所以抑其血气之刚,而进之以德义之勇也。"(《四书集注·中庸章句》)宋林虁孙说:"南、北方之强,是以风土言;'君子,强者居之'是以气质言;'和而不流'以下,是学问做出来。"(《朱子语类·中庸二》)

子路,孔子弟子,好勇。他闻孔子赞美颜回能择中庸之道,便说自己有勇,故问孔子怎么叫作强。孔子便反问他:"你问的是南方人的强呢? 北方人的强呢? 还是你自己的强呢?"孔子的教育,善于用启发式,反问子路,并不要子路回答,而是提起他的注意。然后分析南方之强的特点是"宽柔以教,不报无道"。就是说用宽洪大量、柔和容忍的道理去教化人,人家以横暴无理待己,自己也无报复之心。"愿无伐善,无施劳","犯而不校"的颜渊,似南方之强,故君子居之。北方之强的特点是"衽金革,死而不厌"。就是说着了甲胄,带了刀枪和敌人去作战,马革裹尸,死而无怨。"暴虎凭河,死而无悔"的子路,似北方之强,故强者居之。而南方之强,不及于中庸,北方之强,过于中庸,存在着不及与过的偏差。所以孔子勉励子路,做到和以待人却不为流俗所移;守中和而无所偏倚;国有道而富贵,不改变未达时所守,富贵不能淫其志;国无道虽困穷危险,亦不变其平生所守,贫贱不能移其志,威武不能屈其志。以中庸之道为核心来体现强,这就是君子之强。孔子这段话,也是承上章之意,以明择中庸而守之,在"中""和"上着"强"字,讲得含蓄深刻。不说"中""和","强"字无骨子;不说"强"字,"中""和"又无精理,是中庸和强的巧妙结合。

十一、素 隐 章

子曰:"素隐行怪①,后世有述②焉,吾弗为③之矣。君子遵道④而行,半途而废,吾弗能已⑤矣。君子依乎中庸,遁世⑥不见知而不悔,唯圣者能之。"

【今译】

孔子说:"现在有一种人,喜欢追求隐僻不正的道理,好做奇异怪诞的事情。由于能欺世盗名,所以后代还有赞许这种言行的人。我是不做这种事的。君子遵照中庸的大道行事,有人却做到半途竟然废止,我是绝不肯在半途停止的。君子依照中庸的道理去做,假使终身不被世人所了解,也绝不懊悔,只有圣人才能够这样做。"

【注释】

①素隐行怪:指探求隐僻不正之理,做奇异怪诞之事,以欺世盗名。素,为"索"字之误。寻求、探求。　②述:称述、记述。　③为:做。　④道:指中庸之道。　⑤已:停止、中止。　⑥遁世:避世。这里作终身讲。

【评述】

本章孔子教育人们勿作欺世盗名,半途而废的人,应做无怨无悔追求中庸之道的君子。

汉郑玄说:"言方乡避害,隐身而行诡谲,以作后世名也。弗为之矣,耻之也;汲汲行道,弗为时人之隐行。隐者当如此也,唯舜为能如此。"(《十三经注疏·中庸》)宋程颢说:"此章言行之中。素隐行怪,未当行而行,行之过者也。半途而废,当行而不行,行之不及者也。惟君子依乎中庸,自信不悔,圣人之事也。"(《二程集·中庸解》)宋朱熹说:"索隐行怪,言深求隐僻之理,而过为诡异之行也,然以其足以欺世而盗名,故后世或有称述之者。此知之过而不择乎善,行之过而不用其中,不当强而强者也,圣人岂为之哉。遵道而行,则能择乎善矣。半途而废,则力之不足也。此其知虽足以及之,而行有不逮,当强而不强者也。非勉焉而不敢废,盖至诚无息,自有所不能止也。不为索隐行怪,则依乎中庸而已。不能半途而废,是以遁世不见知而不悔也。此中庸之成德,知之尽,仁之至,不赖勇而裕如者,正吾夫子之事,而犹不自居也,故曰:'唯圣者能之'而已。"(《四书集注·中庸》)宋李闳祖说:"'索隐行怪'不能择,'半途而废'不能执,'依乎中庸'能择也,'不见知而不悔'能执也。"(《朱子语类·中庸二》)明杨复所说:"依中庸,如孩提之依父母;舍中庸,别无安身立命处。人倘能依乎中庸,遁世不悔,便是圣者矣。"(引自《四书遇》)

朱熹注,"素隐行怪"之"素",按《汉书》当作"索"。今查《汉书·艺文志·方伎略·神仙家》引《中庸》云："索隐行怪，后世有述焉。吾不为之矣。""素隐"作"索隐"。颜师古注："索隐，求索隐暗之事，而行怪迂之道，妄令后人有所祖述，非我本志。"故朱熹注说："索隐行怪，言深求隐僻之理，而过为诡异之行也。"倪思中《中庸集义》则不以朱熹改"素"为"索"为然。他说："'素'即是'平素''素常'之意，与下文'素其位而行'之'素'字同义。'素隐'，是以隐居为素常，则'素隐行怪'正指老庄派之退隐曲全，宁为曳尾之龟，断尾之鸡，陈仲子之食李三咽，食鹅一哇之类。"

本章承前文论行中庸之道，讲了三件事，似有总结全文之意。首先反对素隐行怪之人，他们的行为太过，有背于中庸之道。其次反对半途而废之人，他们的行为不及，也不合乎中庸之道。最后鼓励人们"依乎中庸，遁世不见知而不悔"，毕生追求中庸之道。而这一句，又有结上两句之意。"依乎中庸"，有吾弗为之意；"遁世不见知而不悔"，有吾弗能已之意。谆谆劝勉君子应遵循中道而行。

总观自第二章至第十一章，围绕第一章主题，论述了中庸之道的方方面面。中庸之道，至精至微，非知者不足以知之；至公至正，非仁者不足以体之；其为道，非须臾可离，非一蹴可就，故惟勇者能得之。然后以自强不息而追求之。大致智、仁、勇三者，皆此性之德。中庸之道，即率性而行，非有智、仁、勇之德，则无以体是道。反反复复都旨在说明中庸的难能可贵，而必须毕生追求。

十二、费　隐　章

君子之道①，费②而隐③。

【今译】

　　君子中庸的道理，其效用广大无涯，无穷无尽，其本体却极其微小,无处不有。

【注释】

①道:指中庸之道。 ②费(fèi):道之用。指用之广大无涯。
③隐:道之体。指道之体精细微妙。

【评述】

本章论述君子中庸之道用之广而体之微,造端于夫妇而察乎天
地。说明中庸之道其大无外,其小无内,体用结合,无处不在。分三节
加以叙述。

本节首先指出君子之道用之广而体之微。关于费而隐的关系从
不同角度有三种解释。汉郑玄说:"言可隐之节也。费,犹佹也,道不
费则仕。"(《十三经注疏·中庸》)唐孔颖达承郑玄之说,认为"言君子之
人,遭值乱世,道德违费,则隐而不仕。若道之不费,则岂仕也。"(同
上)则是从治乱关系说的。宋程颢认为,"费,用之广也;隐,微密也。
圣人有所不知不能,所谓隐也。费则常道,隐则至道,惟能尽常道,乃
所以为至道。"(《二程集·中庸解》)宋朱熹承程颢之说,认为"费,用之
广也;隐,体之微也。"(《四书集注·中庸章句》)宋董铢说:"费,道之用
也;隐,道之体也。用则理之见于日用,无不可见。体则理之隐于其
内,形而上者之事,固有非视听之所及者。"(《朱子语类·中庸二》)这
是从体用关系说的。明张侗初说:"费,弥六合也,发也;隐,藏于密也,
未发也。费处都是隐,率性处都是天命也。"(转引《四书遇》)这是从中
和角度说的。均之三说,以第二说比较合理。

道者,兼体和用,包括费、隐而言,形而下者为费,形而上者为隐。
形而下者甚广,其形而上者实行乎其间,无物不具,无处不有,故曰费,
言其用之广。就其中形而上者说,非视听所及,存乎其内,故曰隐,言
其体之微妙。这就是君子中庸之道的体、用两个方面。

夫妇①之愚②,可以与③知焉,及其至④也,虽圣人亦有所

不知焉；夫妇之不肖，可以能行焉，及其至也，虽圣人亦有所不能焉。天地之大也，人犹有所憾⑤。故君子语大，天下莫能载⑥焉；语小，天下莫能破⑦焉。《诗》⑧云："鸢⑨飞戾⑩天，鱼跃于渊⑪"言其上下察⑫也。

【今译】

　　夫妇中即使愚笨的人，一般也可以知道中庸的一些浅近的道理。但推究中庸之道到达精微深奥处，即使圣人也有不知道的地方。夫妇中即使不贤的人，一般也可以实行中庸的一些浅近的道理，但推究中庸之道到达精微深奥处，即使圣人也有做不到的地方。天地是如此的广大，但人们对天地还有不满意的地方。所以君子对于中庸的道理，说到它的大处，天下不能载得起它；说到它的小处，天下不能看破它。《诗经·大雅·旱麓》说："老鹰冲翅飞翔到天的最高处，鱼儿跳跃到水的最深处。"这句诗主要说明中庸之道上达于高天，下及于深渊，显明昭著，弥漫充塞，无处不在，无所不包。

【注释】

　　①夫妇：有二说。一指男人、女人，并非指夫妻，郑玄主此说。一指夫妻，朱熹主此说。均可通。　②愚：愚笨。　③与：参预。　④至：最，极尽。指最精微之处。　⑤憾(hàn)：遗憾、不满意。　⑥载：装载。　⑦破：看破。引申为剖析。　⑧《诗》：指《诗经·大雅·旱麓》，这是一首赞扬有道德修养的人，求福得福，能培养人才的诗。　⑨鸢(yuān)：鸟名，属鹰类，毛褐色，性凶猛，以蛇、鼠、蜥蜴等为食。　⑩戾(lì)：到、到达。　⑪渊：深潭。　⑫察：至。含昭著明白之意。

【评述】

本节进一步论述中庸之道的体和用关系，并引《诗》加以说明。

汉郑玄说："匹夫匹妇愚耳，亦可以其与有所知，可以其能有所行者，以其知行之极也。圣人有不能如此。舜好察迩言，由此故与。天地至大,无不覆载,人尚有所恨焉。况于圣人能尽备之乎？所说大事,谓先王之道也;所说小事,谓若愚不肖夫妇之知行也。圣人尽兼行。圣人之德,至于天则鸢飞戾天,至于地则鱼跃于渊,是其著明于天地也。"(《十三经注疏·中庸》)宋程颢说:"天地之大,亦有所不能,故人犹有憾,况圣人乎？天地之大犹有憾,语大者也。有憾于天地,则大于天地矣,此所以天下莫能载。愚不肖之夫妇所常行,语小者也。愚不肖所常行,虽圣人亦有不可废,此所谓天下莫能破。上至乎天地所不能,下至于愚不肖之所能,则至道备矣。自夫妇之能,至察乎天地,则常道尽矣。"(《二程集·中庸解》)宋朱熹说:"君子之道,近自夫妇居室之间,远而至于圣人天地之所不能尽,其大无外,其小无内,可谓费矣。然其理之所以然,则隐而莫之见也。盖可知可能者,道中之一事,及其至而圣人不知不能,则举全体而言,圣人固有所不能尽。子思引此诗以明化育流行,上下昭著,莫非此理之用,所谓费也。然其所以然者,则非见闻所及,所谓隐也。"(《四书集注·中庸章句》)

　　本节抓住费而隐,即用和体的关系,反复说明中庸之道其大无外,其小无内,无处不在,不可须臾离开。所以程颐认为这一节,是子思吃紧为人处,非常生动活泼。君子之道,其用很广大,而其体则极微妙。就其大体而论,则一般愚夫愚妇都能预闻知道,至于精微深奥之处,虽圣人亦有所不知。就其一端而论,一般愚夫愚妇亦能有所至,如要做到精微深奥之处,则虽圣人亦有所不能。"天地之大,人犹有所憾。"如水旱螟蝗,祁寒暑雨,人将怨咨,不能使每事每物都能使人满足,故而产生不满,以此说明圣人之所以不知不能。"语其大而天下莫能载,语其小而天下莫能破",凡此是说道之费处,其体之隐,则在其中,故不言隐,非于费之外,别有所谓隐存在。比方说,费,犹木之有枝叶,可见者;隐,犹木之有根本,不可见者。所以它们是处在一个统一体中。如果别有隐可见,有隐可言,则非体用一源,显微无间,已不足为道了。进一步使人明确了中庸之道体和用的关系。所引《诗》见《诗经·大雅·旱麓》,以说明中庸之道之大,上至于天,下及于地,"不可须臾离也"之意。

> 君子之道,造端^①乎夫妇,及其至^②也,察^③乎天地。

【今译】

　　君子中庸的道理,是从夫妇之间的浅近道理开始的,但推究到精微深奥处,就能明察天地上下一切事物了。

【注释】

　　①造端:开始、开端。造,开始。　　②至:最,极。　　③察:明察。含昭著明白之意。

【评述】

本节论述中庸之道其大无外,其小无内,开始于夫妇,明察于天地。

汉郑玄说:"夫妇,谓匹夫匹妇之所知所行。"(《十三经注疏·中庸》)唐孔颖达说:"君子行道初始,造之端绪,起于匹夫匹妇之所知所行,及其至极之时,明察于上下天地也。"(同上)宋朱熹说:"造端乎夫妇,极其尽小而言也;察乎天地,极其远大而言之也。"(《中庸纂疏》)宋陈孔硕说:"造端乎夫妇,其道甚近而小也,然要其极,以至于远且大,则凡昭然天地之间者,莫非其理之不可揜。"(《中庸讲义》)

中庸之道,造端于夫妇。因为夫妇是人伦中至亲且至密的,人们的行为,有可以不告诉父兄,而可以全部告诉妻子。北周宇文泰在祭奠苏绰之灵时说:"尚书平生为事,妻子兄弟不知者,吾皆知之。惟尔知吾心,吾知尔意。"(《周书》卷二十三《苏绰传》)可见宇文泰与苏绰之间的信任,超过了妻子。这是一个特例。然男女居室,岂非人之至亲且至密,所以道造端于夫妇,则言其至微至近处。及其发展,而道又至大无外,天覆地载,无所不至,无所不包,"察乎天地"。这样将道之体用关系剖析得清清楚楚,说明道不可离。

十三、不 远 章

子曰:"道①不远人②。人之为道而远人③,不可以为道。《诗》④云:'伐柯⑤伐柯,其则⑥不远。'执⑦柯以伐柯,睨⑧而视之,犹以为远。故君子以人治人⑨,改而止⑩。"

【今译】

　　孔子说:"道存在于人们之间,并不远离大家。但有人修道却故作高深,使中庸之道日益与大家远离,那就不可以称作修中庸之道了。《诗经·豳风·伐柯》说:'有一个人拿着斧头去砍树干来做斧柄,照那旧斧柄做新斧柄的方法就在眼前。'但是拿着旧斧柄去砍树干做新斧柄,由于没有用旧斧柄的尺寸,所以斜着眼睛看去,觉得两者相差甚远。这个比喻说明,君子治人的方法,就是用人的良知良能,去启发人的思想,以其人之道还治其人之身,如果提高认识,痛改前非,就停止进行。"

【注释】

　　①道:指率性讲。　②远人:远离人们。　③人之为道而远人:指有的人在修道时专门好高骛远,这样,使本来离人不远的道反而远了。　④《诗》:指《诗经·豳风·伐柯》,这是一首描写婚姻的诗。⑤伐柯:砍斧柄。伐,砍。柯,斧柄。　⑥则:法则。引申指做斧柄的方法。　⑦执:握、拿。　⑧睨(nì):斜视。　⑨以人治人:即以人固有的道理去治理人,启发人之明德以去其恶。　⑩改而止:直到他们改正为止。

【评述】

本章继续论述中庸之道不可离,君子以道治己、治人的原则。分三节论述。

本节论述道不远人、远人非道，以及君子以人治人的原则，并引《诗》加以说明。

汉郑玄说："言道即不远于人，人不能行也。"（《十三经注疏·中庸》）唐孔颖达说："言中庸之道，不远离于人身。但人能行之于己，则是中庸也。人为中庸之道，当附近于人，人所能行，则己所行，可以为道。若违理离远，则不可施于己，又不可行于人，则非道也。"（同上）宋程颢说："言治人治己之常道，苟非其人，道不虚行。人能弘道，非道弘人。故道而远人，是为外物。"（《二程集·中庸解》）宋朱熹说："道者，率性而已。固众人之所能知能行者也，故常不远于人。若为道者，厌其卑近，以为不足为，而反务为高远难行之事，则非所以为道矣。"（《四书集注·中庸章句》）清张岱说："道不远人，谓不远于人人之人，非一人之人。譬如众人眠食，而一人独否，则一人病。医者治之，使还于众人之眠食而止矣，更何他求乎？"（《四书遇》）

本节论述中庸之道不可离。道，是人之道，是指导人们日常生活行为的准则，不可须臾离开的。若人之修道而远于人生，远于人情，便不是人道了。人能弘道，非道弘人，道是客观存在的，依靠人而弘扬，与人是紧密结合的。那么，人为什么会远道呢？一种情况是以中庸之道为卑近而不屑为，好高骛远，远离于道。另一种情况是乖违背理，所行之道非正道，既不能治己，又不能治人，而远离于人。所以要做到道不远人，必须以中庸之道作为行事、生活准则，与治己治人结合起来。

为了说明"道不远人"，近取乎身，便引《诗经·豳风·伐柯》"伐柯伐柯，其则不远"作比喻，加以深化。柯，斧柄。《周礼》说："柯长三尺，博三寸。"欲制新斧柄，手边的斧柄就是最好的法则。而砍树干作斧柄的人不看手里的斧柄，却斜着眼睛去看别处，想找寻斧柄的样子。形象地说明道不远人，就在自己身边，而人自不察觉罢了。故进而说明，君子治人，以一般能知能行的事去要求他，以其人之道还治其人之身，即《大学》所说的明其固有的内心之明德，使之去恶从善，能改即止。

"忠恕①违道②不远,施③诸己④而不愿,亦勿施于人。"

【今译】

"能够做到忠和恕,那就离中庸之道不远了。如果加在自己身上是自己所不愿意接受的东西,由此推想到别人,也就不能强加在别人身上。"

【注释】

①忠恕:儒家的伦理思想。尽己之心为忠,推己及人为恕。②违道:离开中庸之道。　③施:加。　④己:自己。

【评述】

本节继续说明道不远人,应以忠恕之道治己治人。

唐孔颖达说:"忠者,内尽于心;恕者,外不欺物。身行忠恕,则去道不远。他人有一不善之事施之于己,己所不欲,亦勿施于人,人亦不愿故也。"(《十三经注疏·中庸》)宋程颢说:"君子之治人,治其不及人者使及人而已。将欲治人,必先治己,故以忠恕自治。"(《二程集·中庸解》)宋朱熹说:"道即其不远人者也。施诸己而不愿,亦勿施于人,忠恕之事也。以己之心度人之心,未尝不同。则道之不远于人者可见。张(载)子所谓以爱己之心爱人则尽仁是也。"(《四书集注·中庸章句》)宋陈埴说:"因恕而言仁,恕是求仁之事。推爱己之心以爱人,恕者之事也。以爱己之心爱人,仁者之事也。"(《经说》)清张岱说:"不以勿愿者施人,常以求人者反己,忠恕也夫! 道岂远乎? 不远人以为道者,惟忠恕而已矣。"(《四书遇》)

本节教育人们以忠恕之道治己治人,离道就不远了。忠是就心说,是尽己之心,无不忠实待人。恕是就待人接物处说,推己心之所真实者,以及人物而已。忠恕之道,是儒家的伦理思想。在《论语·里仁》中,曾子曾概括说:"夫子之道,忠恕而已矣。"也就是《大学》所说的

"絜矩之道"。能以忠恕待人接物,就是以人治人,离中庸之道也就不远了。

"君子之道四①,丘②未能一焉:所求③乎子以事④父,未能也;所求乎臣以事君,未能也;所求乎弟以事兄,未能也;所求乎朋友先施⑤之,未能也。庸德⑥之行⑦,庸言⑧之谨⑨,有所不足,不敢不勉⑩,有余不敢尽。言顾⑪行,行顾言,君子胡⑫不慥慥⑬尔!"

【今译】

　　"君子的道理有四条,我孔丘一条也不能做到:第一,我要求做儿子的应该尽孝道,但反求我自己侍奉父母却不能尽孝道。第二,我要求做臣子的应该尽忠心,但反求我自己奉事君主却没有尽忠心。第三,我要求做弟弟的应该恭敬,但反求我自己服事兄长却没有做到恭敬。第四,我要求做朋友的应该要有信实,但反求我自己却没有能先对朋友做到信实不欺。平常的道德,要着力实行,平常的语言,要谨慎地说。所言所行或有不足之处,不敢不尽力奋勉,所言所行或尚有余力,也不敢说尽做绝,要留有余地。口里讲的话,要顾到身体所行的事;身体所行的事,要顾到口里讲的话。如果言行一致,岂不可称是忠厚笃实的君子吗!"

【注释】

　　①君子之道四:即孝、弟、忠、信四种道德。　②丘:孔子自称其名。　③求:责、要求。　④事:奉侍、服侍。　⑤施:加给。　⑥庸德:平常的道德。　⑦行:实行。　⑧庸言:平常的言语。　⑨谨:谨慎。　⑩勉:勉励。　⑪顾:回头看。引申为照顾、顾及。　⑫胡:何。　⑬慥慥(zàozào):忠厚笃实的样子。

【评述】

本节孔子提出孝、弟、忠、信四种道德治己治人，勉励人们言行一致，实践这些平常的道德。

汉郑玄说："圣人而曰我未能，明人当勉之无已。庸，犹常也。言德常行也，言常谨也。圣人之行实过人，有余不敢尽，常为人法从礼也。"(《十三经注疏·中庸》)唐孔颖达说："此四者，欲明求之于他人，必先行之于己。"(同上)宋程颢说："责子之孝，而自知乎未能事父，责臣、责弟、责朋友皆然。故惟安常守中务实，是乃治己之务。"(《二程集·中庸解》)宋朱熹说："凡己之所以责人者，皆道之所当然也。故反之以自责而自修焉。庸，平常也。行者，践其实；谨者，择其可。德不足而勉，则行益力。言有余而切，则谨益至，谨之至则言顾行矣；行之力则行顾言矣。慥慥，笃实貌。言君子之行如此，岂不慥慥乎！凡此皆不远人以为道之事，张(载)子所谓以责人之心责己则尽道是也。"(《四书集注·中庸章句》)宋沈偘说："'所求乎子以事父，未能也。'每常人责子，必欲其孝于我，然不知我之事父者果孝否？以我责子之心，而反推己之所以事父，此便是则也。'所求乎臣以事君，未能也。'常人责臣，必欲其忠于我，然不知我之事君者尽忠否？以我责臣之心，反而求之于我，则其则在矣。"(《朱子语类·中庸二》)

所求乎子以事父，所求乎臣以事君，所求乎弟以事兄，所求乎朋友先施之，是说你要子孝、臣忠、弟敬、朋友施恩，先要己孝、己忠、己敬、己施。这四者都是君子之道，孔子说未能做到，乃自谦之辞。《大学》论"絜矩之道"，是就消极方面说的，此节论"君子之道"，则是就积极方面说的。主要是从庸的角度，论常道之始终。诚如黄榦所说："此即人之身，而得治己之道。治己之道，初不难见，观其责于人者而已。"(《勉斋集》)

孔子又说，我只是实践平常的道德，谨守平常的言论。行为方面自己觉得欠缺的，不敢不勉励；言论方面，虽然自觉有余，却不敢尽言。这就是《论语》所说的"欲讷于言而敏于行"，"言之不出，耻躬之不逮也"的意思。言要顾到行,故不可不谨;行要顾到言,故不可不勉。君子怎么敢不汲汲自勉呢? 孔子自勉以勉人,自谨以谨人,言行一致,始能做到道不远人。诚如陈孔硕说:"人之言常有余于行,而其行常不足于言。苟言而顾其行,则言之有余者将自损;行而顾其言,则行之不足者将自勉矣。"(《中庸讲义》)

十四、素 位 章

君子素①其位②而行,不愿③乎其外④。素富贵,行乎富贵;素贫贱,行乎贫贱;素夷狄,行乎夷狄;素患难,行乎患难。君子无入⑤而不自得⑥焉。

【今译】

君子安心于现在的地位,做本分的事,不存分外之想。向来身处富贵的地位,就行富贵的道理;向来身处贫贱的地位,就行贫贱的道理;向来身处夷狄的地位,就行夷狄的道理;向来身处患难的地位,就行患难的道理。君子没有一处不悠然自得、自乐而安于其位的。

【注释】

①素:现在、处在。　②位:地位。　③愿:倾慕、羡慕。　④其外:指本位以外的东西。⑤入:合于。引申为安于。　⑥自得:无所不足于心,得心应手。

【评述】

本章论述素位的操守,安于所守,持行中庸之道。分两节叙述。本节论安土顺命,持守常道。

汉郑玄说:"不愿乎其外,谓思不出其位也。自得,谓所向不失其道。"(《十三经注疏·中庸》)唐孔颖达说:"向其所居之位,而行其所行之事,不愿行在位外之事。君子所入之处,皆守善道。"(同上)宋程颢说:"此章言安土顺命,乃所以守常。"(《二程集·中庸解》)宋朱熹说:"素,犹见(现)在也。言君子但因见在所居之位,而为其所当为,无慕乎其外之心也。"(《四书集注·中庸章句》)宋陈孔硕说:"因其见在所居之位而行之,其在外者,非所愿也。"(《中庸讲义》)清张岱说:"所谓素其位而行者,有所以立于位之先,而后可以转徙于位之中,故曰'素'也。'素富贵'八句,存其未始有富贵、有贫贱、夷狄、患难之素,而行乎四者之间,故不失乎常,而常得吾体,故曰'自得'也。"(《四书遇》)

君子为人处世,在怎样的地位上,就安之若素,不希望做地位以外的事。素富贵,行乎富贵,如舜之被袗鼓琴,在富贵的地位,就按富贵的地位做人;素贫贱,行乎贫贱,如舜之饭糗茹草,如颜回箪食瓢饮,在贫贱的地位,就按贫贱的地位做人;素夷狄,行乎夷狄,如孔子欲居九夷,"君子居之,何陋之有",在夷狄的地位,就按夷狄的地位做人;素患难,行乎患难,如孔子居匡,被围七日,弦歌不辍,在患难的地位,就按患难的地位做人。君子无所往而不自得,随遇而安,不作非分之望,只做自己当做的事罢了。

在上位,不陵①下;在下位,不援②上。正己③而不求于人,则无怨,上不怨天,下不尤④人。故君子居易⑤以俟命⑥,小人行险⑦以徼幸⑧。子曰:"射有似乎君子⑨,失诸正鹄⑩,反求诸其身。"

【今译】

　　君子身处上位的时候,不作威作福,欺凌下面的人;身处下位的时候,不钻营攀附,乞求上面人的奥援。只求端正自身而不乞求于人,那么心中泰然而无怨恨,上不怨恨苍天,下不责怪别人。所以君子安分守己,等待天命的安排,而小人专做冒险的事情,想侥幸得到不应得的好处。孔子说:"射箭的事情,好像同君子修道一样。箭没有射到箭靶的中心,应该反责自己用心不专,立身不正,不能怨恨别人。"

【注释】

①陵:同凌。欺凌,欺压。 ②援:攀附、奥援。 ③正己:端正自己。 ④尤:怨。 ⑤居易:处于平易而无危险的境地。易,平地。指素位而行。 ⑥俟命:等待天命。即不愿乎其外。 ⑦行险:冒险。 ⑧徼(jiǎo)幸:企图以偶然的机会获得成功,或意外地免除不幸。徼,"侥"的异体字。 ⑨射有似乎君子:以射箭的道理来比喻君子"正己而不求于人。" ⑩失诸正鹄(zhēnggǔ):箭未射中靶子。失,指没有射中。正鹄:箭靶。

【评述】

本节承上文继续论述君子安于其位,不愿乎其外。

汉郑玄说:"无怨人,无怨之者也。俟命,听天任命也。"(《十三经注疏·中庸》)宋程颢说:"不援上,不陵下,不怨天,不尤人,居易俟命,自迩自卑,皆安土顺命之道。"(《二程集·中庸解》)宋朱熹说:"此言不愿乎其外也。居易,素位而行也。俟命,不愿乎外也。徼,求也。幸,谓所不当得而得者。子思引孔子之言,以结上文之意。"(《四书集注·中庸章句》)宋赵顺孙说:"君子胸中甚平易,所居者安,素位而行也。富贵贫贱,惟听于天之所命,不愿乎外也。"(《中庸纂疏》)明张侗初说:"太素者,道之始也,性也。率性,则素位而行矣。起念不依本性,则愿外矣。性者,入富贵而不淫,入贫贱而不乱,入夷狄、患难而不惊。天不能造我荣枯,人不能司我顺逆,廓然平易,坦然高明,君子所为通天地万物为大身者也,故曰'反求诸其身'。"(《引《四书遇》)清张岱说:"莽夫操弧以祈中的,势所必无。持弓审矢,必其素相服习,然后弓劲手柔,兽肥草浅,贯革穿杨,无不如意。学射在先,故曰'素位';得心应手,故曰'自得'。"(《四书遇》)

本节分三层意思叙述。首先陈述君子素其位而行,不愿乎其外。

吾居上位，则不凌忽于下；吾居下位，则不攀附于上。惟反自责于己，初无求取于人之心，自然无所怨望，上不致怨天，下不致尤人了，从而窥见君子胸中，多少洒落晶莹，真是风光霁月，无一点私累，表现了不愿乎其外。其次以君子和小人作比较，揭示两种不同心态。君子居易以俟命，安心于平易的地位，以待天命的安排，超然于物外；小人不能素位而行，安身立命于平易之中，到处冒险钻营，妄求富贵，心存侥幸。最后引孔子射箭的话作结，回应全文。射箭犹如君子正己而不求于人。古代射箭时所张的箭靶叫"侯"，"侯"之中缝一块皮叫"鹄"，"鹄"之中画一个中心叫"正"。以射中"正鹄"为优。"失诸正鹄"就是射不着侯中的"正鹄"。射不着正鹄，不怨别人，只能责己，怨自己步法或有不正，手法或有不稳所致。说明君子求诸己而不愿乎其外。

十五、行　远　章

君子之道①，辟②如行远，必自迩③；辟如登高，必自卑④。《诗》⑤曰："妻子好合⑥，如鼓⑦瑟琴⑧。兄弟既翕⑨，和乐且耽⑩。宜尔室家，乐尔妻孥⑪。"子曰："父母其顺⑫矣乎！"

【今译】

　　君子修道由浅入深，譬如到远方去，一定先从近处启程；譬如登到高处去，一定先从低处起步。《诗经·小雅·棠棣》说："和妻子儿女感情融洽，好像弹琴鼓瑟一样节奏和美。与兄弟友爱和合，浸沉在快乐之中。全家非常和睦，妻子儿女都非常欢乐。"孔子说："一家人如此欢乐，做父母的就自然舒心了。"

【注释】

　　①君子之道：指求取君子之道的方法。　②辟(pì)：同"譬"。譬如。　③迩：近。　④卑：下、低。　⑤《诗》：指《诗经·小雅·棠棣》。

这是一首称述家庭和睦、兄弟友爱的诗。　⑥好合:和合、融洽。
⑦鼓:弹奏。作动词用。　⑧瑟(sè)琴:古代两种拨弦乐器的名称。
瑟,有二十五弦,每弦有一柱,形似琴,但无徽位,春秋时已流行。琴,
有七弦,又称"七弦琴",或"古琴",周代已有,定型于汉代。瑟琴,比喻
夫妇感情和谐。　⑨翕(xì):聚合、和合。　⑩耽(dān):乐、快乐。原
诗为"湛"字。　⑪妻孥(nú):妻子儿女的统称。孥,儿子。　⑫顺:舒
心和顺。

【评述】

本章叙述君子修道,自有一定次序,由近及远,由低到高,并引
《诗》说明这一道理。

汉郑玄说:"行之以近者,卑者始,以渐致之高远。此《诗》言和室
家之道,自近者始,其教令行,使家室顺。"(《十三经注疏·中庸》)唐孔
颖达说:"行之以远者,近之始;升之以高者,卑之始。以渐至高远。但
勤行其道于身,然后能被于物,而可谓之高远耳。"(同上)宋朱熹说:
"人能和于妻子,宜于兄弟如此,则父母其安乐之矣。子思引《诗》及此
语,以明行远自迩,登高自卑之意。"(《四书集注·中庸》)宋陈孔硕说:
"行远自迩,登高自卑,凡君子之道,其推行之序皆然,《中庸》举《诗》以
明之,特指一事耳。"(《中庸讲义》)

本章"行远自迩,登高自卑"承上章而言,道虽无所不在,而其进之
则有序,必须自近而远,由浅而深。也就是上文中庸之道"造端于夫
妇",《大学》治国必先齐家,《诗经》"刑于寡妻,至于兄弟,以御于家邦"
之意。千里之行始于足下,从自身做起,从家庭做起,循序渐进,以成
善道。为了说明这个观点,引《诗》以明之。《诗》出《诗经·小雅·棠
棣》中的几句,说明行道之法,必自近始。欲和远人,先和其妻子、兄
弟。妻子好合,情意相得,如鼓瑟琴,音声相和。兄弟翕合,情意和乐。
父母能以教令行于家室,家室便和顺了。

十六、鬼 神 章

子曰:"鬼神①之为德②,其盛③矣乎! 视之而弗见,听之而弗闻,体物④而不可遗⑤。使天下之人齐明⑥盛服⑦,以承⑧祭祀⑨。洋洋乎⑩! 如在其上,如在其左右。《诗》⑪曰:'神之格思⑫,不可度思⑬! 矧⑭可射⑮思。'夫微⑯之显⑰,诚⑱之不可揜⑲如此夫⑳!"

【今译】

孔子说:"鬼神行德,可说是极盛的了。鬼神的德,看它没有形迹,听它没有声音,但世间万物没有一物不是鬼神所化育,所以体察天下万物是不能遗弃鬼神的。鬼神使天下的人悚然敬畏,他们虔诚斋戒,洗净身体,穿着隆重而华丽的祭服来奉承祭祀。祭祀的时候,这些鬼神的灵气流动充满,盛大地好像在上面,又好像在左右。《诗经·大雅·抑》说:'鬼神来享受祭祀牲醴,在上,在下是不可揣度的,十分诚敬还恐怕有疏忽,怎么可以厌倦呢?'鬼神既看不见又听不到,十分隐微,而善赐福、恶降祸却很明显。鬼神赐福降祸的诚信不可遮掩,竟是如此啊!"

【注释】

①鬼神:鬼,古人认为人死后精灵不灭,称之为鬼。一般指已死的祖先。神,宗教及古代神话中所幻想的主宰物质世界,超乎自然,具有人格和意志的精灵。 ②德:功德。 ③盛:美盛。兴隆丰茂的样子。 ④体物:体察事物。 ⑤遗:遗弃、遗忘。 ⑥齐(zhāi)明:祭祀之前斋戒沐浴,以示虔敬。齐,同"斋",斋戒。明,洁净。 ⑦盛服:穿戴整齐华美的冠服。 ⑧承:奉、承奉。 ⑨祭祀(sì):指祭鬼祀神。祭,为祀神、供祖或以某种仪式追悼死者的通称。这里的祭是吉祭,目的在于祈福,与凶祭之"奠"不同。祀,祭祀。 ⑩洋洋乎:流动、

充满、舒缓、飘忽的样子。　⑪《诗》：见《诗经·大雅·抑》，原为西周时卫武公刺厉王，亦以自警之诗。所引三句，旨在说明中庸之道用广大而体精微。　⑫格思：格，至、来。思，语助词，无意义。　⑬度(duó)思：测度、估计。　⑭矧(shěn)：况、况且。　⑮射(yì)思：厌弃。　⑯微：指鬼神之事虚无飘渺。　⑰显：指鬼神降祸福于人间又很明显。　⑱诚：诚信、至诚。　⑲揜(yǎn)：遮掩。　⑳夫(fú)：啊！语气词。

【评述】

本章以鬼神为喻，说明君子之道，用费体隐，而又不远于人。

汉郑玄说："体犹生也，可犹所也。不有所遗，言万物无不以鬼神之气生也。言神无形而著，不言而诚。"(《十三经注疏·中庸》)唐孔颖达说："此一节明鬼神之道。无形而能显著诚信，中庸之道与鬼神之道相似，亦从微至著，不言而自诚。"(同上)宋程颢说："此章论诚之本。惟诚所以能中庸。神以知来，知以藏往，往者屈也，来者伸也。所屈者不亡，所伸者无息。虽无形声可求，而物物皆体，弗闻弗见，可谓微矣。然体物弗遗，此之谓显。不亡不息，可谓诚矣。因感必见，此之谓不可揜。"(《二程集·中庸解》)宋朱熹说："以二气言，则鬼者阴之灵也，神者阳之灵也。以一气言，则至而伸者为神，反而归者为鬼，其实一物而已。鬼神无形与声，然物之终始，莫非阴阳合散之所为，是其为物之体，而物所不能遗也。其言体物，犹《易》所谓干事。诚者，真实无妄之谓。阴阳合散，无非实者，故其发见之不可揜如此。"(《四书集注·中庸章句》)宋陈淳说："言鬼神之德，无所不在。能奉承畏敬，则此理昭然。流动充满于上下左右间，此是鬼神阴阳之发现昭著处，盖体物而不遗之验也。"(《北溪大全集·中庸口义》)宋陈孔硕说："此理虽隐微而甚显，以阴阳之往来屈伸，皆是真实而无妄。"(《中庸讲义》)

本章非论鬼神，而是以鬼神之道比喻中庸之道。鬼神视之弗见，听之弗闻，这就是所谓"隐"。但鬼神又无处不在，体物不遗。能使天下之人都斋戒沐浴,整齐衣冠,以奉祀祭祀。祭祀时又如在其上,如在其左右,这就是所谓"费"。说明中庸之道用费体隐,用之广而体精微,而"诚"为其本。

十七、大　孝　章

子曰:"舜其大孝也与①!德为圣人②,尊③为天子,富④有四海之内⑤。宗庙享之⑥,子孙保⑦之。故大德必得其位⑧,必得其禄,必得其名⑨,必得其寿。故天之生物,必因⑩其材⑪而笃⑫焉。故栽者培之,倾者覆⑬之。《诗》⑭曰:'嘉乐⑮君子⑯,宪宪⑰令德⑱!宜民⑲宜人⑳,受禄于天。保佑命之,自天申㉑之!'故大德者必受命。"

【今译】

　　孔子说:"虞舜可算是大孝的人了。从德行看,成为圣人;从地位看,尊为天子;从财富看,掌握全国的财富。不仅如此,上而享受宗庙的祭祀,下而子孙继承他的事业。所以具有大德(大孝)的人,一定会得到天子的职位,一定会得到丰厚的俸禄,一定会得到美好的名声,一定会得到健康和长寿。所以上天化育生物,必因他的本质而加厚,假使这物体根本坚固,可以栽培,天就加意培养他。假使这物体根本动摇,不免倾覆,天就将它倾覆了。《诗经·大雅·假乐》说:'嘉美喜乐的君子,有这样显著的美德,既适合于在下位的民,又适合于在上位的人,所以能从上天接受福禄,保佑他们代代做天子,这是出自上天的意志啊!'因此,有大德的人,一定受命于天。"

【注释】

　　①与:同"欤"。吧。语气词。　②圣人:具有最高智慧和道德的

人。　③尊：尊贵。　④富：财富。　⑤四海之内：泛指全国范围内。
⑥宗庙享之：指在宗庙里受祭献。宗庙，古代天子诸侯祭祀其祖先的
庙。享：祭献。　⑦保：保守、保持。　⑧位：指至尊的天子之位。
⑨名：名声、名誉。　⑩因：按照。　⑪材：质量、本质。　⑫笃：厚。
⑬覆：摧败。　⑭《诗》：指《诗经·大雅·假乐》，是一首歌颂周成王的
诗。引诗为《假乐》篇中的第一章，重申有大德者必受命这一观点。
⑮嘉乐：喜欢、快乐。嘉，原诗为"假"字，嘉与假，同音假借字。　⑯君
子：指周成王。　⑰宪宪：显著、盛明的样子。原诗为"显显"，意同。
⑱令德：美德。令，善、美。　⑲民：指没有地位的平民。　⑳人：指士
大夫以上，有地位的贵族。　㉑申：重。指重申其命。

【评述】

本章以舜大德必受命为例，阐明中庸之道的功用，教育人们以舜
为榜样，慎修中庸之道。

汉郑玄说："言善者天佑其福，恶者天佑其毒，皆由其本而为之。"
（《十三经注疏·中庸》）唐孔颖达说："此一节明中庸之德，故能富有天
下，受天之命也。"（同上）宋程颢说："中庸之行，孝弟而已。如舜之德
位皆极，流泽之远，始可尽其孝。故禄位名寿之皆得，非大德其孰能致
之？故夫妇之不肖，可以能焉，及其至也，虽圣人亦有所不能焉。"（《二
程集·中庸解》）宋朱熹说："此由庸行之常，推之以极其至，见道之用
广也。而其所以然者，则为体微矣。"（《四书集注·中庸章句》）

本章以大孝之虞舜为例，说明中庸之道其用之广。分三层意思加
以剖析。首明舜之德，舜是大孝之人，论他的道德，已至圣人之境；论
他的地位，已贵为天子；论他的富有，已掌握全国的财富，死了之后，世
世受宗庙的祭祀，他的子子孙孙又能世世代代保守着尊贵的地位和充
足的财富。究其原因，他具有中庸之德。可见有中庸之德的圣人必得
尊位，必得厚禄，必得高名，必得大寿。其次说明天之生物，随物之性
质而厚之、毒之。因为天之生物，并不一概扶植，必因其材质而加厚
之，倾覆之。如同树木一样，可栽植之材，必加培育，如虞舜、夏禹，有

大德,使居其位,赐其禄。不可栽植之材,必倾覆之,如夏桀、殷纣,荒淫失德,不使居其位,夺其俸禄。以明修中庸之德的重要性。第三,引《诗经·大雅·假乐》第一章强调说明中庸之道的功用。具有中庸之德的乐善君子,天一定保佑他,让他作天子,治理人民。诚如孔子所作的结论一样,"故大德者必受命!"受命为天子。也如孟子所说:"古之人修其天爵而人爵从之。"以见中庸之道功用广大。

十八、无 忧 章

子曰:"无忧①者其惟文王乎! 以王季②为父,以武王③为子,父作④之,子述⑤之。"

【今译】

　　孔子说:"古代帝王中境遇最好,无忧无虑的,恐怕只有周文王了。贤德的王季是他的父亲,圣哲的武王是他的儿子。父亲开创基业,儿子继承王业,还有什么可忧愁呢?"

【注释】

　　①忧:忧愁、忧虑。　②王季:名季历,周太王古公亶父第三子。古公亶父卒后,由季历继位,修太王遗业,笃行仁义,因其子姬昌贤能,传位于昌。武王建立周王朝,追尊季历为王季。　③武王:西周王朝的建立者,姬姓,名发。文王之子。他继承文王遗志,灭殷商,建周朝,建都于镐(今陕西西安南沣水东岸)。　④作:开创、创业。　⑤述:继承。

【评述】

本章论述文王、武王圣德相承,周公制礼作乐,均合乎中庸之道。分三节加以说明。本节论文王继王季之绪胤,启武王之王业。父作子述，合乎中庸之道。

汉郑玄说："圣人以立法度为大事，子能述成之，则何忧乎？尧、舜之父子，则有凶顽。禹、汤之父子，则寡令闻。父子相成，唯有文王。"（《十三经注疏·中庸》）唐孔颖达说："文王以王季为父，则王季能制作礼乐，文王奉而行之。文王以武王为子，武王又能述成文王之道，故无忧也。"（同上）宋程颢说："此章言庸行本于孝。文、武、周公皆尽孝者也，所以父作子述而无忧者。文王之所致，犹舜之德为圣人，尊为天子。"（《二程集·中庸解》）宋朱熹说："此言文王之事。《书》言'王季其勤王家'，盖其所作，亦积功累仁之事也。"（《四书集注·中庸章句》）

文王姓姬名昌，殷时之诸侯，为西伯。王季名季历，文王父。武王名发，文王子，灭纣而为天子，建立周朝。王季、文王、武王三代，父亲创业，儿子继志，文王承先启后，可说是无忧的了。

关于文王是否有"忧"。从汉郑玄以来，历代学者大都主文王无忧之说。宋朱熹说："文王自公刘、太王积功累仁，至文王适当天运恰好处，此文王所以言无忧。"（《朱子语录》）清张岱说："此节拈出太王作前有作，末节拈出周公述后有述。安得有忧？'武王缵太王、王季、文王之绪'，则是'父作之'内，已兼有文王；'周公成文武之德'，则是'子述之'内，亦兼有文王。可见肇基鹰扬，皆文王意中事，何忧之有？"（《四书遇》）而明韩求仲持不同看法，说："文王一生忧勤。子思此论是翻案。"（引自《四书遇》）

"武王缵①大王②、王季、文王③之绪④，一戎衣⑤而有天下，身不失天下之显名⑥，尊为天子，富有四海之内，宗庙享之，子孙保之。"

【今译】

"武王继承太王、王季、文王开创的基业，穿上战袍，征讨纣王，竟能夺取天下,由于武王诛戮的是独夫纣王,所以没有失去忠孝的好名声,而成为尊贵的天子,掌握天下的财富,享受宗庙的祭祀,子孙永保周朝的王业。"

【注释】

①缵(zuǎn):继承。　②大王:即王季之父古公亶父,周朝基业的创立者,周武王建立周朝,追封为大王。"大",古读"太"。　③文王:姓姬名昌,季历子,继季历为诸侯,在位五十年,国力强盛,三分天下有其二,仍奉殷为天子。为武王灭纣打定坚实基础。　④绪:事业。这里指前人未竟的功业。　⑤一戎衣:有不同解释,一作一著戎衣以伐纣,一作歼灭大殷。　⑥显名:昭明于世的好名声。

【评述】

本节论武王继大王、王季、文王的事业,灭纣而有天下,贵为天子,开周王朝八百年之基业,合于中庸之道。

唐孔颖达说:"武王能继父祖之业以王天下,用兵伐纣而胜之。"(《十三经注疏·中庸》)宋程颢说:"武王之孝,能不失显名,而尊为天子。"(《二程集·中庸解》)宋朱熹说:"此言武王之事。"(《四书集注·中庸章句》)又说:"如尧、舜与汤、武真个争分数,有等级。只看圣人说:'谓《韶》尽美矣,又尽善也;谓《武》尽美矣,未尽善也'处,便见。"(《朱子语类·中庸二》)宋陈孔硕说:"周家之业,自大王迁岐,从如归市,是时人心天意,已有为王之基矣。"(《中庸讲义》)

本节叙述武王伐纣而有天下之事。周朝自古公亶父迁岐,人民从之者如归市,此时已人心所向,但其尚未有篡商之志。到了武王才灭纣而有天下。故子思认为此天命人心之极,不得而辞。在本节中将武王伐纣而有天下之事与尧、舜之禅让视为一事而加以赞颂。

关于"一戎衣",历来有不同解法。一作"灭大殷"解。郑玄、陈乔枞主此说。郑玄说:"'衣'读如'殷',声之误也。齐人言殷声如衣。虞、夏、商、周氏者,多矣。今姓有衣者,殷之胄,与一戎殷者,一用兵伐殷也。"(《十三经注疏·中庸》)陈乔枞说："朱子说'一戎衣'见《尚书·武成篇》,但《今文尚书》无《武成》。'一戎衣'即《康诰》之'一戎殷'。……'一戎殷'就是灭大殷。"(《礼记郑读考》)陈乔枞根据郑玄之意而加以发挥考述。一作"一著戎衣"解。唐孔颖达说："按郑注'衣读为殷'。《尚书·武成》云:一戎衣谓一著戎衣而灭殷。此云'一'者,以经武王继大王、王季、文王三人之业,一用灭殷,对三人之业为一耳。由三身之业,故一身灭之。郑(玄)必以衣为殷者,以十一年观兵于孟津,十三年灭纣,是再著戎衣,不得称一戎衣,故以衣为殷。故注云:'齐人言殷声如衣'。"(《十三经注疏·中庸》)宋朱熹说："一戎衣,《武成》文,言一著戎衣以伐纣也。"(《四书集注·中庸》)宋陈仲硕说："武王一擐戎衣,以有天下。"(《中庸讲义》)

武王末①受命,周公②成文武之德,追王③大王、王季,上祀④先公⑤以⑥天子之礼。斯礼也,达⑦乎诸侯⑧、大夫⑨及士⑩、庶人⑪。父为大夫,子为士,葬以大夫,祭以士。父为士,子为大夫,葬以士,祭以大夫。期⑫之丧⑬,达乎大夫。三年之丧,达乎天子。父母之丧,无贵贱一⑭也。

【今译】

　　武王接受天命做天子的时候,年纪已经老了。周公继承和发展文王、武王的大德,近则追封古公亶父、季历为王,远则尊组绀以上至后稷为先公,用天子之礼来祭祀他们。这种礼制,通达到诸侯、大夫以及士和庶人,都可以用来表达孝思。譬如父亲是大夫,儿子是士,父亲死时葬用大夫礼,祭祀用士礼。如果父亲是士,儿子是大夫,父亲死时葬用士礼,祭祀用大夫礼。周公又制定丧服的礼制。一年的丧服,从庶人达到大夫为止。三年的丧服,从庶人达到天子。父母的丧服,没有贵贱的分别,都是一样的。

【注释】

①末:老、晚年。   ②周公:姓姬名旦,文王之子,武王之弟,故又称"叔旦",因采邑在周地(今陕西岐山北),又称"周公"。西周初年政治家。曾助武王灭纣,镇压武庚及三叔叛乱,辅成王摄政,分封诸侯,制礼作乐,建立西周一系列典章制度。   ③追王(wàng):追尊……为王。   ④祀:祭祀。   ⑤先公:指古公亶父之父组绀上溯到始祖后稷的历代祖先,称先公。   ⑥以:用。介词。   ⑦达:至、到。   ⑧诸侯:指西周、春秋时天子分封的各国国君。分公、侯、伯、子、男五等。⑨大夫:周代国君之下有卿、大夫,管理国家政事。卿称上大夫,大夫称下大夫。一般泛称大夫。   ⑩士:周代级别最低的贵族阶层。春秋时,士多为卿、大夫家臣。有的有食田,有的以俸禄为生。   ⑪庶人:西周以后对农业生产者的称呼,其地位次于士而高于工、商、皂、隶。一般指平民。   ⑫期(jī):指一整年。   ⑬丧:丧礼。指丧葬祭奠之礼,古称"凶礼"。   ⑭一:一致、一律。

【评述】

本节论述周公成文王、武王之德,制礼作乐,推行孝道,均符合中庸之道。

汉郑玄说:"末,犹老也。追王大王、王季者,以王迹起焉。先公,组绀以上至后稷也。斯礼,达于诸侯、大夫、士、庶人者,谓葬之从死者之爵,祭之用生者之禄也。"(《十三经注疏·中庸》)宋朱熹说:"此言周公之事。追王,盖推文、武之意,以及乎王迹之所起也。先公,组绀以上至后稷也。上祀先公以天子之礼,又推大王、王季之意,以及于无穷也。制为礼法,以及天下,使葬用死者之爵,祭用生者之禄。丧服自期以下,诸侯绝,大夫降;而父母之丧,上下同之,推己以及人也。"(《四书集注·中庸章句》)宋陈淳说:"周公以文、武之意,追尊其先祖,又设为礼法,通行此意于天下。"(《北溪大全集·中庸口义》)

本节叙述武王即天子位时已经年老,卒后,由周公相成王摄政。周公成文王、武王之德,做了两件事。

一是追王、祀先公。即追封古公亶父、季历为大王、王季，加上王号。上祀组绀以上至始祖后稷为先公。关于追王是否周公所为，因证据不足，尚属存疑。朱熹考《武成》《金縢》《礼记大传》。《武成》有这样的记载："大王肇基王迹，王季其勤王家，我文考文王。"《金縢》册有这样的记载："乃告太王、王季。"《礼记大传》有这样的记载："牧野之奠，追王太王、季历、文王昌。"因此，怀疑武王时已经追封王，未必是从周公开始。他推测说："武王时恐且是呼唤作王，至周公制礼乐，方行其事，如今奉上册宝之类。然无可证，姑阙之可也。"（《朱子语类·中庸二》）所以追王是否是周公开始，因证据不足，姑且存疑。至于上祀先公以天子之礼，这是周公制礼时实行。礼家载祀先王服衮冕，祀先公服鷩冕。鷩冕，诸侯之服。可见，虽上祀先公以天子之礼，然不敢以天子之服用之于先公。但鷩冕、旒玉与诸侯不同。天子之旒十二玉，虽与诸侯同是七旒，但天子七旒十二玉，诸侯七旒七玉，是有区别的。

二是定礼制。天子以天子之礼祭祀以前的祖宗。从天子到诸侯、大夫、士与庶民，都照这个原则执行，即葬时用死者的爵位行礼，祭时则以其子的爵位行礼。旁系亲属的一年之丧，只到大夫为止。天子、诸侯可以降服。直系亲属的三年之丧，则天子亦须遵守。至于父母之丧，则无贵贱的区别，都服三年之丧。周公做的这两件事，都是成文武之德，符合于孝道。

以上三节叙述文王、武王、周公之事，他们布大德于天下，合于中庸之道。

十九、达　孝　章

子曰："武王、周公，其①达孝②矣乎！"

【今译】

孔子说:"武王、周公,大概是最孝顺的啊!"

【注释】

①其:大概。　②达孝:天下之人通称之为孝。达,通。

【评述】

本章承上章,论述武王、周公上成先祖之德,修其宗庙,行郊祀之礼。阐明孝是人的庸德,通至家国天下,其意义甚大。分四节叙述。首节总述武王、周公天下人通称之为大孝,以之为准则。

宋程颢说:"周公则达孝于天下,是皆尽孝者也。"(《二程集·中庸解》)宋朱熹说:"达,通也。承上章而言武王、周公之孝,乃天下之人通谓之孝,犹孟子之言达尊也。"(《四书集注·中庸章句》)宋陈淳说:"通天下皆称之,非一人私谓之孝也。"(《北溪大全集·中庸口义》)宋真德秀说:"舜之孝,如天之不可名,故曰大。武王、周公之孝,天下称之无异辞,故曰达。"(《西山先生真文忠公文集》)

此章承上章之意,达,作通字讲。达孝,就是天下之人公认为孝,而非一人私称之为孝。周公是孔子心目中最敬仰的圣人之一,他上继文王、武王的圣德,制礼作乐,修其宗庙,行郊社之礼,以孝治国,故天下之人称他达到了孝的最高标准。

孝是中华民族的传统美德。孔子要求人们对父母尽孝,做到"生,事之以礼;死,葬之以礼,祭之以礼"。这个要求,是周公制订的,而他自己率先遵守,以后形成制度,"自天子以至于庶人",都循此而行,形成一种尊老爱幼的传统美德。对于增强中华民族的凝聚力,具有重大意义。

"夫孝者,善①继人之志,善述②人之事者也。春秋③修④其祖庙⑤,陈⑥其宗器⑦,设⑧其裳衣⑨,荐⑩其时食⑪。宗庙之礼,所以序昭穆⑫也;序爵⑬,所以辨贵贱也;序事⑭,所以辨贤也；旅酬^⑮下为上，所以逮^⑯贱也；燕毛^⑰，所以序齿^⑱也。"

【今译】

"孝，就是要善于继承前人的志向，善于发展前人的事业。每当春秋祭祀时节，修葺、洒扫祖庙，把祖宗所藏的重器陈列出来，把祖宗遗留下来的衣服摆设出来，奉献应时的食品供祖宗享用。宗庙祭祀的礼仪，是用来区分先后顺序的；排列等级，是用来区别贵贱地位的；排列职事，是用来分辨才能的；晚辈们都举杯为自己的长辈敬酒，是用来使低贱的人因行旅酬之礼而感到光荣的；饮酒时按照头发的颜色排座位，这是用来区分长幼次序的。"

【注释】

①善：善于。有委曲变通之意。　②述：遵循、依照。　③春秋：四季的代称。这里指祭祖的时节。　④修：洒扫清洁之意。　⑤祖庙：奉祀祖先的宫庙。祖，古代祭祀祖先叫"祖"。　⑥陈：陈列。　⑦宗器：祭器。古代宗庙祭祀时所用的器物。　⑧设：陈设、摆设。　⑨裳衣：衣裙。古代上衣而下裳。裳，裙。　⑩荐：进献。　⑪时食：时鲜食品。　⑫昭穆：古代的一种宗法制度。宗庙中排列神主的次序是有规定的。始祖庙居中，以下父子按左昭、右穆的次序排列。这里指祭祀时，可以排列出父子、长幼、亲疏的秩序。　⑬爵：爵位。　⑭事：祭祀时的职事。　⑮旅酬：旅，众。酬，以酒相劝。古代在宗庙中一种饮酒的礼节。众子弟举杯为自己的长辈敬酒。　⑯逮：及、及于。　⑰燕毛：燕，同"宴"，宴会。毛，头发。祭祀完毕，举行宴会时，以毛发颜色（白发、黑发）来区别长幼，安排座次。　⑱序齿：按年龄大小排定席次或饮酒顺序。齿：年龄。

【评述】

本节叙述周公达孝的内容：继志、述事。修宗庙，行祭祀之礼，奉行孝道。

宋程颢说:"武王、周公,盖善继文王之志,善述文王之事。故修其祖庙,所以继文王事亲之志,序爵序事,所以述文王事亲之事也。"(《二程集·中庸解》)宋朱熹说:"上章言武王缵太王、王季、文王之绪,以有天下,而周公成文、武之德,以追崇其先祖,此继志、述事之大者也。下文又以其所制祭祀之礼、通于上下者言之。"(《四书集注·中庸章句》)

周公达孝的内容,在于继志、述事。继志,继承先人之遗志,如文王有志伐纣,武王能继而承之,武王开创周朝基业,周公能继而承之,以礼治国,巩固王业。述事,如文王有文德为王基,而周公制礼以赞述之。综合二者,以事亲为大。

祖庙,祖宗神位所在的宫庙。《王制》说:"天子七庙,三昭、三穆与太祖之庙而七。诸侯、大夫、士降杀以两,而祭法又有适士二庙,官师一庙之文,大抵士无太祖,而皆及其祖考也。"由此看来,天子庙七,诸侯五,大夫三,适士二,官师(诸有司之长)一,尊卑有序,等级森严。位尊则祖泽长,位卑则流泽浅。官师一庙,只祭父母,不及其祖。宗器,先世所藏的重器,像周之赤刀、大训、天球、河图等都是。裳衣,是祖先穿过的衣服,祭祀时陈设出来,以作神位,表示神灵在此。时食,四时应时的食物,以荐于祖先。如春用羔(小羊)、豚(小猪),物嫩而肥,故用之于春。如香,即牛膏,调膳之时,和其余物,即现在所说调料。祭祀时进献给祖宗,以不忘先人的恩泽。

至于宗庙里的神位排列,也是有制度规定的。始祖居中,左为昭,右为穆,按昭、穆次序供奉。祭祀行礼于宗庙,子孙也按左昭右穆的次序排列。序爵,以官爵的大小为序,按公、卿、大夫、士排列,爵位尊的在前,爵位卑的在后,以辨别贵贱。序事,是宗庙行礼时,分别才能,使各司一职,谁可以为宗而诏相,谁可以为祝而祝嘏,谁可以赞裸献,谁可以执笾豆,至于执爵沃盥,无不辨其贤能的大小而各任一职,以体现尊贤之意。旅酬,是众人同饮酒之意。朱熹说:"旅,众也。酬,导饮也。旅酬之礼,宾弟子、兄弟之子各举觯于其长而众相酬。盖宗庙之中,以有事为荣,故逮及贱者,使亦得以申其敬也。"(《四书集注·中庸章句》)这就是说,在祭祀的大节目已结束,饮福受胙之后,众人饮酒,主人先举觯献宾,宾饮毕,即以觯授于执事者,执事者则将它献给长辈,向下传递,献及于沃盥者而止。沃盥是执盥洗之事,是由地位最低的人承担。在饮酒时,即使地位最低的人也能顾及,下为上所酬,体现恩及于下,关心下人之意。燕毛,燕通宴;毛同耄,老也。宴老人,以年齿为序。祭毕宴会,以毛发之色别为长幼,以年岁的大小为次序而坐席,体现尊敬长者之意。这是说宗庙祭祀、宴饮的礼节,体现祭则贵贵,贵贵则尚爵;燕则亲亲,亲亲则尚齿。而这些宗庙祭祀、宴饮之礼,都是周公制定的,这是符合中庸之道的。

"践①其②位③,行其礼,奏其乐,敬其所尊,爱其所亲。事死④如事生,事亡⑤如事存,孝之至⑥也。"

【今译】

"升起先祖的牌位,奉行祭祀的礼节,奏起祭祀的音乐,敬先王所尊的祖宗,爱先王所亲的子孙臣民。先王已死,奉事他好像活着的一样,先王虽亡,奉事他好像存在的一样,这可说是尽孝到极点了。"

【注释】

①践:登、履、升。　②其:指先王、先祖。以下的"其"所指均同。③位:牌位,神主。　④死:刚去世叫作死。　⑤亡:既葬叫作亡。⑥至:尽、极。

【评述】

本节总结上文继志、述事之意,指出事死如事生,事亡如事存,是尽孝到了极点。

汉郑玄说:"践,犹升也。言孝子升其先祖之位,行祭祀之礼也。"(《十三经注疏·中庸》)宋程颢说:"追王之礼,下达于士庶,上达乎祖,此之谓达孝。"(《二程集·中庸解》)宋朱熹说:"践,犹履也。其,指先王也。所尊所亲,先王之祖考子孙臣庶也。始死谓之死,既葬则曰反而亡焉,皆指先王也。"(《四书集注·中庸章句》)宋叶味道说:"其,指文王而言。"(《文集》)

本节从祭祀先王时,应升先王之位,行先王之礼,奏先王之乐。继承先王之礼而不废。从行动上,应尊先王之所尊,爱先王之所亲,继承先王尊尊、亲亲的高贵德行而不辍。对于先王,应事死如事生,事亡如事存,继志、述事,这就是孝之极了。

"郊社①之礼,所以事②上帝也。宗庙之礼,所以祀乎其先③也。明乎郊社之礼,禘尝④之义,治国其如示之掌⑤乎。"

【今译】

"祀天的郊礼和祭地的社礼,是用来奉侍皇天和后土的,报答他们生成的恩惠。宗庙的礼,是用来奉祀祖先的,报答他们的功德。明白郊社祭祀上帝和后土的礼,宗庙祀祖宗的义,那么治理国家好像放在自己手掌上的东西那样容易掌握了。"

【注释】

①郊社:周朝在冬至的时候,于南郊举行祭天的仪式,称之为"郊"或"郊天"。夏至的时候,在北郊举行祭地的仪式,称之为"郊"或"郊社"。 ②事:奉事。 ③先:祖先。 ④禘(dì)尝:禘,古代一种极为隆重的祭礼,只有天子才能举行。这里所说禘祭,应为宗庙四时祭祀之一,于夏季举行。尝,四时宗庙祭祀之一,在秋季举行。《礼记·王制》:"天子诸侯宗庙之祭,春曰礿,夏曰禘,秋曰尝,冬曰烝。" ⑤示(zhì)之掌:放置在手掌上的东西,言极为容易。

【评述】

本节阐明郊社之礼、宗庙之礼与治国的关系,说明社在治国中的重大作用。

汉郑玄说："示，读如置。置之河干之置。若能明此序爵、辨贤、尊亲，则治理其国，其事为易，犹如置物于掌中也。"(《十三经注疏·中庸》)宋朱熹说："郊，祭天；社，祭地。禘，天子宗庙之大祭，追祭太祖之所自出于太庙，而以太祖配之也。尝，秋祭也。四时皆祭，举其一耳。礼必有义，对举之，互文也。示，与视同。视之掌，言易见也。此与《论语》文意大同小异，记有详略耳。"(《四书集注·中庸章句》)

在我国古代，"国之大事，在祀与戎"。祀以郊社祭天地之礼和禘尝祭祖先之礼为大。天地是人之本，祖先是生之本，祭祀天地祖先，同是不忘本，不忘己之所从来，是一种极大的至诚。所以用极大的虔诚来履行祭祀，犹如有鬼神在上下左右监察一样，若有为非作恶的念头，就要受到惩罚，因而自觉律己。古代政教合一，天人合一，所以通过祭祀天地、祖先，可以调整人与人之间的关系，稳定社会秩序，就可以通于治国。

关于"示"字，郑玄释为"置"；朱熹释为"视"。示之掌，郑玄理解为像放在手掌上一样；朱熹理解为"视之掌，言易见也"。均之两说，以郑说为长。

本章共四节，主要论述了武王、周公善于继志、述事，是达孝之人，他们修宗庙，行郊社之礼。重祭祀，以礼来治理国家，合乎中庸之道。

二十、问　政　章

哀公①问政②。子曰："文武③之政，布④在方策⑤。其人存，则其政举⑥；其人亡，则其政息⑦。人道⑧敏⑨政，地道⑩敏树。夫政也者，蒲卢⑪也。"

【今译】

　　鲁哀公向孔子问政治。孔子回答说："文王、武王所推行的政治，都记录陈列在木版和竹简上，现在仍明明白白可以稽考。圣君贤臣存在着，那么政治就顺利推行；圣君贤臣没有了，那么政治就会停息。用君臣协德的人道推行政治就会立即见效，正像树木种在地上就会迅速成长一样。文王、武王时的政治，由于圣君贤臣相配合，立即产生治国平天下的效果，好像蒲苇生长一样迅速。"

【注释】

　　①哀公：鲁国国君，名蒋，在位二十七年，谥"哀"。　②政：政治。③文武：周文王和周武王。　④布：陈列。　⑤方策：指典籍。方、方版；策，同册，竹简。古时书写在木版和竹简上。　⑥举：举起，引申为推行。　⑦息：止息、息灭。　⑧人道：指以人施政的道理。与"天道"相对。　⑨敏：迅速、敏捷。　⑩地道：指以沃土种植植物的道理。⑪蒲卢：即蒲苇。卢，同芦。

【评述】

　　本章言为政之道。论证中庸之行可以通于为政之道。内容较多，按其脉络层次，分十四小节论述。

　　本节首论人存政举，人亡政息的人治观点。

　　汉郑玄说："方，版也。策，简也。息，犹灭也。敏，犹勉也。树，谓植草木也。人之无政，若地无草木矣。蒲卢，蜾蠃，谓土蜂也。《诗曰》：'螟蛉有子，蜾蠃负之。'螟蛉，桑虫也。蒲卢取桑虫之子去而变化之，以成为己子。政之于百姓，若蒲卢之于桑虫然。"（《十三经注疏·中庸》）唐孔颖达说："文王、武王为政之道，皆布列于方牍简策。虽有简策，其事久远。若得其人道德存在，则能兴行政教；其人若亡，不能兴举政教。若位无贤臣，政所以绝灭。为人君当勉力行政，为地之道亦勉力生殖也。人之无政，若地无草木。蒲卢取桑虫之子以为己子，善为政者，化养他民，以为己民，若蒲卢然也。"（同上）宋朱熹说：

"有是君,有是臣,则有是政矣。敏,速也。蒲卢,沈括以为蒲苇是也。以人立政,犹以地种树,其成速矣。而蒲卢又易生之物,其成尤速也。言人存政举,其昌如此。"(《四书集注·中庸章句》)宋陈孔硕说:"人有良心,人之道也,敏于从政,令之必行。地有生意,地之道也,敏于种树,殖之必生。人之易化,于政可见,物之易生,于蒲苇可见。"(《中庸讲义》)

本节孔子总结为政之道,提出人存政举,人亡政息的见解。文王、武王所施行政事的方针、政策,都载在典籍上。当他们活着的时候,一切政事都能举行;当他们死了,他们的政事也就息灭了。这是儒家主张"人治"的观点,说明人存政举,人亡政息,为政在人。

蒲卢,有两种解释,郑玄说是"土蜂",比喻"化养他民以为己民"。朱熹根据沈括解释,说是"蒲苇",易生长之物。以其容易生长这一点,借喻有贤人则为政易见成效。两说都是比喻,似以后说较为合理。

"故①为政在人,取人②以③身④,修身以道⑤,修道以仁⑥。仁者人也,亲亲为大⑦,义⑧者宜⑨也,尊贤⑩为大。亲亲之杀⑪,尊贤之等⑫,礼所生⑬也。"

【今译】

"所以国君要想处理好国家政务,关键在于人才。而要获得人才在于修身,修身就要用中庸之道,而修中庸之道必须用仁。仁就是爱人,博爱众生。其中亲爱自己的父母是仁中最大的要事。有仁必有义,义能分别事理,各尽所宜,其中尊重贤人是义中最大的要事。爱亲人有程度之分,有主有次;尊贤人有等级之分,有厚有薄。这些都是从礼仪中产生出来的。"

【注释】

①故:所以。　②取人:选取人才。　③以:用。介词。　④身:指修身。　⑤道:指中庸之道。　⑥仁:是孔子心目中的一种最高道

德的名称,有多种解释。这里指爱人,也就是人们之间相亲相爱。

⑦亲亲为大:指人们虽然相亲相爱,但以爱自己的亲人为主。前一"亲"字为动词,作爱字讲。后一"亲"字为名词,作亲人讲。　⑧义:仁义。　⑨宜:适宜。　⑩尊贤:尊敬贤人。　⑪杀(shài):降等,减杀。　⑫等:等级。　⑬生:产生。

【评述】

本节承上文为政在人观点,加以发挥,指出施政者应是仁人,而仁人是修身的结果,强调修身明礼,以成仁人。

汉郑玄说:"取人以身,言明君乃能得人。"(《十三经注疏·中庸》)唐孔颖达说:"君行善政,则民从之。故欲为善政者,在于得贤人也。欲取贤人,先以修正己身,则贤人至也。欲修正其身,先须行于道德也。欲修道德,必须先备仁义。行仁之法,在于亲偶。欲亲偶疏人,先亲己亲,然后比亲及疏。若欲于事得宜,莫过尊贤。五服之节,降杀不同,是亲亲之衰杀;公卿大夫其爵各异,是尊贤之等。礼者,所以辨明此上诸事。"(同上)

宋朱熹说:"此承上文人道敏政而言也。为政在人,故《家语》作'为政在于得人'。语意尤备。人,谓贤臣。身指君身。道者,天下之达道。仁者,天地生物之心,而人得以生者。所谓元者善之长也,言人君为政,在于得人。而取人之则,又在修身。能修其身,则有君有臣,而政无不举矣。人,指人身而言,具此生理,自然便有恻怛慈爱之意,深体味之可见。宜者,分别事理,各有所宜也。礼,则节文斯二者而已。"(《四书集注·中庸章句》)宋陈孔硕说:"为政虽在得贤,然使吾身有所未备,则取舍不明,无以为取人之则。亲亲之中有隆杀,观五服之义可见矣。尊贤之中有等降,观隆师亲友之类可推矣。惟其有等杀,而后礼生焉。"(《中庸讲义》)宋真德秀说:"人之所以为人者,以其有是仁也,有是仁而后命之曰人,不然,则非人矣。"(《西山先生真文忠公文集》)

本节围绕"为政在人",层层深入地开展论述。首说应该怎样才能取得贤人？先要看他本身能不能以道修身，从自身做起，其身正，贤人归之。其次言以仁修道，才能成为仁人。《孟子·尽心篇》说："仁也者，人也。"《礼记·表记》说："仁者，人也。""仁"从二人，为人相偶之道，故古书多以"人"释"仁"。这就是说仁是做人的根本原则。《论语·学而》有子说："孝弟也者，其为仁之本与。"《孟子·尽心篇》说："仁之实，事亲是也。"又说："亲亲，仁也。"儒家所说的仁，由亲及疏，故以"亲亲"为本。再次言义，"义者，宜也"，分别事理。《法言·重黎篇》说："事得其宜之为义。"以"宜"训"义"。义以尊贤为大。最后言亲亲、尊贤，均为礼所生。亲亲是由于感情，尊贤是由于理智。先由最亲的人，推之于次亲的人，再由次亲的人，以推之于疏远的人。一等一等地推去，就是"亲亲之杀"。贤者也有等级，公卿大夫士。最贤者最宜尊敬，依次推去，就是"尊贤之等"。亲亲之杀，尊贤之等，都是由礼产生的。强调明礼修身，以成仁人。

"在下位①，不获②乎上，民③不可得④而治矣！故君子不可以不修身。思修身，不可以不事亲；思事亲，不可以不知人⑤；思知人，不可以不知天⑥。"

【今译】

"在下位的人臣，如果不先得到君主的信任，就不能得民心，就不能治理人民。所以君子不可以不着意修身。要想修身，就不能不奉侍父母、亲人。要想奉侍父母、亲人，就不能不了解人；要想了解人，不能不了解天。因为理是从天而出，知天才能知人。"

【注释】

①下位：指处在臣子的地位，与君位对比而言。　②获：获得。③民：人民。　④得：能。（以上三句，郑玄注应属于下文，此处误印重复，应删。）　⑤知人：了解人。　⑥知天：了解天，即知自然之理。

【评述】

本节继续论修身的步骤,逆推修身的要求。

汉郑玄说:"言修身乃知孝,知孝乃知人,知人乃知贤不肖,知贤不肖,乃知天命所保佑。"(《十三经注疏·中庸》)唐孔颖达说:"思念修身之道,必先以孝为本。既思事亲,不可不先择友取人也。欲思择人,必先知天时所佑助也。为人作善,降之百祥;不作善,降之百殃。当舍恶修善也。"(同上)宋朱熹说:"为政在人,取人以身,故不可以不修身。修身以道,修道以仁,故思修身不可以不事亲。欲尽亲亲之仁,必由尊贤之义,故又当知人。亲亲之杀,尊贤之等,皆天理也,故又当知天。"(《四书集注·中庸章句》)宋陈孔硕说:"修身而不本于事亲,则施之无序,失为仁之本矣。事亲之仁,不由尊贤之义,则善恶不明,失事理之宜矣。事亲、知人而等杀不明,不知天理者也。《诗》曰:'天秩有礼。'故于此又当知天自礼所生也。以上推其理之所由生,自君子不可以不修身以下,绎其义之所以贯。"(《中庸讲义》)

本节承上节而来。君子要治国,不可以不修身,修身乃治国平天下之本。如何修身?"孝弟乃仁之本"。思修身不可以不事亲,行孝弟之道。从孝父母出发,而以孝事亲属,如此,必须知"尊贤之义",取益友以辅仁,故不可以不知人。天命之谓性,人之性、命出自天,天即自然之理,故不可以不知天。这是《中庸》开头"天命之谓性"的逆推。根本在修身,然修身得力处却在知天。知天是知至、物格,知自然道理。知天是开头处,能知天,则知人、事亲、修身,皆得其理了。

　　"天下之达道①五,所以行之者三。曰:君臣也,父子也,夫妇也,昆弟②也,朋友之交也。五者,天下之达道也。知③、仁④、勇⑤三者,天下之达德⑥也。所以行之者一⑦也。"

【今译】

　　"天下古今共同必经的路有五条,用来实践这五条路的方法有三种。就是说,君臣、父子、夫妻、昆弟以及朋友之间的交往,处理好这五种关系,就是天下古今所共同必经的路。智、仁、勇三者,就是天下古今实行达道的达德。但是实行起来只落实在一个诚字上。"

【注释】

①达道:天下古今所共同必经的路,靠智、仁、勇三者实行。②昆弟:兄弟。昆,兄长。 ③知:智慧。 ④仁:仁德。 ⑤勇:勇敢。 ⑥达德:天下古今所同得之理,即通行于天下的美德,落实在一个诚字上,依靠诚而实行。 ⑦一:诚实、至诚。

【评述】

本节论述五达道、三达德,指出实行时只落实在一个"诚"字上,依靠诚而实行。

汉郑玄说:"达者,常行百王所不变也。"(《十三经注疏·中庸》)唐孔颖达说:"君臣、父子、夫妇、昆弟,朋友之交,皆是人间常行道理,事得开通,故云达道。知、仁、勇,人所常行,在身为德,故云天下之达德也。百王以来行此五道三德,其义一也,古今不变也。"(同上)宋程颢说:"所谓达道者,天下古今所共行。所谓达德者,天下古今之所共有。虽有共行之道,必知之、体之、勉之,然后可行。虽知之、体之、勉之,不一于诚,则有时而息。"(《二程集·中庸解》)宋朱熹说:"达道者,天下古今所共由之路,即《书》所谓五典,《孟子》所谓父子有亲、君臣有义、夫妇有别、长幼有序、朋友有信是也。知,所以知此也;仁,所以体此也;勇,所以强此也。谓之达德者,天下古今所同得之理也。一,则诚而已矣。达道虽人所共由,然无是三德,则无以行之。达德虽人所同得,然一有不诚,则人欲间之,而德非其德矣。"(《四书集注·中庸章句》)宋陈孔硕说:"《书》言五典,《孟子》言五者人之大伦。典,常也;伦,理也。出于天理,而可以常行。其《中庸》达道之谓乎。"(《中庸讲义》)宋蔡渊说:"达道本于达德,而达德又本于诚。诚者,达道、达德之本,而一贯乎达道、达德者也。"(《中庸通旨》)宋真德秀说:"一者,诚也。三者皆真实而无妄，是之谓诚。道虽人所共由，然其知不足以及之，则君之当仁，臣之当敬，子之当孝，父之当慈，未必不昧其所以然。知虽及之，而仁不能守，仁虽能守，而勇不能断，则于当行之理，或夺于私欲，或蔽于利害，以至蔑天常而败人纪者多矣。德虽人所同得，然或勉强焉，或矫饰焉，则智出于数术，仁流于姑息，勇过于强暴，而德非其德矣。故行之必本于诚。"（《西山先生真文忠公文集》）

达道，就是人人共由之路。人与人之间的关系，在我国古代有君臣、父子、夫妇、兄弟、朋友五种，称为"五伦"，这是常行之道。达德，就是人人应有的德性。知，智慧；仁，仁爱；勇，勇敢，是天下古今所同得之理。孔子说："仁者不忧，知者不惑，勇者不惧。"（《论语·宪问》）这是三项君子之德。但实行的时候，如过与不及，就会产生蔽端。孔子曾教育过子路，如果爱好仁德而不爱好学习，它的蔽病是容易被人愚弄；爱好智慧而不爱好学习，它的蔽病是容易放荡；爱好武勇而不爱好学习，它的蔽病是容易闯祸（《论语·阳货》）。所以他用"学习"来总摄智、仁、勇三种美德，使之具有真正的学问涵养而纠正流弊。在这里，孔子又从另一角度，指出在实行智、仁、勇时，应用一个"诚"字来统摄。所谓诚，乃是诚实于心，至诚而能尽其性，更推之而尽人之性与物之性，就可以在实行智、仁、勇三达德时没有过与不及之弊而达到中庸之道了。

关于"所以行之者一也"的"一"，有两种理解。朱熹认为"一"是"诚"。按《孔子家语》，"一也"之下有"一者诚也"句。正与朱熹说法相合。而"诚"是中庸修身所强调的一个观点，所谓修身之道，惟在乎"诚"，用诚来总摄智、仁、勇三达德，是有道理的。而清王引之在《经义述闻》中说："一"是衍文。原句应是"所以行之者也"。正与上文"所以行之者三"相应，不当有"一"字。《史记·通津侯传》："智、仁、勇此三者，天下之通德，所以行之者也。"《汉书·公孙弘传》："仁、智、勇三者，所以行之者也。"皆无"一"字。郑玄《礼记注》注此句："一谓当豫也。"释"豫"而不释"一"，则郑注本无"一"字可知。他的说法也有一定理由,可备一说。均之二说,以"一"释诚,较合中庸原意。

"或①生而知之,或学而知之,或困②而知之,及③其知之一④也。或安⑤而行之,或利⑥而行之,或勉强⑦而行之,及其成功一也。"

【今译】

"用达德去行达道,从'知'的情况看,有的人天性聪明,生来就明白这达道,有的人通过用心学习,才明白这达道,有的人遇到困难,然后通过学习,才了解这达道。这三种人明白达道虽有难易先后的不同,但他们了解以后明白的程度完全是一样的。从'行'的情况看,有的人从容安适实行达道,有的人贪求利益实行达道,有的人力量不足勉强实行达道。这三种人行道虽有难易不同,等到成功的时候却是一样的。"

【注释】

①或:有的。　②困:困难、困窘。　③及:等到、及到。　④一:一样、一致。　⑤安:安适。　⑥利:利益。指为利益所驱动。　⑦勉强:力量不够而强求。

【评述】

本节论述不同资质、不同目的的人追求中庸之道,虽层次不同,但达到目的是一致的。

汉郑玄说:"困而知之,谓长而见礼义之事,已临之而有不足,乃始学而知之,此达道也。"(《十三经注疏·中庸》)梁皇侃说:"所知、所行,谓上五道三德,今谓百行皆然,非惟三五而已也。"(同上)唐孔颖达说:"或生而知之,谓天生自知也。或学而知之,谓因学而知之。或困而知之,谓临事有困,由学乃知。初知之时,其事虽别;既知之后,并皆是知,故云及其知之一也。无所求,谓安静而行之,贪其利益而行之,或畏惧

罪恶,勉力自强而行之。虽行之有异,及其所行成功是一也。"(同上)

宋程颢说:"求之有三,知之则一。行之有三,成功则一。所入之途,则不能不异;所至之域,则不可不同。故君子论其所至,则生知与困知,安行与勉行,未始有异也。既不有异,是乃所以为中庸。若乃企生知、安行之资为不可几及,轻困知、勉行为不能有成,此道之所以不明不行,中庸之所以难久也。"(《二程集•中庸解》)宋朱熹说:"知之者之所知,行之者之所行,谓达道也。以其分而言,则所以知者知也;所以行者仁也;所以至于知之成功而一者勇也。以其等而言,则生知安行者知也;学知利行者仁也,困知勉行者勇也。盖人性虽无不善,而气禀有不同者,故闻道有朝暮,行道有难易,然能自强不息,则其至一也。"(《四书集注•中庸章句》)宋陈淳说:"就知、仁、勇等级而言之,生知安行为知;知主于知,就知上放重,盖先能知之,而后能行之也。学知利行为仁,仁主于行,以行处为重,故知得须是行得也。困知勉行为勇,此气质昏懦之人,昏不能知,懦不能行,非勇则不足以进道。"(《北溪大全集•中庸口义》)宋吕祖谦说:"所入之途虽异,而所至之域则同,此所以为中庸。"(《吕祖谦文集》)

孔子把人的资质分为三等,生知、学知、困知。《论语•季氏》说:"生而知之者,上也;学而知之者,次也;困而学之,又其次也。"生知的人,不待学习,自然能掌握知识;次一等的是学知的人,须经过学习,才能掌握知识;再次一等的是困知,一时学不会,必须苦苦地学习,才能掌握知识。人的资质虽有高下之分,但通过不同的途径,掌握的知识是一样的。就实践来说,有的人安然自得地去做,有的人为利益所驱动而去做,有的人勉强着去做,做时目的、动机虽有不同,但达到成功之后,却是一致的。所以人的资质不同,实行的动机、目的也不同,只要坚持去做,获得的知识,取得的成功是一致的。

子曰:"好学近①乎知,力行近乎仁,知耻②近乎勇。"

【今译】

孔子说："好学不倦就接近于明智了,勉力行善就接近于仁义了,懂得耻辱就接近于刚勇了。"

【注释】

①近:接近。　②耻:耻辱、羞耻。

【评述】

本节承前节论述好学、力行、知耻接近于智、仁、勇三达德,为入德之门径。

唐孔颖达说:"能好学,无事不知,故云近乎知也。以其勉力行善,故近乎仁也。以其知自羞耻,勤行善事,不避危难,故近乎勇也。"(《十三经注疏·中庸》)宋程颢说:"好学非知,然足以破愚;力行非仁,然足以忘私;知耻非勇,然足以起懦。"(《二程集·中庸解》)宋朱熹说:"此言未及乎达德而求以入德之事。通上文三知为知,三行为仁,则此之近者,勇之次也。"(《四书集注·中庸章句》)宋真德秀说:"既言三达德,又教人以入德之路。夫智必上智,仁必至仁,勇必大勇,然后为至,然岂易遽及哉!苟能好学不倦,则亦近乎知矣;力行不已,则亦近乎仁矣;以不若人为耻,则亦近乎勇矣。盖好学所以明理也,力行所以进道也,知耻所以立志也,能于是三者用其功,则所谓三达德者,庶乎可渐致矣。"(《西山先生真文忠公文集》)宋赵顺孙说:"理之同得者为达德,近此德者为入德。"(《中庸纂疏》)宋蔡沉说:"三知主知,三行主仁,三近主勇。生知者,知之知也;学知者,仁之知也;困知者,勇之知也。安行者,仁之仁也;利行者,知之仁也;勉强行者,勇之仁也。好学者,知之勇也;力行者,仁之勇也;知耻者,勇之勇也。"(《书传》)

孔子认为好学、力行、知耻是入德之路。好学虽非智,但可以破愚,故"近乎知"。力行虽非仁,但能求仁,足以忘私,故"近乎仁"。知耻虽非勇,但能知耻,可以起懦,故"近乎勇"。好学、力行、知耻三者,本身并非智、仁、勇,但好学可以明理,力行可以进道,知耻可以立志,在这三方面用功,就差不多可以进入智、仁、勇的境界了。

关于本节开头的"子曰"两字,朱熹以为是"衍文"。他在《中庸或问》说:"《孔子家语》'成功一也'之下,还有哀公的说话,所以其下又用'子曰'。今无哀公的问说,而尚有'子曰'二文,所以是衍文。"清翟灏《四书考异》说:"按《汉书·公孙弘传》,此间有'故曰'二字,'子'字或是'故'字之误。"

"知斯①三者②,则知所以③修身;知所以修身,则知所以治人;知所以治人,则知所以治天下国家矣。"

【今译】

"知道好学、力行、知耻三件事,那么就知道怎样修身的道理了。既知道怎样修身,就知道怎样治人的道理了。既知道怎样治人,就知道怎样治天下国家的道理了。"

【注释】

①斯:这、此。指示代词。　②三者:指好学、力行、知耻三事。③所以:怎样。

【评述】

本节论述从好学、力行、知耻三者入手,具备了智、仁、勇三达德,则可以修身、知人、平治天下了。

汉郑玄说:"言有知、有仁、有勇,乃知修身,则修身以此三者为基。"(《十三经注疏·中庸》)宋程颢说:"知是三者,未有不能修身者也。天下之理,一而已。小以成小,大以成大,无异事也。举斯心以加诸彼,远而推之四海而准,久而推至万世而准。故一修身而知所以治人,知所以治人而知所以治天下国家。皆出乎此者何? 中庸而已。"(《二程集·中庸解》)宋朱熹说:"斯三者,指三近而言。人者,对己之称。天下国家,则尽乎人矣。言此以结上文修身之意,起下文九经之端也。"(《四书集注·中庸章句》)宋蔡沉说:"言修身而以治人,治天下国家结之,德必有道也;言天下国家九经而以修身起之,道必本德也。"(《书传》)

本节有总结上文之意。好学、力行、知耻三者是入德之门,是修身的基础。修身无非是修养智、仁、勇三达德。具备了三达德,而后可以平治天下。这就是《大学》所说"壹是皆以修身为本","身修而后家齐,家齐而后国治,国治而后天下平"了。

"凡为①天下国家有九经②,曰:修身也,尊贤也,亲亲也,敬③大臣④也,体⑤群臣也,子⑥庶民⑦也,来⑧百工⑨也,柔⑩远人⑪也,怀⑫诸侯也。"

【今译】

"凡国君治理天下国家有九条经常不变的定理。这就是说:第一要修身,第二要尊重贤能,第三要亲九族亲属,第四要敬重在朝辅政的大臣,第五要体恤在朝的文武百官,第六要慈爱广大老百姓,第七要招徕市肆的各种工匠,第八要优待、怀柔远方的来客,第九要抚服分封的诸侯。"

【注释】

①为:治理。　②九经:九条定理、九条常规、九条大纲。经、大纲、定理。　③敬:敬重、尊敬。　④大臣:指掌重权而有威望的辅臣、重臣。　⑤体:体恤。　⑥子:动词。即爱……如子。　⑦庶民:平民。一般老百姓。　⑧来:招徕,招集。　⑨百工:西周时对工奴的总称,后泛指各种手工业工匠。　⑩柔:怀柔、安抚。引申为优待。　⑪远人:有人指蕃国,有人指远方来客,外族人。均可通。　⑫怀:安抚、绥靖。

【评述】

本节论述治理国家的九条大纲。

汉郑玄说:"体,犹接纳也。子,犹爱也。远人,蕃国之诸侯也。"(《十三经注疏·中庸》)唐孔颖达说:"此夫子为哀公说治天下国家之道,有九种常行之事。论九经是目次也。接纳群臣,与之同体;子爱庶民,招徕百工。"(同上)宋程颢说:"此章言庸行。至于九经,尽矣。"(《二程集·中庸解》)宋朱熹说:"经,常也。体:设以身处其地而察其心也。子,如父母之爱其子也。柔远人,所谓无忘宾旅者也。此列九经之目也。"(《四书集注·中庸章句》)宋吕祖谦说:"天下国家之本在身,故修身为九经之本。然必亲师取友,然后修身之道进,故尊贤次之。由朝廷以及其国,故子庶民,来百工次之。由其国以及天下,故柔远人、怀诸侯次之,此九经之序也。视群臣犹吾四体,视百姓犹吾子,此视臣、视民之别也。"(同上)宋陈淳说:"远人非四夷之谓,如商贾宾旅之人,皆是离其家乡而来,须宽柔恤之。"(《北溪大全集·中庸口义》)宋陈孔硕说:"九经始于修身,身既修,则足以为万事之本。"(《中庸讲义》)

孔子为鲁哀公论述治理国家的常行而不变的九条大纲,然亦铺排有序。九经之用,体现了儒家的德治思想。一切皆本于德怀。天下国家无一物不在所抚,而不及于刑法。修身,为九经之本,要修身,必须有亲友之助,然后修身之道进。故次之以尊贤。道之所进,莫先于家,故次之以亲亲。由亲以及朝廷,故尊敬大臣,体恤接纳群臣,君臣同体。由朝廷以及其国,故爱护庶民,招徕百工。由其国以及天下,故柔远人,怀诸侯,井然有序。以修身为本,使天下国家得以治理,画出了儒家"导之以德,齐之以礼"的德治蓝图。体现了《大学》修身、齐家、治国、平天下的思想。

"修身则道^①立,尊贤则不惑^②,亲亲则诸父^③昆弟不怨^④,敬大臣则不眩^⑤,体群臣则士之报礼^⑥重^⑦,子庶民则百姓劝^⑧,来百工则财用足,柔远人则四方归^⑨之,怀诸侯则天下畏⑩之。"

【今译】

"能修身，便能确立中道。能尊贤，做事就不至于迷惑。能亲睦九族，父母、叔伯、兄弟都能和睦相处而无怨望。能敬重大臣，就能遇事不慌张，不受小人蛊惑。能体恤群臣，受恩惠的士臣都会重重地报效我。能像对儿子一样爱护老百姓，受我恩惠的老百姓就会服从我而努力生产，不致反抗。能招徕各种工匠，就会百货充足，财源茂盛。能安抚远方的蕃国和商旅宾客，就能使天下的人都来归顺。能抚服诸侯，就能四海一家，天下畏服。"

【注释】

①道：指中庸之道。　②惑：迷惑。　③诸父：指伯父、叔父。④怨：怨恨、怨望。　⑤眩(xuàn)：眼花。引申为迷惑。　⑥报礼：报答。礼，这里含有敬意。　⑦重：深厚。　⑧劝：勉励，受到鼓励。⑨归：归顺、归附。　⑩畏：畏惧、畏服。

【评述】

本节承上文，展开论述执行九经的作用。

汉郑玄说："不惑谋者，良也。不眩所任，明也。"(《十三经注疏·中庸》)唐孔颖达说："说行九经则致其功用也。修正其身，不为邪恶，则道德兴立也。以贤人辅弼，故临事不惑，所谋善也。恭敬大臣，任使分明，故于事不惑。群臣虽贱，而君厚接纳之，则臣感君恩，故为君死于患难，是报礼重也。爱民如子，则百姓劝勉以事上也。百工，兴财用也。君若赏赉招徕之，则百工皆自至，故国家财用丰足。君若安抚怀之，则四方诸侯服从，兵强土广，故天下威之。"(同上)宋朱熹说："此言九经之效也。道立，则道成于己，而可为民表，所谓皇建其有极是也。不惑，谓不疑于理。不眩，谓不迷于事。敬大臣则信任专，而小臣不得以间之，故临事而不眩也。来百工，则通功易事，农末相资，故财用足。

柔远人,则天下之旅皆悦而愿出于其途,故四方归。怀诸侯,则德之所施者博,而威之所制者广矣,故曰天下畏之。"(《四书集注·中庸章句》)

本节说明实行九经的功效。上文说"修身以道",故"修身则道立",可以为人民表率。尊贤,则事理明,自然进道而不会迷乱了。亲亲,则孝道明而家族和睦,自然不会产生怨恨了。敬大臣,则信任专一,小人不得离间,自然临事不会昏眩了。体恤群臣,君臣同体,则才能之士皆感恩图报,而知所以尊敬君上,与君主共患难了。爱民如子,则百姓必为之感动,互相劝勉,勤于耕织以事其上了。招徕百工,使其制器造物,则生之者众,为之者疾,自然财用充足了。柔远人,则四方之人自然都来归附了。怀诸侯,则天下各国都畏服来朝了。具体执行这九条定理,就会产生国家兴旺,人民悦服,天下太平的效验。

"齐明①盛服②,非礼不动,所以修身也。去谗③远色④,贱货⑤而贵德⑥,所以劝贤也。尊其位,重其禄,同其好恶⑦,所以劝亲亲也。官盛⑧任使⑨,所以劝大臣也。忠信重禄,所以劝士也。时使⑩薄敛⑪,所以劝百姓也。日省月试⑫,既禀⑬称事⑭,所以劝百工也。送往迎来,嘉善⑮而矜⑯不能,所以柔远人也。继绝世⑰,举废国⑱,治乱持危⑲,朝聘⑳以时㉑,厚往而薄来,所以怀诸侯也。凡为天下国家有九经,所以行之者一㉒也。"

【今译】

"洁净心境,服饰整齐,不合于礼的事,不敢妄动,这样用来修身。驱逐谗邪的小人,疏远映丽的女色,轻贱财货,珍贵道德,用来劝勉贤人。尊崇他们的地位,增厚他们的俸禄,用同一好恶标准以示大公,用来劝勉亲人。多置小官供给大臣指挥,使大臣不亲细务,集中精力考虑国家大事,用来慰抚大臣。待他们有忠信,养他们有重禄,用来慰勉士人。征役有定时，税收有定制，轻徭薄赋，用来关怀老百姓。每日考其勤惰，每月察其成就，结合做事的勤惰，颁发肉米的多少，用来奖励和惩罚百工。护送他们去，欢迎他们来，奖励有才能的人，同情和容纳才能不足的人，用来安抚远方蕃国和商旅宾客。有绝代的诸侯，取旁支的人继续宗嗣，有灭亡的国家，帮助他们兴复起来，整饬腐败乱政，尽力支持弱小，五年一朝，一年一小聘，三年一大聘，按时进行，诸侯回国，从厚赠送，诸侯来朝，薄收贡赋，用来安抚诸侯，使天下畏服。总之，治理天下国家有上面所讲的九条定理，但实行的方法归结起来只有一个'诚'字。"

【注释】

①齐(zhāi)明：指斋戒沐浴，净化内心世界。齐，通"斋"。　②盛服：衣冠穿戴整齐，指仪容端庄。　③去谗：摒弃谗佞小人的坏话。去，摒弃。谗，挑拨离间，说坏话的谗人。　④远色：远离女色。⑤贱货：轻视财物。　⑥贵德：珍贵道德。　⑦同其好恶：指用同一标准进行奖赏和惩罚，不因亲疏而有异。　⑧官盛：官属众多。　⑨任使：听任差使。　⑩时使：使用百姓要适时，要不违农时。即"使民以时"。　⑪薄敛：减轻赋税的征收。　⑫日省月试：古代对百工每日考察，每月考评其勤惰而发给报酬。　⑬既禀(xì lǐn)：与"饩廪"同。薪资粮米。　⑭称事：与工效相称。事：工效。　⑮嘉善：嘉奖善的、好的。　⑯矜：同情、怜悯。　⑰绝世：已经绝禄的世家。古代卿大夫的采邑，由子孙世袭，绝世就是指卿大夫子孙中已经失去世禄的人。⑱废国：指已被废灭的国家。　⑲治乱持危：治平乱事，扶危为安。⑳朝聘(pìn)：古代诸侯定期朝见天子。一年一小聘，三年一大聘，五年一朝。　㉑以时：按时进行。　㉒一：指"诚"。

【评述】

本节论述施行九经的方法。

汉郑玄说："同其好恶，不特有所好恶于同姓，虽恩不同，义必同也。尊重其禄位,所以贵之,不必授以官守,天官不可私也。官盛任使,大臣皆有属官所任使,不亲小事也。忠信重禄,有忠信者重其禄也。时使,使之以时。日省月试,考校其成功也。饩廪,稍食也。《槀人职》曰:'乘其事,考其弓弩,以下、上其食。'"(《十三经注疏·中庸》)宋程颢说:"谗、色、货皆害德。舍是三者,惟德是贵,则人劝而为贤。尊之欲其贵,爱之欲其富。所欲与之聚之,所恶勿施尔。而不责以善,此所以诸父兄弟相劝而亲。官盛任使,如(郑)注说。注云:'大臣皆有属官所任使,不亲小事也。'待之以忠信,养之以厚禄,士无有不劝者也。远人惟可以柔道驭之。送往迎来,嘉善而矜不能者,柔道也。厚往薄来,不为归己也。厚也,一说谓燕赐厚而纳贡薄。一以贯九者,诚也。故其下论诚。"(《二程集·中庸解》)宋朱熹说:"此言九经之事也。官盛任使,谓官属众盛,足任使令也。盖大臣不当亲细事,故所以优之者如此。忠信重禄,谓待之诚而养之厚,盖以身体之,而其所赖乎上者如此也。'既'读'饩',饩廪,稍食也。称事,如《周礼·槀人职》曰:'考其弓弩,以下、上其食'是也。往之为之授节以送之,来则丰其委积以迎之。朝,谓诸侯见于天子,聘,谓诸侯使大夫来献。《王制》'比年一小聘,三年一大聘,五年一朝。'厚往薄来,谓燕赐厚而纳贡薄。一者,诚也。一有不诚,则是九者,皆为虚文矣。此九经之实也。"(《四书集注·中庸章句》)

　　本节论述实行九经的方法。第一要以礼修身。"齐"同"斋",斋戒的意思,"明"是洁净。盛服,大礼服。君子要服饰整齐,仪容端庄,内心明洁而虔诚,按礼的规范行动,修养自己的品德,以为人们的榜样,这是根本。第二要劝贤。"谗"是专说别人坏话的邪佞之人。"色"指女色,"货"就是财货。君子要排斥谗人,远离女色,轻视财货,忧道不忧贫,尊重道德,任用贤人,奖励贤人。第三要劝亲亲。尊其位,重其禄,就是《孟子》所说:"亲之欲其贵,爱之欲其富"的意思。古代与国君同姓贵族,是一国重望所系,故对于宗室贵族,要提高他们的地位,增加他们的俸禄,用同一好恶标准对待他们,与他们同呼吸,共命运,提倡亲亲之道,得到他们的支持和拥护。第四要劝大臣。大臣是朝廷栋梁,国运所寄。"官盛任使",是为大臣配备众多的属员,听其调遣。因为大臣是不亲细事的,让他们集中精力考虑国家的大政方针,以此来劝勉大臣。第五要劝勉士人。"忠信重禄",就是勉士以忠信之行,为国家效力。给以厚重的禄赐,以要结其心,使他们感恩图报。这就是劝勉士人的方法。第六要劝百姓。人民是国家之本,"民为贵,社稷次之,君为轻"。"时使薄敛"就是一方面使用农民要不违农时,让他们安心于发展生产,提供物质财富。即《论语》所说的"使民以时"。让农民服公役,应安排在农闲时候。一面减轻赋税,废除苛捐杂税,减轻他们的负担,调动他们的积极性。第七要劝百工。如何劝百工呢?对他们的工作要日省,月试。省是视察,试是考评,视其勤惰、上下、好坏、作为付给饩禀的标准。在周代,"工商食官",百工是国家掌握的。所以由国家发给粮食。按工作成绩,发给粮食,是奖劝百工的一种方法。第八要怀柔远人。招徕人民,发展工商业。这就要对过境的人员送往迎来,做好服务工作,有善行的加以嘉奖,才能薄弱的寄予同情,使他们感受到温暖而乐意在此经营工商业。第九要安抚诸侯。怎样使分封在各地的诸侯怀服呢? 诸侯之国中有世系断绝的,要立嗣延续,国事已废的,要使之振兴,他们国内若有乱事,就帮他们治平,若有危险,就帮他们扶危为安。坚持朝聘制度:一年一小聘,三年一大聘,五年一朝。保持天子与诸侯间的密切联系。朝聘时,诸侯送来的贡品不妨微薄些,天子赏赐的币帛一定要丰厚,以此来安抚、绥靖诸侯。以上是治天下国家的九种方法,而实行起来,只是一个"诚"字。出之于君主的诚心,这就是中庸之道。如果不诚,则虽有种种方法,都将成为虚文而不能发挥作用的。

　　"凡事豫①则立②,不豫则废③。言前定则不跲④,事前定则不困⑤,行前定则不疚⑥,道前定则不穷⑦。"

【今译】

"凡事预先作好准备就能成功,不预先作准备,就会失败。譬如发言,事先想定,就不会说不下去;譬如做事,事先计划好,就不会发生困惑;譬如行动,事先筹措好,就不会做不下去而抱愧;譬如要实行中庸之道,必须事先用功奋勉,然后实行,道就无穷无尽了。"

【注释】

①豫:豫备、准备。　②立:成功。　③废:废弃,引申为失败。④跲(jiá):绊倒,窒碍。这里指说话不流畅。　⑤困:困难、困惑。⑥疚(jiù)惭愧悔恨。　⑦穷:完、尽。

【评述】

本节承前文论述成事必先豫谋,落实于诚。

汉郑玄说:"跲,踬也。疚,病也。人不能病之。"(《十三经注疏·中庸》)唐孔颖达说:"此一节明前九经之法,唯在豫前谋之。将欲发言,能豫前思定,然后出口,则言得流行不有蹳踬也。欲为事之时,先须豫前思定,则临事不困。欲为行之时,豫前思定,则行不疚病。欲行道之事,豫前谋定,则道无穷也。"(同上)宋程颢说:"豫,谓成己素定也。成而素定,非诚而何?有诸己之谓信,无信不立,有信不废,如诚有之,何往而不可?苟无其实,几何不穷?言前定,如宰我、子贡以说辞成。事前定,如冉有、季路以政事成。行前定,如颜渊、仲弓以德成。道前定,如孔子之集大成。此章论在事之诚。"(《二程集·中庸解》)宋朱熹说:"凡事,指达道、达德、九经之属。豫,素定也。跲,踬也。疚,病也。此承上文言,凡事皆欲先立乎诚,如下文所推是也。"(《四书集注·中庸章句》)宋沈侗说:"豫,生知也。事未至而先知其理之谓豫,凡事豫则立,不豫则废。"(《朱子语类·中庸三》)

本节论述凡事要想取得成功,必须先自谋划。所谓"宜未雨而绸缪,毋临渴而掘井"。"凡事豫则立,不豫则废。"举发言、做事、行动、求道为例加以说明。如事先不加以准备。必将出现"跲""困""疚""穷"

等情况。事实确是这样,譬如演讲、辩论,必须先做好充分准备,才不
至于论点、论据不清而结结巴巴,导致失利。譬如做事,何者在前,何
者在后,把步骤、方法事先规划好,然后按部就班做去,中途才不致发
生困难。譬如行动,也须事先思考决策,估计到进行中将会发生什么
问题,准备好应变措施,才能顺利完成而不致内心愧悔。譬如求为人
之道,也要预先拟定方案,才不致于行不通。而要豫先有准备,唯一就
是落实在"诚"字上。凡事诚心去做,才能预先做好准备。如果没有诚
心,随随便便,就谈不到准备,也就没有成功的把握了。所以"诚"是成
事的关键。

　　《后汉书·独行列传》记载了一则范式诚心待友的故事。范式字
巨卿,与汝南张邵友好。他们在分别时,范式对张邵说:"两年之后,我
将到你家拜访,拜见你的父母,看望你的儿子。"于是两人便约好日期。
两年以后,约好的日期将到,张邵将这一事情告诉母亲,请她准备酒食
款待范式。张邵的母亲说:"两年以前分别时的话,何况两家相距千
里,你为什么相信得这样真呢?"张邵回答说:"范式是诚信的人,一定
不会失约。"张邵的母亲说:"既然这样,我替你准备酒食招待他。"到了
约定的日子,范式果然到来,登堂拜见张母,开怀畅饮,尽欢而别。这
说明只要有诚心,什么事都能办到。

　　"在下位,不获于上,民不可得而治矣。获乎上有道^①,
不信^②乎朋友,不获乎上矣。信乎朋友有道,不顺^③乎亲,不
信乎朋友矣。顺乎亲有道,反诸身不诚,不顺乎亲矣。诚
身有道,不明^④乎善,不诚乎身矣。"

【今译】

　　"在下位的人臣,如果得不到君王的信任,就不能得民心,也就不
能治理人民。要想得到君王的信任是有方法的,应预先得到朋友的信
任。如果不能得到朋友的信任,就声誉不立,不能得到君王的信任了。

要想得到朋友的信任也是有方法的,应预先得到父母的欢心。如果不能得到父母的欢心,就不能得到朋友的信任了。要想得到父母的欢心也是有方法的,应反求自身的诚实,如果不能诚身,外有事父母之表,内无爱父母之实,就不能得到父母的欢心。要想诚实自身也是有方法的,应预先明白至善。如果不能明善,善恶不分,就不能诚身了。所以用达德、行达道、行九经,推行文武事业的人一定要先诚身。”

【注释】

①道:这里指方法。　②信:信任。　③顺:顺从、和顺。　④明:明白。

【评述】

本节承上文,说明诚身明善,是治民之本。

汉郑玄说:“言知善之为善,乃能行诚。”(《十三经注疏·中庸》)唐孔颖达说:“此明为臣、为人,皆须诚信于身,然后可得之事。人臣处在下位,不得于君上之意,则不得居位以治民。臣欲得君上之意,先须有道德信著朋友,若道德无信著乎朋友,则不得君上之意矣。欲行信著于朋友,先须有道顺乎其亲,若不顺乎其亲,则不信乎朋友矣。欲顺乎亲,必须有道反于己身,使有至诚,若身不能至诚,则不能顺乎亲矣。欲行至诚于身,先须有道,明乎善行,若不明乎善行,则不能至诚乎身矣。明乎善行,始能至诚乎身。能至诚乎身,始能顺乎亲。顺乎亲,始能信乎朋友。信乎朋友,始能得君上之意,始得居位治民也。”(同上)宋程颢说:“自治民而造约,必至于明善而后已。明善者,能明其善而已。如明仁义,则知凡在我者,以何为仁,以何为义。能明其情状,而知所从来,则在我者,非徒说之而已。在吾身诚有是善,故所以能诚其身,此章论在身之诚。”(《二程集·中庸解》)宋朱熹说:“此又在下位者,推言素定之意。反诸身不诚,谓反求诸身而所存所发,未能真实而无妄也。不明乎善,谓未能察于人心天命之本然,而真知至善之所在也。”(《四书集注·中庸章句》)宋潘柄说:“虽无邪妄,苟不合乎正理,亦未免乎有眚，要之此亦是未知至善之所在。"(《讲说》)宋吕焘说："反诸身，是反求于心；不诚，是不曾实有此心。如事亲以孝，须是实有这孝之心。若外假为孝之事，里面却无孝之心，便是不诚矣。"(《朱子语类·中庸三》)

　　本节层层深入地剖析"诚身明善"是"治民"之本。与《大学》以"致知、诚意"为"治国平天下"之本同一道理。在下位的人，不能获得上级的信任，不了解上级施政的意图，就不能治理人民了。要获得上级的信任，了解上级的施政意图，必须对朋友先有信用。对朋友没有信用，必不能获得上级的信任。要对朋友有信用，必须先孝顺自己的父母。如果父母尚不能孝顺，就不能使朋友相信了。要孝顺父母，先要反省自己做人是不是诚实；不诚实，则对父母都出自虚伪，徒有孝顺之名，而无孝顺之实，怎么能说得上孝顺呢？所以必须诚实。要诚实，必须心中真能明白善恶，对于善恶还不明白，分辨不清，如何能诚实呢？所以必须"诚身明善"，才能推而广之治平天下。

　　"诚①者，天之道也；诚之②者，人之道也。诚者，不勉③而中，不思而得，从容④中道⑤，圣人也。诚之者，择善而固执⑥之者也。"

【今译】

　　"诚，是上天本然的道理；诚之，是用功择善，明善的人的道理。诚的人是不用勉力下功夫而符合于中，不用思虑而有所得，从容达到中道，这样的人就是圣人。求诚的人，择众理而明善，固执坚守，用力追求，以达到诚的目的。"

【注释】

　　①诚：上天赋予人们的道理。　②诚之：人为的道理。　③勉：勉强、勉力。　④从容：举止行动自然安详。　⑤中道：中庸之道。⑥固执：坚守不渝。执，握住。

【评述】

本节承上文,论述诚者与诚之者的区别,即天道与人道的区别。

汉郑玄说:"诚者,天性也;诚之者,学而诚之者也。因诚身说,有大至诚。"(《十三经注疏·中庸》)唐孔颖达说:"至诚之道,天之性也。则人当学其至诚之性,是上天之道不为而诚,不思而得,若天之性有杀,信著四时,是天之道。诚之者,人之道也,人能勉力学此至诚,是人之道也,不学则不得,故云人之道。"(同上)宋程颢说:"诚者,理之实然,致一而不可易也。天下万古,人心物理,皆所同然,有一无二,虽前圣后圣,若合符节,是乃所谓诚,诚即天道也。天道无勉无思,然其中其得,自然而已。圣人诚一于天,天即圣人,圣人即天。由仁义行,何思勉之有?故从容中道而不迫。诚之者,以人求天者也,思诚而复之,故明有未穷,于善必择,诚有未至,所执必固。"(《二程集·中庸解》)宋朱熹说:"此承上文诚身而言。诚者,真实无妄之谓,天理之本然也。诚之者,未能真实无妄而欲其真实无妄之谓,人事之当然也。圣人之德,浑然天理,真实无妄,不待思勉而从容中道,则亦天之道也。未至于圣,则不能无人欲之私,而其为德不能皆实,故未能不思而得,则必择善,然后可以明善;未能不勉而中,则必固执,然后可以诚身,此则所谓人之道也。不思而得,生知也;不勉而中,安行也。择善,学知以下之事;固执,利行以下之事也。"(《四书集注·中庸章句》)宋蔡渊说:"不勉而中,不思而得,先言仁,后言知;择善而执之,先言知,后言仁,亦可见圣人、君子之德而不乱。"(《中庸思问》)

本节论"诚者"与"诚之者"的区别。"诚者,天之道也。"因为天道运行,真实无妄,至公无私,所以是诚者,是天之道。而"诚之者,人之道也"。因为人既受天命之性以生,自不能违背天道,不能真实无妄,必须择善固执而求诚,所以是诚之者,是人之道。从容,不勉强的意思,圣人自然合乎天道,故不必勉强,自然合乎中和。"生而知之"故不思而得,"安而行之"故从容中道。至于常人,择善而固执地去做,就是择乎中庸,"得一善,则拳拳服膺,而弗失之矣"。既非生知,故须择善;

不能安行,故须固执,以求中庸之道。

"博学①之,审问②之,慎思③之,明辨④之,笃行⑤之。有弗⑥学,学之弗能弗措⑦也;有弗问,问之弗知弗措也;有弗思,思之弗得弗措也;有弗辨,辨之弗明弗措也;有弗行,行之弗笃弗措也。人一能之,己百之;人十能之,己千之。果能此道矣,虽愚必明,虽柔⑧必强。"

【今译】

"求诚的功夫,须经过五个层次。广博地学习,审慎地询问,慎重地思索,明晰地辨析,笃实地履行。有一种学问,没有学过,就尽力去学,不到融会贯通,不肯停止学习。有一件事情,没有去问过,就虚心询问,不到疑虑尽释,不肯停止审问。有一件事情,没有去思考过,就凝神静思,不到彻底明白,不肯停止思索。有一件事情,没有去辨析过,就悉心辨析,不到毫厘不爽,不肯停止辨析。有一件事情,没有去实行过,不到践履笃实,不肯停止实践。有人用一倍功夫就能掌握,我用百倍的功夫同样可以掌握;有人用十倍的功夫就能掌握,我用千倍的功夫同样可以掌握。如果有这样的毅力追求中庸之道,那么即使愚昧的人,必能变成聪明的人;即使柔弱的人,必能变成刚强的人。"

【注释】

①博学:广博地学习。 ②审问:审慎地询问。 ③慎思:慎重地思考。 ④明辨:明晰地辨析。 ⑤笃行:笃实地履行。 ⑥弗:不。 ⑦措:放弃、废弃。引申为停止。 ⑧柔:柔弱。

【评述】

本节承上文,论述"择善而固执"的一般常人择善求诚的五种功夫。

汉郑玄说:"此劝人学诚其身也。"(《十三经注疏·中庸》)唐孔颖达说:"此明诚之者择善而固执之事。若决能为此百倍用功之道,识虑虽复愚弱,而必至明强,此劝人学诚其身也。"(同上)宋程颢说:"善不择,道不精;执不固,德将去。学问思辨,所以求之也;行所以至之也。至之,非人一己百,人十己千,不足以化气质。"(《二程集·中庸解》)宋朱熹说:"此诚之之目也。学问思辨,所以择善而为知,学而知也;笃行,所以固执而为仁,利而行也;君子之学,不为则已,为则必要其成,故常百倍其功。此困而知,勉而行者也,勇之事也。明者,择善之功;强者,固执之效。"(《四书集注·中庸章句》)陈淳说:"择善有博学、审问、谨思、明辨工夫,是尽用功多;固执只有笃行一种工夫,是择善处真能知之,则到行处,功自易也。学问思辨,知之事;笃行,仁之事;弗措,勇之事。"(《北溪大全集·中庸口义》)

　　本节承上文"择善而固执"而言,指出一般常人追求诚的步骤、方法。从知、行两个方面下功夫。学之博,然后才能明事物之理,掌握事物发展规律。有疑而问,问之审,切磋琢磨、深入探讨,然后有以尽师友之情。故能反复之以发其端而可思。思之谨,则精而不杂,故能自有所得而可以施其辨。辨之明,则判断而不差,故能无所疑惑而可以见于行。学、问、思、辨这四者是求知的功夫;行之笃,说明学、问、思、辨不是空言,而应践其实。所以这是实践的功夫。从认识到实践,不断努力,便会虽愚必明,虽柔必强。

　　本章内容较多,分十四节加以阐述。哀公问政,孔子答以为政在人,人须修身、知人,行五道、三德。然后孔子更为哀公广说修身、治国平天下之九种常行大纲及其效用、方法。又说明修身在于至诚,以及如何达到至诚的方法。初看时觉得涣散,其实次第缜密,血脉贯通,以"诚"为此篇之枢纽,推广中庸之道,包费隐、兼大小,以归于问学之本原。诚如黄榦所说:"此章极宏博,其间语意若不相接,而实伦理贯通。善读者当细心求之,求之既得,则当优游玩味,使心理相涵,则大而天下国家,近而一身,无不晓然见其施为之次第矣。此章当一部《大学》,须着反复看,越看越好。"(《勉斋集》)

　　朱熹说:"(本章)引孔子之言,以继大舜、文、武、周公之绪,明其所传之一致,举而措之,亦犹是耳。盖包费隐,兼大小,以终十二章之意。章内语诚始详,而所谓诚者,实此篇之枢纽也。又按:《孔子家语》亦载此章,而其文尤详。'成功一也'之下,有'公曰:子之言美矣! 至矣! 寡人实固,不足以成之也。'故其下复以'子曰'起答辞。今无此问词,而犹有'子曰'二字,盖子思删其繁文以附于篇,而所删有不尽者,今当为衍文也。'博学之'以下,《家语》无之,意彼有阙文,抑此或子思所补也钦?"

二十一、诚　明　章

　　自①诚明②,谓之性。自明诚③,谓之教。诚则明矣,明则诚矣。

【今译】

　　由至诚而后有明德,是圣人的自然天性,所以叫作性。由明德而后有至诚,是贤人经过学习而达到至诚,所以叫作教。有了诚就无不明,有了明就可以算作诚了。

【注释】

　　①自:由、从。　②诚明:诚先而后明。　③明诚:明先而诚后。

【评述】

　　本章论述诚与明。指出天性至诚,或学而能。两者虽异,功用则相通。

　　汉郑玄说:"自,由也。由至诚而有明德,是圣人之性者也;由明德而有至诚,是贤人学以知之也。有至诚则必有明德,有明德则必有至诚。"(《十三经注疏·中庸》)唐孔颖达说:"由天性至诚,而身有明德,故谓之性;学而至诚,由身聪明,勉力学习,而致至诚,故谓之教。圣人由诚而致明德,贤人由身聪明习学乃致至诚。"(同上)宋程颢说:"谓之性者,生之所固有以得之;谓之教者,由学以复之。理之实然者,至简至易。既已至之,则天下之理如开目睹万象,不假思虑而后知,此之谓诚则明。致知以穷天下之理,则天下之理皆得,卒亦至于简易实然之地,而行其所无事,此之谓明则诚。"(《二程集·中庸解》)宋朱熹说:"德无不实而明无不照者,圣人之德,所性而有者也,天道也。先明乎善,而后能实其善者,贤人之学,由教而入者也,人道也。"(《四书集注·中庸章句》)宋程颐说:"自其外者学之,而得于内者,谓之明;自其内者得之,而兼于外者,谓之诚。诚与明一也。"(同上)

宋叶味道说:"圣人全体,无一不实,而明睿所照,无一不尽,此自诚而明也。学者先明乎善,无不精察,故践履之际,始无不实,此自明而诚也。谓之性者,全于天之赋予,谓之教者,成于己之学习。"(《文集》)宋陈孔硕说:"自诚明者,由其内全所得之实理,以照事物,如天开日明,自然无蔽,此性之所以名,天之道也。自明诚者,由穷理致知,去其私欲,以复全其所得之实理,必由学而能,此教之所以立,人之道也。"(《中庸讲义》)清张岱说:"天命之谓性,修道之谓教。异名只是同源,‘自诚明谓之性,自明诚谓之教’,两路总归一路。诚明者,如燧取火,何尝不取? 取之随足。明诚者如乞火觅燧,不知燧中有火,到得有燧,无用乞火矣。火既到手,岂有二邪? 故诚明未尝废教,明诚未始不率性。"(《四书遇》)

自诚而明,即上文所说的"不思而得,从容中道",自然合于天道,完全是从天性而来的,所以说"自诚明,谓之性"。自明而诚,即上文所说,由"明善"而"诚身",这是从努力于学问思辨而得的,所以说"自诚明,谓之教"。前者是"生知安行",从根本以达支流;后者是"学知利行""困知勉行",由支流以溯本源。但当其成功之后,还是一样的,所以说:"诚则明矣,明则诚矣。"以诚而论明,则诚明合而为一;以明而论诚,则诚明分而为二,然其达到胜利的彼岸,则功用相同。

二十二、尽 性 章

唯①天下至诚,为能尽其性②。能尽其性,则能尽人之性③。能尽人之性,则能尽物之性④。能尽物之性,则可以赞⑤天地之化育⑥。可以赞天地之化育,则可以与天地参⑦矣。

【今译】

只有天下至诚的圣人,能够极尽天赋的本性。既然能够极尽天赋的本性,就能够兴养立教极尽众人的本性。既然能够极尽众人的本性,就能够樽节爱养极尽万物的本性。既然能够极尽万物的本性,就可以赞助天地生成万物。既然可以赞助天地生成万物,那么至诚的功用可以同天地并列成三了。

【注释】

①唯:只有。　②尽其性:尽量发挥自己天赋的本性。　③人之性:人的本性。　④物之性:万物的本性。　⑤赞:助、帮助。　⑥化育:生化养育。　⑦参:并立。即和天地并列为三。

【评述】

本章极言至诚的功用。说明天性至诚,乃圣人之道,可以赞天地之化育,与天地并列而三。

汉郑玄说:"尽性者,谓顺理之,使不失其所也。赞,助也。育,生也,助天地之化生。谓圣人受命在王位,致太平。"(《十三经注疏·中庸》)宋朱熹说:"天下至诚,谓圣人之德之实,天下莫能加也。尽其性者,德无不实。故无人欲之私,而天命之在我者,察之由之,巨细精粗,无毫发之不尽也。人,物之性,亦我之性,但以所赋形气不同而有异耳。能尽之者,谓知之无不明,而处之无不当也。赞,犹助也,与天地参,谓与天地并立为三也。"(《四书集注·中庸章句》)宋程颐说:"尽己为忠,尽物为性。极言之,则尽己者,尽己之性也;尽物者,尽物之性也。信者,无伪而已,于天性有所损益,则为伪矣。"(同上)宋陈淳说:"至诚两字,乃是真实之极,而无一毫不尽,惟圣人乃可当之。"(《北溪大全集·中庸口义》)

儒家认为,人与万物的本性,都包含着"天理",只有至诚的圣人,才能尽量发挥自己以及一切人的本性,进而发挥万物的本性。人之性,命自天,而诚是天道,故惟至诚的圣人,才能尽自己的性。人和人,所命于天的性,都是一样的,所以说:"能尽其性,则能尽人之性。"推而广之,则能"尽人之性"者,也能"尽物之性"了。天地间万象罗列,变化无穷,但万变不离其宗,无非是物。既能尽物之性,则人与天地合一,可以"赞天地之化育"了。可以赞天地之化育,则天地非人不立,故人与天地并列为三才,这就叫作天地参。这就申述了首章"致中和,天地位焉,万物育焉"的意思。也就是张载《西铭》所说的"乾父、坤母,民胞物与",陆九渊所说的"宇宙便是吾心,吾心即是宇宙",朱熹所说的"人生天地之间,禀天地之气,其体即天地之体,其心即天地之心",是儒家的哲学思想。

二十三、致　曲　章

其次①致曲②,曲能有诚,诚则形③,形则著④,著则明,明则动⑤,动则变⑥,变则化⑦。唯天下至诚为能化。

【今译】

次于至诚的人,就尽力推致一个方面的功夫而达到诚。果能一件件推致,没有遗漏,就能得到全体的诚了。有了诚,就能积中发外,形于四体。形于四体,就能日新月异,容止显著。容止显著,就能光辉四照,灿烂光明。灿烂光明,就能动好善之心。动好善之心,就能改过自新,改变气质。改变气质,就能日积月累,相化于善。要做到化,很不容易,只有天下至诚的圣人,才能够达到这个化的境界。

【注释】

　　①其次:指次于至诚的人,通过学习达到至诚。　②致曲:次于至诚的人,抓住善的一个方面努力做去,达到全体的至诚。致,推致。曲,达到至诚的一个方面,犹小小之事。　③形:指表露于外。④著:显著。　⑤动:感动。　⑥变:转变、改变。　⑦化:指化育万物。

【评述】

本节阐述致曲的人能尽人道,以明天道,化恶成善。

汉郑玄说:"其次,谓自明诚者也。致,至也。曲,犹小小之事也。不能尽性,而有至诚,于有义焉而已。形,谓人见其功也。尽性之诚人不能见也。著,形之大者也。明,著之显者也。动,动人心也。变,改恶为善也。变之久,则化而性善也。"(《十三经注疏·中庸》)唐孔颖达说:"此明贤人习学而至诚。"(同上)宋程颢说:"人具有天地之德,自当遍复包含,无所不尽。然而禀于天,不能无少偏曲,则其所存所发,在偏曲处必多,此谓致曲。虽曰致曲,如专一于是,未有不成。"(《二程集·中庸解》)宋朱熹说:"盖人之性无不同,而气则有异,故惟圣人能举其性之全体而尽之。其次,则必自其善端发现之偏而悉推致之,以各造其极也。曲无不致,则德无不实,而形著动变之功,自不能已。积而至于能化,则其至诚之妙,亦不异于圣人矣。"(《四书集注·中庸章句》)宋陈淳说:"此说大贤以下,性之全体,未能如圣人之浑然无欠阙者也。自形著之变化,以致曲之效言之。至此,则人道极其至,亦如天之道也。"(《北溪大全集·中庸口义》)清张岱说:"何谓曲? 曰:'火在石中,击石传火。'何谓化? 曰:'火出石尽,灰飞烟灭。'致曲者,委曲而

致之也,一了百了,惟至诚能之。致曲却须积渐,到得透露处,成功则一。"(《四书遇》)

关于致曲的"曲",有两种理解。朱熹理解成"偏"。他说:"曲,一偏也。""曲不是全体,只是一偏之善。"明姚承庵理解成曲折之曲。他说:"曲,即曲成之曲,不当作偏字解。明善诚身,何等曲折。"均之二说,以朱说内涵深刻,符合原意。

本章论述贤人自明诚的功夫。其次,是次于圣人一等的人。"曲"指细微的偏于一方面的事情。致,用心去追求,一点也不放松。凡事都应该推致其理,如事父母,便推致其孝;事君,便推致其忠;交朋友,便推致其信。凡事推致,便能有成。曲不是全体,只是一曲。人能一一推致,以致乎其极,则能贯通乎全体。可见致曲是主观的、内在的能动工夫,追求至诚的功夫。能做到至诚的地步,则"诚于中必形于外"。著、明、动、变、化,是改变客观世界的功能,都以诚为本。内心的至诚,表现出来的道德日益显著,日益显著的道德更加光明,更加光明就能使人内心感动,人心受到感动,就会使人发生变化,改变恶习,化善成俗。使人发生转变,就可以化育万物。这些都是由诚而来,所以说:"唯天下至诚为能化。"

二十四、前　知　章

至诚之道,可以前知①。国家将兴,必有祯祥②;国家将亡,必有妖孽③。见④乎蓍龟⑤,动乎四体⑥。祸福将至,善,必先知之;不善,必先知之。故至诚如神⑦。

【今译】

只有至诚的道,可以用来知道未来的事。当国家将要兴盛的时候,一定有吉祥的预兆;当国家将要灭亡的时候,一定有妖孽出现。远取诸物,吉凶发现在蓍龟占卜之中,近取诸身,得失在四体上发生。祸福将要降临的时候,善,必定能够事先知道;不善,也必定能够事先知道。所以至诚的人能预先见到祸福的征兆,灵验如神。

【注释】

①前知:事先知道。　②祯(zhēn)祥:吉祥。　③妖孽:指事物反常的现象。　④见(xiàn):同"现"。　⑤蓍(shī)龟:古代占卜用的蓍草和龟甲。　⑥四体:四肢。　⑦神:指灵验如神。

【评述】

本章论述至诚之道的功用,可以见微知著,前知祸福。

汉郑玄说:"可以前知者,言天不欺至诚者也。"(《十三经注疏·中庸》)唐孔颖达说:"身有至诚,可以豫知前事。"(同上)宋程颢说:"诚于一理,无所间杂,则天地人物,古今后世,融彻洞达,一体而已。兴亡之兆,今之有思虑,如有萌焉,无不前知。"(《二程集·中庸解》)宋朱熹说:"惟至诚之至极,而无一毫私伪留于心目之间者,乃能有以察其几焉。"(《四书集注·中庸章句》)宋赵顺孙说:"天地万物,不离一气,兴亡之证,见于妖祥卜筮动作之间,祸福之来,亦逆知善否者,非导也,气之感召,理之当耳。惟诚之至者,无一毫之不实,则万物兆朕,无不形见。否则,已然之事,且不觉悟,尚何能察其几哉?"(《中庸纂疏》)宋游酢说:"至诚之道,精一无间,心合于气,气合于神,无声无臭,而天地之间物莫得而遁其形矣,不既神矣乎!"(同上)宋吕祖谦说:"至诚与天地同德。与天地同德,则其气化运行与天地同流矣。兴亡之兆,祸福之来,感于吾心,动于吾气,如有萌焉,无不前知。况乎诚心之至,求乎蓍龟而蓍龟告,察乎四体而四体应,所谓莫见乎隐,莫显乎微者也。此至诚所以达乎神明而无间,故曰至诚如神动乎。"(《吕祖谦文集》)

本节述说至诚如神,可以预知未然之凶吉。祯祥是吉兆,妖孽是凶兆。蓍是一种灵草,古代用之筮;龟,古代用之卜。四体,即手足,指人的动作、威仪而言,如升降之节,俯仰之容。我国早就有见微知著、防微杜渐的古训,国家兴亡,人事祸福,都有其前因后果的关系。《老子》说:"福兮祸所倚,祸兮福所伏。"吉凶之来,都有征兆可寻的。常人因蔽于感情,蔽于私欲,往往当局而迷。惟至诚的圣人,无妄念,无私欲,不为感情所左右,其理智朗如日月,清如水镜,无微不照,故于兴亡祸福之机了如指掌。当然,"祯祥""妖孽"亦不单指麟凤之瑞,物怪之妖而言。丰收厚俗,义士仁人,也都是国家的"祯祥",水旱之灾,浇漓之俗,奸慝贪残之人,也都是国家的"妖孽"。王夫之说:"妖孽者,非但草木禽虫之怪也,亡国之臣,允当之矣。"(《读通鉴论·唐昭宗》)至于圣人能前知凶吉,因为他能进贤退不肖,爱民如子,不违农时,防水旱之灾,所以说他能"至诚前知",就是很自然的了。

二十五、自　成　章

诚①者,自成②也;而道③,自道④也。诚者,物之终始⑤,不诚无物。是故君子诚之为贵⑥。诚者,非自成己⑦而已也,所以成物也。成己,仁也;成物,知也。性之德⑧也,合⑨外内之道也,故时措⑩之宜也。

【今译】

　　诚,就是天命的性,是实心自成的;而道,就是率性的理,是应当自己去实行的。诚,天赋的本然之理,贯穿在万物的始终,没有诚,就没有万物了。所以君子把诚奉为最宝贵的东西。至诚的人,并非自己取得成就就算完事,还要及于万物,行于他人。成己的人,毫无私意,这是仁;成物的人,随物施教,这是知。天性的仁德,体用一致,符合外内一致的规律,所以随时施行,没有不适宜的了。

【注释】

　　①诚：至诚，这里指天命之性。　②自成：指物之所以自然成就。
③道：道路。这里指率性之理。　④自道：指自己所当行的路径。
⑤终始：即始终。从头至尾，包括整个事物的发生、发展过程。
⑥贵：珍贵。　⑦成己：使自己有成就。　⑧德：仁德。　⑨合：符合。
⑩措：施行。

【评述】

　　本章论述人道，自成、成物。首言诚之道最切近于人，次言君子求诚的原因，最后言尽诚的妙处。

　　汉郑玄说："言人能至诚，所以自成也。有道艺，所以以自道达。大人无诚，万物不生；小人无诚，则事不成。以至诚成己，则仁道立；以至诚成物，则知弥博，此五性之所以为德也，外内所须而合也，得其时而用也。"（《十三经注疏·中庸》）唐孔颖达说："本章论己有至诚，能成就物也。大人无诚，万物不生；小人无诚，则事不成。以至诚成己，则仁道立，以至诚成物，则五性（仁义礼智信）弥博。"（同上）宋程颢说："诚不为己，则诚为外物；道不自道，而其道虚行。故思成己，必思所以成物，乃谓仁知之具也。性之所固有，合内外而无间者也。"（《二程集·中庸解》）宋朱熹说："诚者，物之所以自成；而道者，人之所当自行也。诚以心言，本也；道以理言，用也。天下之物，皆实理之所为，故必得是理，然后有是物。所得之理既尽，则是物亦尽而无有矣。故人之心一有不实，则虽有所为，亦如无有，而君子必以诚为贵也。盖人之心能无不实，乃为有以自成。而道之在我者，亦无不行矣。诚虽所以成己，然既有以自成，则自然及物，而道亦行于彼矣。仁者体之存，知者用之发，是皆吾性之固有，而无内外之殊，既得于己，则见于事者，以时措之，而皆得其宜也。"（《四书集注·中庸章句》）宋陈淳说："凡人做事，自头彻尾，纯是一个真实心，方有此一个物。若此心间断无诚实，虽做此一件事，如不做一般。"（《北溪大全集·中庸口义》）

　　本章论人道,分三层意思。首先论什么是诚、道。诚,自成;道,自道。说明"诚"是自己完成品德修养的要素,"道"是指导自己走向完成品德修养应走的道路。其次论述什么是"诚者,物之始终",为什么"君子贵诚"。就事物而言,万事万物、始终本末,尤不以诚为本,诚涵泳全体,贯穿始终,故云:"诚者,物之始终。"沟水易涸,昙花易萎,推而至于道德、事功、文艺,苟出虚伪,终归泯灭。所以说:"不诚无物"。故君子以诚为贵,追求至诚之道。第三,进一步申述君子成己、成物,合内外之道。所谓格者,不但可以完成自己的人格,还可以使一般人都完成人格,许多物都完成其所受于自然的性质。这就是《论语》所说的"己欲立而立人,己欲达而达人",也就是《大学》所说的"明明德"而"亲民"。从积极方面"成己""成物",能完成自己道德人格的人,就是"仁",能和一切人和物都完成其受于自然的性,就是"知"。所以说:"成己,仁也;成物,知也。"仁、知是天生的德性,不假他求,所以说"性之德也"。"内"指"己","外"指"物",成己成物,物我一体,无内外之殊,所以说"合外内之道也"。能有此成己成物之德,则"用行""舍藏""兼善""独善",无施不宜,所以说"时措之宜也"。那么,君子又怎样求诚呢?必须通过学、问、思、辨、行五个环节,实践、理论;理论、实践,知行合一,循环往复而达到"诚"的境界。

二十六、无　息　章

　　故至诚无息①。不息则久,久则征②,征则悠远③,悠远则博厚④,博厚则高明⑤。博厚,所以载物也;高明,所以覆物也;悠久,所以成物也。博厚配⑥地,高明配天,悠久无疆⑦。如此者,不见而章⑧,不动而变,无为而成。

【今译】

所以,追求至诚的盛德,永远没有止息啊!追求不息,就历时久长;历时久长,就有效验;有了效验,就能悠远无穷。悠远无穷,它的积德,就能广博而深厚;广博而深厚,发为事业,就能高大而光明。博大而深厚,就可以用来承载万物;高大而光明,就可以用来覆盖万物;悠长而久远,就可以用来使万物各按本性苗壮成长。博大而深厚,可以与承载万物的地相匹配;高大而光明,可以与覆盖万物的天相匹配;悠长而久远,可以与生成万物的天地一样无边无际了。如此说来,至诚功业,这样高大,从配地来说,它的彰著不是自己有意表露,而是自然昭明的。从配天来说,它的变化也不是自己有意鼓动,而是自然变化的。从无疆来说,它的无为并不是自己劳心去做,而是自然成功的。

【注释】

①无息:不停息。　②征:验证、证明。　③悠远:久远、久长。悠,久。　④博厚:广博而深厚。　⑤高明:高大而光明。　⑥配:匹配。　⑦无疆:没有疆界,指无边无际。　⑧章:通"彰"。明显显著。

【评述】

本章论述至约之理,在于至诚,进一步阐明至诚的意义、功用,勉励人们不停息地追求至诚,以符合于天道。分三节叙述,本节中述至诚之德,经久不息而至博厚、高明,配乎天地,极乎无疆。

汉郑玄说:"征,犹效验也。此言至诚之德,既著于四方,其高厚日以广大也。至诚之德,既至博厚、高明,配乎天地,又欲以长久行之。"(《十三经注疏·中庸》)唐孔颖达说:"言至诚之德,所用皆宜,无有止息,故能久远、博厚、高明,以配天地也。"(同上)宋程颢说:"此章言至约之理,惟至诚而已。尽天地之道,亦不越此。"(《二程集·中庸解》)宋朱熹说:"既无虚假,自无间断。久,常于中也;征,验于外也。此皆以其验于外者言之。存之中者既久,则验于外者益悠远而无穷矣。悠远,故其积也广博而深厚;博厚,故其发也广大而光明。悠久,即悠远,兼内外而言之也。本以悠远致高厚,而高厚又悠久也。此言圣人与天地同用。此言圣人与天地同体。"(《四书集注·中庸章句》)又说:"不见而章,以配地而言也,不动而变,以配天而言也,无为而成,以无疆而言也。"(同上)宋陈淳说:"凡假伪底物,久则易间断,真实则无间断。不见而章:是不待有所示,而功用自然章者,此处与地一般。不动而变:动则犹有形迹,至于不动,则如天之变化万物无形迹,此处与天一般。无为而成:有所为而成,尚有形迹,无所为而成,其功用至于悠久,自不见其形迹,此以悠久无疆言之也。"(《北溪大全集·中庸口义》)宋陈埴说:"不息则久,是诚积于内;征则悠远,是诚积于外;下却变文为悠久,则是兼上文内外而言。"(《经说》)

这一节论述至诚的效用。至诚不息,不息则久远,这是至诚积于内。征则悠远,而至于博厚、高明,这是至诚积于外。内外结合,则无为而成。

至诚法天,天行不息,故至诚亦无息,既然不息,自然可以持久,诚于中者既恒久而不息,形于外者自能有著明之验证。悠远而无穷,所以能积之广博而深厚,发为高大而光明。"博厚"就是《孟子》所谓"充实之美","高明"就是《孟子》所谓"光辉之大"。"博厚载物"指地;"高明覆物"指天;"悠久成物",指天地运行不息,以化育万物。惟圣人能参天地,赞化育而无穷极,故能不见而章,不动而变,无为而成。所以覆物、载物、成物,是至诚之能;所以章、所以变、所以成,是至诚之功。至诚之功能非力之所任,非用而后有,其势自然,不得不如此,这是天地之道。天地之所以生物不测,在于至诚而已;天地之所以神者,积之无疆而已。

天地之道①,可一言而尽②也。其为物不贰③,则其生物不测④。天地之道,博也、厚也、高也、明也、悠也、久也。今夫天,斯昭昭⑤之多;及其无穷也,日月星辰⑥系⑦焉,万物覆焉。今夫地,一撮⑧土之多;及其广厚,载华岳⑨而不重,振⑩河海而不泄⑪,万物载焉。今夫山,一卷石⑫之多;及其广大,草木生之,禽兽居之,宝藏兴焉。今夫水,一勺⑬之多;及其不测,鼋⑭、鼍⑮、蛟⑯、龙⑰、鱼、鳖生焉,货财殖⑱焉。

【今译】

　　天地的道理,可以用一句话说尽,那就是一个诚字罢了。天和地的物体纯于一而不二,就是因为诚的缘故。能够诚,当然不息,并且能够生存万物,不可测度。天地的道,正由于纯一不二,所以能够各极其盛,达到广博、深厚、高大、光明、悠远、久长。现在拿天来说,就偏僻一隅讲,不过是明明朗朗的点点光明之多罢了;从全体而言,它是无穷无尽的,那太阳、月亮、星星都在它上面悬挂着,世界上的万物都被它覆盖着。现在拿地来看,就局部讲,不过是一撮土之多罢了;从全体而言,它是极其深广而博厚的,载着西岳华山也不感到沉重,河海在它上面奔腾流荡也不见渗漏,世界上的万物它都承载得起。现在拿山来说,就一处看,不过是一拳石的多罢了;从全体而言,推想到它的广大,所有草木都生在山上,珍禽异兽都住在山上,还蕴藏着宝贵的矿藏,开发出来,造福于人民。现在拿水来说,就一处讲,不过是一勺水之多罢了;从全体而言,推想到它的不可测度,鼋呀、鼍呀、蛟呀、龙呀、鱼呀、鳖呀,都生长在这片浩淼而汪洋的水里,为人们增殖财富。

【注释】

　　①道:道理。　②尽:完。　③不贰:无二心。这里指纯一不二。④不测:不能估计、测度。　⑤昭昭:小小的光明。　⑥星辰:星系的通称。　⑦系:悬挂、悬系。　⑧撮(cuō):用指爪取物。形容其所取之少。　⑨华岳:西岳华山。为五岳之一。　⑩振:收。引申为收容、容纳。　⑪泄:泄漏、渗漏。　⑫一卷(quán)石:一块一块的小石头。⑬勺:勺子。古代舀酒的器具,青铜制,形如有曲柄的小斗。　⑭鼋(yuán):大鳖。　⑮鼍(tuó):鳄鱼的一种。又称"扬子鳄",爬行纲,鼍

科。　⑯蛟:古代传说龙一类的动物,能发水。　⑰龙:古代传说中一种有鳞有须有爪能兴云作雨的神异动物。　⑱殖:生殖、产生。

【评述】

本节极言至诚无息的功用。从微至著,从小至大,天地山水,宇宙之广,都可以用诚来概括。

汉郑玄说:"此言天之高明,本身昭昭;地之博厚,本由撮土;山之广大,本起卷石;水之不测,本从一勺。皆合少成多,自小致大。至诚者,亦如此乎。"(《十三经注疏·中庸》)唐孔颖达说:"此一节明至诚不已,则能从微至著,从小至大。"(同上)宋朱熹说:"此以下,复以天地明至诚无息之功用。天地之道可一言而尽,不过曰'诚'而已。不贰,所以诚也。诚故不息,而生物之多,有莫知其所以然者。言天地之道,诚一不二,故能各极其盛,而有下文生物之功。此四条,皆以发明由其不贰、不息,以致盛大而能生物之意。"(《四书集注·中庸章句》)宋陈孔硕说:"大意盖言天地圣人,皆得此实理,无有驳杂,无有间断,始能有此功用耳。"(《中庸讲义》)

本节以天地山水之积以说明至诚无息的功用。开头即提出论点,"天地之道,可一言而尽也"。这就是用"至诚"一言来概括天地之道。为什么如此呢? 分两个方面加以剖析。先说"其为物不贰,则其生物不测"。不贰,就是纯一,就是至诚。天地化生万物,所以有令人不可测度之妙,就是它"至诚无息",坚持下去的结果。在理论上支持其论点。其次,举实例说明其论点。天地之道之所以能博、厚、高、明、悠、久,就是因为它"至诚无息",从微至著,积小至大,化育万物。举天地山水为例,说明至诚的功效。"多"字从重"夕",有重复积累之义。"昭昭"是小小的光明。"卷",《七经考文》说:"'卷'本作'拳',拳石,谓石小如'拳'。"天不过是一点点光亮所积,但是说到无穷大的天体,则日、月、星辰都悬于天,所有万物无不被它所覆盖。地,不过是一撮土所积,但是说到那广袤的大地,则载着华山那样高大的山,也不觉其重,容纳着大河、大海那样多的水也不会泄漏,所有的万物它都载得住。山不过是拳头般的石块所积,但是说到那广大的山,则草木生在上面,禽兽棲息于茂密的森林和岩穴之中,还有金银煤铁等宝物蕴藏在山里。水不过是一勺勺水所积,但是说到那深广不测的海洋,则鼋鼍蛟龙鱼鳖等都生长在那里,生殖着无穷的财富。天地山水,所以汇成这样繁富广大的宇宙,推其原理,却不外一个"诚"字而已。诚之积,充塞宇内,至广至厚,足见其功用之大。从理论和实例两个方面充分说明至诚的功用。

《诗》①云:"维天之命,於②穆③不已。"盖④曰:天之所以为天也。"於乎⑤不⑥显,文王之德之纯⑦。"盖曰:文王之所以为文也,纯亦不已⑧。

【今译】

《诗经·周颂·维天之命》说:"只有苍天之理深远得很,经历万古不会停息。"这就是苍天之所以成为苍天的道理呀!《诗经·周颂·维天之命》又说:"呜呼,岂不显著吗? 文王的圣德多么纯粹啊!"这就是文王之所以成为文王的道理呀! 纯粹不二的至诚功夫,同天命一样,是不会停息的。

【注释】

①《诗》:见《诗经·周颂·维天之命》。这是一首祭祀文王的乐歌。　②於:同"于"。叹词。　③穆:肃穆、深远。　④盖:推原之词,表示原因。　⑤於乎:同"呜呼"。叹词。　⑥不:同"丕"。语气词。　⑦纯:纯洁无瑕。　⑧不已:不停止。

【评述】

本节引《诗》进一步申述至诚不息的功用。

汉郑玄说:"天之所以为天,文王所以为文,皆由行之无已,为之不

止,如天地山川之云也。《易》曰:'君子以慎德、积小以成高大',是
与。"(《十三经注疏·中庸》)唐孔颖达说:"引《诗》明不已之事。"宋朱
熹说:"於,叹辞。穆,深远也。不显,犹言岂不显也。纯,纯一不杂也。
引此以明至诚无息之意。"(《四书集注·中庸章句》)程(程颢、程颐)子
说:"天道不已,文王纯于天道亦不已。纯则无二无杂,不已则无间断
先后。"(同上)宋真德秀说:"纯是至诚,无一毫人伪之杂。惟其纯诚无
杂,自然能不已。如天之春而夏,夏而秋,秋而冬,昼而夜,夜而昼,循
环运转,一息不停,以其诚也。圣人之自壮而老,自始而终,无一息之
懈,亦以其诚也。既诚,自然不能已。"(《西山先生真文忠公文集》)

　　所引诗见《诗经·周颂·维天之命》,这是一首周公摄政,辅成王
致太平,祭告文王之乐歌,歌颂文王德配天命,德被子孙。所引二句,
前一句,"穆"为深远之意,"不已"为不停息之意。大意是想念到天的
道理,深远而运行不息。说明天之所以为天的道理。后一句"於乎"
同呜呼,叹辞,无义。"纯",即不贰、至诚之意。大意是:"啊!岂不显
明啊!文王之德,是这样的至诚。"说明文王之所以为文王之故。文
王是圣人,圣人与天地合德,即是天道,天道运行不已,故说:"纯而
不已。"

二十七、大　哉　章

　　大哉①圣人之道,洋洋②乎!发育万物,峻极③于天。优
优④大哉!礼仪⑤三百,威仪⑥三千,待其人⑦而后行。

【今译】

　　伟大啊,圣人的道理!像汪洋大海一样浩浩汤汤地流动着充满宇
内,它产生和养育万物,高峻广大而通达于天。充足而有余啊!礼的
大纲有三百条,礼的细目有三千条,等待圣人、贤人来行这样的大道。

【注释】

①大哉:伟大啊!　②洋洋:充足盈满的样子。　③峻极:极其高峻。　④优优:宽裕充足的样子。　⑤礼仪:经礼,典礼制度。如嘉、吉、丧、宾、军之礼。　⑥威仪:曲礼,指礼的细节。古时典礼中的动作仪文及待人接物的仪节,如升、降、揖、退之类。　⑦人:指圣人、贤人。

【评述】

本章论述圣人之道高大、广厚,苟非至德,其道不成。教育君子求至诚的中庸之道。分三节加以阐述。本节歌颂圣人之道高大、广厚,必得圣人、贤人而后行之。

汉郑玄说:"言为政在人,政由礼也。"(《十三经注疏·中庸》)唐孔颖达说:"言圣人之道高大,与山相似,上极于天。圣人优优然,宽裕其道。礼,必待贤人然后施行。"(同上)宋程颢说:"天之为天,不已其命而已。圣人之为圣人,不已其德而已。其为天人德命则异,其所以不已则一。故圣人之道可以配天者,如此而已。礼仪、威仪,道也,所以行之者,德也。小德可以任大道,至德可以守至道,必待人而行,故必有人而行,然后可名之道也。"(《二程集·中庸解》)宋朱熹说:"竣,高大也。此言道之极于至大而无外也。优优,充足有余之意。礼仪,礼经也。威仪,曲礼也。此言道之入于至小而无间也。"(《四书集注·中庸章句》)

本节赞美圣人之道。提出"大哉,圣人之道"的论点后,分两个层次加以说明。首言道体之大。它充满于天地之间,而无处不在;它足以发育万物,高极苍天,无所不包。次言道用之广。它充足有余,无微不在,入于至小而无间。举礼仪、威仪为例,极言其条数之多,以见其用之广。礼仪,为周朝所定的大仪节,如嘉、吉、凶、宾、军之礼。威仪,周朝所定的小仪节,如动作周旋之容,上下升降之行都是。然后总结以上两个方面,指出致广大而尽精微之道,均须待圣人、贤人而后可行,寓政由礼出,人存政举之意。

故曰:苟①不至德②,至道③不凝④焉。故君子尊德性而道问学⑤,致广大而尽精微,极高明而道中庸,温故而知新,敦厚⑥以崇礼。

【今译】

所以说:假使没有大德的圣人,至诚的道绝不会凝聚在他心中。所以君子敬谨尊奉天赋的德性,勤学好问不敢懈怠。在宏观上,排除私意的蒙蔽,追求广大的德性;在微观上,审察道体的细微,尽力问学以掌握精微的理。达到极高的境界而实行中庸之道。温习已经学过的知识而追求未知的新道理。敦笃已能之事,积累未谨的礼。

【注释】

①苟:假使、如果。 ②至德:最高的德性。 ③至道:圣人之道,即指中庸之道。 ④凝:凝聚、形成。 ⑤尊德性而道问学:尊敬崇拜圣人自然至诚的德性,通过勤学好问,不懈努力达到至诚。⑥敦厚:加厚、笃厚。

【评述】

本节承上文阐明君子欲行圣人之道,必勤学修德,德与道合,以达至诚。

汉郑玄说:"德性谓性,至诚者道,犹由也。问学,学诚者也。广大,犹博厚也。"(《十三经注疏·中庸》)唐孔颖达说:"此明君子欲行圣人之道,当须勤学,学而至诚也。"(同上)宋朱熹说:"尊德性,所以存心而极乎道体之大也;道问学,所以致知而尽乎道体之细也。二者修德凝道之大端也。不以一毫私意自蔽,不以一毫私欲自累,涵泳乎其所已知,敦笃乎其所已能,此皆存心之属也。析理则不使有毫厘之差,处事则不使有过不及之谬,理义则日知其所未知,节文则日谨其所未谨,此皆致知之属也。盖非存心无以致知,而存心者又不可以不致知。故此五句,大小相资,首尾相应,圣贤所示入德之方,莫详于此,学者宜尽心焉。"(《四书集注·中庸章句》)

本节从尊德性、道问学两个方面,论述从体和用、隐和费之间互相为用,追求至诚之道。"德性"即"天命之性""吾心之理",存心以极乎道体之大。"道学问"就是讲学问、"格物致知",此皆致知以尽道理之细。惟至德所以凝至道。虽有问学,不尊自我的德性,则问学失其道;虽有精微的理,不致广大以自求,则精细不足以自信;虽有中庸之道,不极高明以行之,则会同污合俗;虽知所未知,不温故以存之,则德不可积;虽有崇礼之志,不敦厚以持之,则其行不久。这是合德与道而言,尊德性而道问学,使德与道合,然后进可以扬德兴国,退足以明哲保身。

是故居上不骄,为下不倍①。国有道,其言足以兴②;国无道,其默足以容③。《诗》④曰:"既明且哲⑤,以保⑥其身。"其此之谓与。

【今译】

所以,君子身居上位而不骄傲,身居下位而不违礼背道。国家处于政治清明的治世,就宣扬德言,足以使国家兴盛;国家处于政治昏暗的乱世,就缄默不语,足以免祸而保全自身。《诗经·大雅·烝民》说:"既明达而能熟谙事机,又智慧而能洞察哲理,可以用来保全自身。"就是这个意思啊!

【注释】

①倍:同"悖",违背。 ②兴:指振兴国家。 ③其默足以容:指缄默不语,足以为执政者所容,因而远避灾祸。 ④《诗》:指《诗经·大雅·烝民》。这是一首歌颂周宣王大臣仲山甫之诗。 ⑤既明且哲:既高明又智慧。 ⑥保:保全。

【评述】

本节引《诗》申述尊德性、道问学以追求至诚之道，则明能任事，哲能保身。

唐孔颖达说："此一节明贤人学至诚之道，中庸之行，若国有道之时，尽竭智谋，其言足以兴成其国，国无道则韬光潜默，足以容其身，免于祸害。"（《十三经注疏·中庸》）

所引《诗经》，见《大雅·烝民》。这两句的大意是：既高明，又智慧，可以保全他的一身。后浓缩成成语"明哲保身"。这是承上文而言，有加重其意义的目的。说明掌握至诚之道，即中庸之道的君子，提高了思辨能力，居上位，不骄傲；在下位，不逆乱。当国家政治清明的时候，他的话足以振兴国家；当国家政治黑暗的时候，就默而不言，使自己免于祸害，明哲保身，永远立于不败之地。

二十八、自　用　章

子曰："愚而好①自用②；贱③而好自专④；生乎今之世，反⑤古之道；如此者，灾及其身者也。"

【今译】

孔子说："愚蠢而没有德性的人，喜欢自作聪明，自以为是；卑贱的人，喜欢僭越、专断；生在现在的世界上，反而推行古代的道理；这样的人，灾祸一定会降临到他的身上。"

【注释】

①好：喜欢。　②自用：只凭自己主观意图行事。　③贱：卑贱。
④自专：按自己的主观意志独断专行。　⑤反：同"返"。引申为恢复、推行。

【评述】

本章论述生今之世，而欲复古之道，不合时中。教育人们顺时而动。分三节加以论述，本节论主观专断的人，欲推行古道，必将及灾。

汉郑玄说："反古之道，谓晓一孔之人，不知今王新政可从。"(《十三经注疏·中庸》)宋程颢说："无德为愚，无位为贱。有位无德，而作礼乐，所谓'愚而好自用'。有德无位，而作礼乐，所谓'贱而好自专'。生周之世，而从夏、殷之礼，所谓'居今之世，反古之道'。三者有一焉，取灾之道也。"(《二程集·中庸解》)

本节论居今之世而推行古道，必将及灾。"反古"就是"复古"，开历史倒车，不合于时中，结果灾害必然要降临到他身上。这样的人历史上还少吗？春秋时期，宋襄公是一个。处在春秋大国争霸时期，兵不厌诈，他却死抱住"阵而后战"的古代战法，结果在泓之战中，被楚军打得大败，大腿受伤，门官被杀，国力衰弱，祸难临头。燕王哙也是一个。处在春秋时期，而欲行尧舜禅让之事，禅位给其相子之，自为臣下。结果太子平与子之互相攻杀，国家大乱，百姓恐惧，被齐湣王所乘，发兵攻燕而大胜。燕王哙死，子之亡，燕人共立太子平为燕王。不合时中，逆时而动，必然要遭受灾祸。

"非天子，不议礼①，不制度②，不考文③。今天下车同轨④，书同文⑤，行同伦⑥。虽有其位⑦，苟无其德，不敢作礼乐⑧焉；虽有其德，苟无其位，亦不敢作礼乐焉。"

【今译】

不是有德位的天子，不敢议论亲疏贵贱相接的礼制，不敢制订宫室、车骑、服饰等制度，不敢考订文字的笔划形体。现在天下统一，车行的辙迹相同，文字也统一，行为符合伦理的规范。虽有天子的职位，假使没有圣人的德性，是不敢轻易去制礼作乐的。虽有圣人的德性，假使没有天子的职位，也是不敢轻易去制礼作乐的。

【注释】

　　①议礼：指制订礼制。　②制度：制定法度。　③考文：考订文字。指文字的笔划和形体。　④轨：车子两轮间的距离。古代造车，两轮间的距离都有定制。如秦始皇定制为六尺。　⑤书同文：书写的是同样的文字。　⑥伦：指伦理道德。　⑦位：职位。指天子之位。⑧乐(yuè)：音乐。古代天子制礼作乐，以治理天下。

【评述】

　　本节论述议礼、制度、考文，必圣人在天子之位始能行之。否则即愚而好自用，贱而好自专，不合时中。

　　汉郑玄说："此天下所共行，天子乃能一之也。礼，谓人所服行也；度，国家宫室及车舆也。文，书名也。言作礼乐者，必圣人在天子之位。"（《十三经注疏·中庸》）唐孔颖达说："礼，由天子所行，既非天子，不得议礼之是非；不敢制造法度及国家宫室大小、高下及车舆也。不得考成文章书籍之名也。"（同上）宋朱熹说："此以下子思之言。礼，亲疏贵贱相接之体也。度，品制。文，书名。今，子思自谓当时也。轨，辙迹之度。伦，次序之体。三者皆同，言天下一统也。"（《四书集注·中庸章句》）

　　非圣人在天子之位，不敢作礼乐，制法度，考订文字。按许慎《说文解字·序》说："七国之时，车涂异轨，律令异法，衣冠异制，言语异声，文字异形。"且老、庄、申、商、杨、墨诸子，异学蜂起，正是车不同轨，书不同文，行不同伦，与此处所说相反。有人曾以此问过朱熹，朱熹回答是"当是之时，周室虽衰，而人犹以为天下共主，诸侯虽有不臣之心，然方彼此争雄，不能相尚。下及六国之未亡，犹未有能更姓改物，而定天下于一者也。则周之文轨，孰得而变之哉？"（《中庸或问》）意思是说，春秋之末，东周的共主地位尚存，犹有周制，未曾改易。秦并吞六国之后，始用六为纪，而车为六尺，于是改车之轨，小于周制六寸（周制轨为六尺六寸），又命李斯、程邈更制小篆、隶书，书之文始不同。春秋之末,东周号称共主,而当时之有位者,皆无圣人之德,有德如孔子者,又无天子之位。无德而妄作礼乐、制法度,考文字,便是愚而好自用。无位而妄作礼乐,制法度,考文字,便是贱而好自专。其实这是作者的一种曲笔,而其意则重在论述当时之世,有位者无德,有德者无位,没有具圣人之德的天子。

至于考文字,也是天子之权力。因为学在官府,古之人不甚识字,字形容易差错,所以每年一次,天子使大行人等官巡行天下,考过这字是正与不正。又为什么文字称之为"书"呢?书,就是字的名字。如"大"字叫作"大"字,"上"字叫作"上"字,"下"字叫作"下"字。字的笔划和形体是由天子制定的。

子曰:"吾说①夏礼,杞②不足征也;吾学殷礼③,有宋④存焉;吾学周礼,今用之,吾从⑤周。"

【今译】

孔子说:"我喜欢夏朝的礼制,其后代杞国的文献不足征考;我学习殷朝的礼制,还有殷朝的后代宋国存在,有文献可以征考。我学习周朝的礼制,现在天下人民都用周礼,我也遵从周礼。"

【注释】

①说(yuè):通"悦",喜爱、喜欢。一作解说讲。　②杞(qǐ):古国名,在今河南杞县。相传杞开国君主是夏禹后裔东楼公。　③殷礼:殷代礼法。　④宋:古国名。开国君主是商王纣的庶兄微子启。建都于商丘(今河南商丘南)。　⑤从:遵从、听从。

【评述】

本节承前文,引孔子的话,进一步申述宜行中庸之时中,生于今世而从今之政,以照应全文。

汉郑玄说:"征,犹明也。吾能说夏礼,顾杞之君,不足与明之也。

吾从周,行今之道。"(《十三经注疏·中庸》)宋朱熹说:"三代之礼,孔子皆尝学之而能言其意。但夏礼既不可考证,殷礼虽存,又非当世之法。惟周礼乃时王之制,今日所用。孔子既不得位,则从周而已。"(《四书集注·中庸章句》)

周朝统一天下,封夏之后为杞国,封殷之后为宋国。征,就是证明的意思。本节与《论语·八佾》"子曰:'夏礼,吾能言之,杞不足征也;殷礼,吾能言之,宋不足征也,文献不足故也。足,则吾能征之矣'"和"周监于二代,郁郁乎文哉! 吾从周"的意思是一致的。孔子从周,是从时,时之所在,即中庸所在。所以孟子赞扬孔子是"圣之时者也",是行中庸之道,执时中者。所不同的是"有宋存焉"一句与《论语》"宋不足征也"一句有异。据阎若璩《四书释地》说:"《史记·孔子世家》载:'(子思)尝困于宋。作《中庸》。'故为宋讳之,不言其无征。"其分析也有一定道理。

时中,是按变化了的形势行事,行今之道,只有这样,才能取得成功。商鞅根据秦国生产关系的变化,废井田,开阡陌,使新的生产关系适合生产力性质的发展,使秦国富强起来,奠定了统一六国的基础。经过秦孝公到秦始王六代君主的努力,终于统一了六国。王安石针对宋朝积贫积弱的局面,致力变法图强,但遭到祖宗之法不可变的保守派的反对而失败,使宋朝积贫积弱的局面不能逆转,而导致靖康之耻,被金国所灭亡。从这一正一反的实例中,可以看出执时中之道的重大意义。

二十九、三　重　章

王①天下有三重②焉,其寡过③矣乎! 上焉者④,虽善无征,无征不信,不信民弗从。下焉者⑤,虽善不尊,不尊不信,不信民弗从。故君子之道,本诸身⑥,征诸庶民,考诸三王⑦而不缪⑧,建诸天地而不悖⑨,质⑩诸鬼神而无疑,百世以俟圣人而不惑。质诸鬼神而无疑,知天也;百世以俟圣人而不惑,知人也。

【今译】

　　称王于天下,有议礼仪、订制度、考文字三件重要的事情摆在前面,用这三件事去教育人民,人们就很少有过失了。过去夏、商的礼仪制度虽然好,但年代久远,得不到验征,得不到验证就不能取信于民,不能取信于人,人民就不愿遵从。身为圣人而处在下位的人,他所主张的礼仪制度虽然好,但没有天子的尊贵地位,不尊贵就不能使人民相信,人民不相信,也就不愿遵从。所以君主统治天下的道理,先从自己本身修德凝道做起,以此为根本,在老百姓身上加以验征和取得信任。往上考察禹、汤、文武的因革损益而没有谬误,放到天地之间都符合天地自然的理而不相违背,问于鬼神幽深的理而没有疑惑。等到百代以后的圣人出来也不会有什么怀疑。问幽深的鬼神而没有疑惑,这是晓得天理的缘故。百代以后的圣人也没有疑惑,这是晓得人道的缘故。

【注释】

　　①王(wàng):称王、统治天下。　②三重:三件重大的事。指议礼、制度、考文。　③寡过:减少过失。　④上焉者:指远于当今的礼仪制度,即夏、商的礼仪制度。　⑤下焉者:指在下位的圣人,即孔子,虽善于礼,而不在尊位。　⑥本诸身:以修身为根本。　⑦三王:有不同说法,一指禹、汤、文武;一指禹、汤、周文王。　⑧缪(miù):通"谬"。错误。　⑨悖(bèi):通"背"。违背。　⑩质:质问、询问。一说证实。

【评述】

本章承前论述君主统治天下,应掌握议礼、制度、考文三件大事,执时中之道，修身律己、教育人民，以传令名于天下。分三节叙述。本节论统治天下之道。

汉郑玄说："三重，三王之礼。上谓君也，君虽善，善无明证，则其善不信也；下谓臣也，臣虽善，善而不尊君，则其善亦不信也。知天、知人，谓知其道也。鬼神从天地者也。圣人则之，百世同道。"（《十三经注疏·中庸》）唐孔颖达说："为君王有天下者，有三种之重焉，谓夏、商、周三王之礼，其事尊重，若能行之，寡少于过矣。"（同上）宋朱熹说："上焉者，谓时王以前，如夏、商之礼虽善，而皆不可考。下焉者，谓圣人在下，如孔子虽善于礼，而不在尊位也。此君子，指王天下者而言，其道，即议礼、制度、考文之事也。本诸身，有其德也。征诸庶民，验其所信从也。建，立也。立于此而参于彼也。天地者，道也。鬼神者，造化之迹也。百世以俟圣人而不惑，所谓圣人复起，不易吾言者也。"（《四书集注·中庸章句》）宋潘柄说："通天下一理耳，无往不在，无时不然，是以达幽明，贯古今，而无所不通。"（《讲说》）

三重，前人有三种理解。汉郑玄注说："三王之礼"即夏、商、周三王之礼。唐孔颖达也主此说。宋吕祖谦说是"议礼、制度、考文"三件事。朱熹则从此说。清康有为《中庸注》说："'重'读平声，作重复解。三重，说是拨乱、升平、太平三世之中，又各有小三世，小三世之中，又各有其三世。明此世运升降之理，则可以寡过。"三说中以第二说较为合理，符合本章所述主旨。

至于"上焉者""下焉者"，也有不同理解。郑玄认为上焉者指"君"；下焉者指"臣"。唐孔颖达也从此说。宋朱熹认为上焉者指远于当今之世的夏礼、殷礼，下焉者指无天子之位的圣人，如孔子。陈孔硕亦主此说，认为"上乎周而为夏、商，礼非不善，然既于今而无所证，则民将骇而不信矣。下而不获用于周，如孔子者，德非不善，然不得显位而行之，则民亦玩而不信矣。"（《中庸讲义》）均之二说，鉴于本章承上文而主张行执时中之宜，故以朱说为长。

统治天下的人，有三大重任，议礼所以制行，故行必同伦；制度所以为法,故车必同轨;考文所以合俗,故书必同文。国无异政,家不殊俗,则就很少过失了。"上焉者,虽善无征,不信民弗从。"是说时王以前,如夏、商之礼,虽然很好,但年代久远,无从考证,既已无从证明,实行它便不能使人相信,不能使人相信,人民怎么会遵从呢?"下焉者,虽善不尊,不尊不信,不信民弗从",是说像孔子一样在下位的圣人,虽善于礼,但不在尊位,人民也不会相信,不能使人相信,又怎么能让人民遵行呢? 所以统治天下的君主,一定要以修身为本,修道凝德,作人民表率,然后验之于人民,考之三王而无谬误,建立于天地之间而不悖理,即使问之鬼神,亦无所疑虑,等到百世以后圣人出来,也不会有什么疑惑了。以人道来体现天道,天人合一,政治以成。

　　是故君子①动②而世为天下道③,行而世为天下法④,言而世为天下则⑤。远之则有望⑥,近之则不厌⑦。

【今译】

　　所以君王的语言行动能够使世世代代的人民遵行;施于政治,能够使世世代代的人民效法;发为号令,能够使世世代代的人民奉为准则。远方的人民景仰他的言行,近处的人民学习他的言行而不生厌倦之心。

【注释】

　　①君子:指君主。　②动:指言语行动。　③道:道路。这里引申为遵行。　④法:法则,效法。　⑤则:准则。　⑥望:钦慕、景仰。　⑦厌:厌倦。

【评述】

本节承前论述,君王修中庸之道,动、行、言均为天下人的表率,为天下人所景仰。

汉郑玄说:"用其法度想思,若其将来也。"(《十三经注疏·中庸》)

唐孔颖达说："圣人之道,为世法则。若远离之,则有企望思慕之深也;若附近之,则不厌倦,言人爱之无已。"（同上）宋朱熹说："动,举一身兼行与言而言之也。道者,人所共由,兼法与则而言之也。法谓法度,人之所当守也。则谓准则,人之所取正也。远者悦,其德之广被,故企而慕之;近者习,其行之有常,故久而安之也。"（《中庸纂疏》）

道为人所共经之路,与法度、准则为人所共同遵守的道理是一样的。君主的举动、行为、话语可以世世代代为天下人的榜样,远者慕之,故有望,近者悦之,故不厌。所以中庸之道,能永久地行于天下。

《诗》①曰:"在彼②无恶③,在此④无射⑤。庶几⑥夙夜⑦,以永终誉⑧。"君子未有不如此而蚤⑨有誉于天下者也。

【今译】

《诗经·周颂·振鹭》说:"夏、殷二王的后代,现在是我周朝的客人,他们在自己国家里没有人厌恶他,来朝廷助祭的时候,也没有一个人厌恶他。差不多朝朝夜夜,可以永远保全这个名誉了!"君王没有不这样而能在天下很早享有盛名的呀。

【注释】

①《诗》:指《诗经·周颂·振鹭》。这是一首周王设宴招待来朝的诸侯时所唱的乐歌。原诗序说:"《振鹭》,二王之后来助祭也。"二王,指殷、夏之后代,杞、宋国君。　②彼:他,指诸侯所在国。　③恶(wù):憎恶、厌恶。　④此,这。指周王所在地,即朝廷。　⑤射(dù):厌恨、厌恶。　⑥庶几:差不多。　⑦夙(sù)夜:早晚。　⑧以永终誉:各诸侯长保众多的名誉。永:长久。终:"众"的假借字。誉:名誉,声誉。　⑨蚤(zǎo):通"早"。

【评述】

本节引《诗》以申述君主行中庸之道,为人民榜样,取令誉于天下。

汉郑玄说："射,厌也。永,长也。"(《十三经注疏·中庸》)唐孔颖达说："引《周颂·振鹭》之篇,言微子来朝,身有美德,在彼宋国之内,民无恶之;在此来朝,人无厌倦,故庶几夙夜以长永终,竟美善声誉。言君子之德,亦能如此。"(同上)宋朱熹说："射,音妒,《诗》作斁。所谓此者,指本诸身以下六事而言。"(《四书集注·中庸章句》)

所引诗见《诗经·周颂·振鹭》,原为夏、商二王的后代,杞、宋之国君来周朝助祭时所唱乐歌。引句的大意是:在他那里,没有怨恨;在我这里,没有厌恶。希望早晚小心,以长保众多的荣誉。借此进一步教育君主,应早夜孳孳,追求至诚的中庸之道,以期远之则有望,为人们所景仰;近之则不厌,使人们悦服而不厌倦,布令名于天下。

三十、祖　述　章

仲尼祖述①尧舜,宪章②文武,上律③天时④,下袭⑤水土⑥。辟⑦如天地之无不持载⑧,无不覆帱⑨。辟如四时之错行⑩,如日月之代明⑪。万物并育⑫而不相害⑬,道⑭并行而不相悖,小德川流,大德敦化⑮,此天地之所以为大也。

【今译】

仲尼能奉尧舜为宗,传述他们最高明的道德,效法文王、武王,彰明他们最完备的法制。随时应变,上而取法天时自然的变化,下而严守范围,遵从水土自然发展之理。譬如地,没有一物不承载在它上面,譬如天,没有一物不覆盖在它下面。譬如春、夏、秋、冬,交替运行,譬如日月往来,交互照明。万物竞相繁育而不相妨害,大道如日月互相照明而不相违背。从小德看,像河川一样脉络分明而流动不息;从大德看,源深本厚,化育无穷。由此可以体察到天地之大了。

【注释】

①祖述:宗其道而传述之。含遵循、效法之意。 ②宪章:效法、取法。 ③律:法。效法。 ④天时:古时用意很广泛,有的指节气、气候,有的指阴晴寒暑变化。这里指自然变化的时序。 ⑤袭:因、符合。 ⑥水土:指地理环境。 ⑦辟:同"譬"。譬如、譬方。 ⑧持载:承载。 ⑨覆帱(dào):覆盖的意思。帱,覆盖。 ⑩错行:更迭交替运行。 ⑪代明:交替照明。 ⑫并育:同时生长。 ⑬相害:互相妨害。 ⑭道:大道。指孔子之道。 ⑮敦化:朴实淳厚。

【评述】

本章子思歌颂孔子之道远宗尧舜,近法文武,至大、至备,堪配天地而育万物。

汉郑玄说:"此以《春秋》之义说孔子之德。"(《十三经注疏·中庸》)唐孔颖达说:"祖,始也。言仲尼祖述始行尧舜之道也。宪,法也。章,明也。言夫子法明文武之德。律,述也。言夫子上则述行天时,以与言阴阳时候也。袭,因也。下则因袭诸侯之事,水土所在,此言子思赞扬圣祖之德以仲尼修《春秋》而有此等事也。言夫子之德,比并天地,所以为大不可测也。"(同上)宋朱熹说:"祖述者,远宗其道。宪章者,近守其法。律天时者,法其自然之运;袭水土者,因其一定之理。皆兼内外该本末而言也。错,犹迭也。此言圣人之德。悖,犹背也。天覆地载,万物并育于其间而不相害;四时日月,错行代明而不相悖。所以不害不悖者,小德之川流;所以并育并行者,大德之敦化。小德者,全体之分;大德者,万殊之本。川流者,如川之流,脉络分明,而往不息。敦化者,敦厚其化,根本盛大,而出无穷也。此言天地之道,以见上文取辟之意也。"(《四书集注·中庸章句》)宋陈淳说:"尧、舜,人道之极,故宗之;法度,至周而备,故守之。天时者,春夏秋冬之四时,有自然之运,故圣人法之;水土者,东南西北之四方,各有一定之理,故圣人因之。天无不覆,地无不载,大化流行,万物止其所而不相

侵害。"(《北溪大全集·中庸口义》)叶味道说:"是述夫子之德,同乎天
也。川流者,如川之流,有枝有派,触处弥满,流行不已也。敦化者,言
蕴蓄妙理,深厚盛大,其来无端,莫窥其自也。"(《讲义》)

　　本章歌颂孔子之德匹配天地。他远宗尧舜,善有所尊,宪章文武,
善有所征。上律天时,如祖述尧舜;下袭水土,如宪章文武。尧舜,以
道言之,天时,是道之所由出。称文武,以政事言之,水土,是人之所有
事。律是言法,袭是言服。这说明孔子之中庸,如此之巨大,如此之详
备,故譬之为天地之大啊! 其博厚,足以任天下;其高明,足以冒天下;
其化循环而无穷,达消息之理;其用照鉴而不已,达昼夜之道。尊贤容
众,嘉善而矜不能,并育不相害之理;贵贵尊贤,赏功罚罪,各当其理,
并行不相悖之义;礼仪三百,威仪三千,此小德所以川流;洋洋乎发育,
峻极于天,此大德所以敦化。天地之道,所以为大,以取譬于孔子之
德,其至大至高可以概见了。

三十一、至　圣　章

　　唯天下至圣①,为能聪明睿知②,足以有临③也;宽裕温
柔,足以有容④也;发强⑤刚毅,足以有执⑥也;齐庄⑦中正⑧,
足以有敬⑨也;文理⑩密察,足以有别⑪也。

【今译】

　　只有天下最伟大的圣人,才能聪无不闻,明无不见,睿无不通,知
无不达,自然完全能够做君主统治天下了。有了仁,宽宏舒裕,温和柔
顺,完全能够包容天下。有了义,奋扬强壮,刚健峻毅,完全能够固守
正理。有了礼,齐肃庄严,执中守正,完全能够恭敬处事。有了智,文
章条理周密,精审详察,完全能够明辨事理了。

【注释】

①至圣:最伟大的圣人。　②睿(ruì)知:明智、智慧。　③临:临民,居上而治民。　④容:容纳、包容。　⑤发强:奋发自强。　⑥执:操持决断、固守天下正理。　⑦齐(zhāi)庄:庄重恭敬,虔诚的样子。　⑧中正:不偏不倚。　⑨敬:恭敬谨慎。　⑩文理:文章条理。　⑪别:明辨是非邪正。

【评述】

本章承上章论述小德之川流,理一分殊,圣人成德之用。分三节申述。本节论述天下至圣,具备仁、义、礼、智四德及其作用。

汉郑玄说:"言德不如此,不可以君天下也。盖伤孔子有其德而无其命。"(《十三经注疏·中庸》)唐孔颖达说:"此又申明夫子之德,聪明宽裕,足以容养天下,伤其有圣德而无位也。"(同上)宋朱熹说:"聪明睿知,生知之质。临,谓居上而临下也。其下四者,乃仁、义、礼、知之德,文,文章也。理,条理也。密,详细也。察,明辨也。"(《四书集注·中庸章句》)宋陈淳说:"聪明睿知者,圣人生知安行之资,盖首出庶物者也。聪是耳之所听无不闻,明是目之所视无不见,睿是无所不通,知是无所不知。聪明以耳目言,睿知以心言。宽是宽大,裕是优裕,温和而柔顺,此仁也。仁则度量宽洪广大,故曰有容。发是奋发,强是强而有力,则毅皆刚意,此义也。义则操执得牢固,故曰有执。齐是齐严,庄是端庄,中则过无不及,正则不偏,此言礼也,故曰有敬。文理密察,此知也,故曰有别。"(《北溪大全集·中庸口义》)明张侗初说:"元气虽含藏,故四时必备。圣人虽深静,故五德俱全。当春而春,当秋而秋,藏极而发也。时仁则仁,时义则义,静极而生也。"(转引《四书遇》)

本节论述圣人能具备圣、仁、义、礼、知五德。子思明指圣人,实指孔子,赞扬孔子具备五德。"聪明睿知"是圣,足以君临天下,治理人民。"宽裕温柔"是仁,宽宏大度,足以容物。"发强刚毅"是义,操执牢固,足以励守其志。"齐庄中正"是礼,无过与不及,足以致其敬。"文理密察"是知,知识渊博,足以辨别是非。只有天下圣人,方能具备此五德,君临天下,统治万民而致太平。

溥博^①渊泉^②,而时出^③之。溥博如天,渊泉如渊。见而民莫不敬,言而民莫不信,行而民莫不说^④。

【今译】

至圣的德,广阔博大像深不可测的泉水,时时涌出,无穷无尽。圣人周遍广阔好像昊天一样,静深有本,好像泉水一样。人们见到他的仪容,没有一个不尊敬;听到他的命令,没有一个不信从;看到他的政事,没有一个不欢悦。

【注释】

①溥(pǔ)博:普遍广博。溥:普遍。 ②渊泉:深潭。 ③出:溢出、涌出。 ④说(yuè):同"悦"。喜悦、喜欢。

【评述】

本节承前节继续申述圣人之德,如天之高,如水之深,广阔浩大,而人民无不悦服。

汉郑玄说:"言及临下普遍,思虑深重,非得其时,不出政教。"(《十三经注疏·中庸》)唐孔颖达说:"此节更申明夫子蕴蓄圣德,俟时而出,日月所照之处,无不尊仰。"(同上)宋朱熹说:"溥博,周遍而广阔也;渊泉,静深而有本也。出,发现也。言五者之德,充积于中,而以时发见于外也。"(《四书集注·中庸章句》)宋赵顺孙说:"见是方出而未形于言行之间,如下章所谓不动而敬,不言而信是也。"(《中庸纂疏》)

本节继续申述圣人之德。至圣与至诚就表里言,是有区别的。至诚存在于内,为根本,至圣是其德之发现于外者,故人能见之、辨之、悦之。"溥博",是周遍而广大的意思;"渊泉",是幽静而深峻的意思。这是指圣人之德周遍广大,幽静深峻。诚于中之德必形于外,其形于外者,时时表现仪容于言行之间,其溥博广大如天,其渊泉高深如渊,其仪容言行,人民无不尊敬,无不信服,无不欢悦。

是以声名洋溢①乎中国②,施③及蛮貊④;舟车所至,人力所通,天之所覆,地之所载,日月所照,霜露所队⑤,凡有血气者⑥,莫不尊亲⑦;故曰配天⑧。

【今译】

所以,他的名声充满华夏,并且逐渐传播到边远的南蛮北貊等少数民族地区。凡是车船可通到的地方,凡是人力可通的地方,凡是天所覆盖的地方,凡是地所承载的地方,凡是日月照临的地方,凡是霜露所坠落的地方,这些地方凡是有血气的人,没有一个不尊他为君主,亲他如父母。所以说至圣的德与天相匹配。

【注释】

①洋溢:充满。引申为广泛传播。　②中国:古代中国指华夏地区。　③施(yì):及、到、延续。引申为传播。　④蛮貊(mò):指我国古代南蛮北貊等边远的少数民族。　⑤队(zhuì):同"坠"。物体从高处落下叫坠。　⑥血气者:指有生命的人。　⑦尊亲:尊重和亲近。⑧配天:与天相匹配。

【评述】

本节总结圣人之德广博高大,无所不至,无处不在,可以与天地相匹配。

汉郑玄说:"如天,取其运照不已也;如渊,取其清深不测也;尊敬,尊而亲之。"(《十三经注疏·中庸》)宋朱熹说:"舟车所至以下,盖极言之。配天,言其德之所及,广大如天也。"(《四书集注·中庸》)宋程颢说:"言圣人成德之用,其效如此。至于血气之类,莫不尊亲,惟天德为能配。"(《二程集·中庸解》)明张岱说:"上章曰:'高明配天',而此则详其所以'配',故用'故曰'字。然玩'故曰'二字,可见到'配天'地位,只是至圣本分内事。"(《四书遇》)

本节总结上两节,极言圣人之德如此盛大。他的声名充满于中国,旁及周边的少数民族,凡是车船可以到达的,人的力量所能通达的,天所覆盖的,地所承载的,日月所照及的,霜露所下着的地方,一句话,在整个地球上,凡是有血气的人,无不尊敬他、亲爱他。所以说圣人之德之大,是可以和天相配的。诚如程颢所说:"圣人成德,非万物皆备,足以应物而已;其停蓄充盛,至深至大,出之以时,人莫不敬信悦服,惟天德为能配。"(《二程集·中庸解》)

三十二、经　纶　章

唯天下至诚,为能经纶①天下之大经②,立天下之大本③,知天地之化育。夫焉有所倚④?肫肫⑤其仁,渊渊其渊,浩浩⑥其天。苟不固⑦聪明圣知达天德者⑧,其孰⑨能知之?

【今译】

只有天下至诚的圣人,才能掌握治理国家大事的法则,建立天下的大根本,知道天地变化生育的道理。除了诚,还有什么可依傍呢?从经纶来说,至诚有肫肫然恳至的样子,这是他心里的仁德;从立本来说,至诚有渊渊然静深的样子,这是他心里的本源;从知化来说,至诚有浩浩然广大的样子,这是他心里的昊天。如果不是实实在在具有聪明圣哲的资质,能通达天赋的仁义礼智信五大德,那么,有谁能知道是他(孔子)呢?

【注释】

①经纶：原指整理丝缕。引申为治理、创制。　②大经：指常道、法则。　③大本：根本大德。　④倚：偏倚、倚旁。　⑤肫肫(zhūn)：诚恳、诚挚的样子。　⑥浩浩：原指水势浩大的样子。引申为广阔无际。　⑦固：实实在在。　⑧达天德者：通达天赋美德的人。天德，指仁义礼智信。　⑨孰：谁、哪一个。

【评述】

本章论述至诚之道的本质及其功能，乃治国之大经，立身之大本，化育之大理，唯圣人能有此天赋之大德。

汉郑玄说："至诚，性至诚，谓孔子也。大经，谓六艺而指《春秋》也。大本，《孝经》也。安有所倚，言无所偏倚也。言唯圣人乃能知圣人也。"(《十三经注疏·中庸》)唐孔颖达说："此云夫子无所偏倚而仁德自然盛大也。"(同上)宋朱熹说："经纶，皆治丝之事。经者，理其绪而分之；纶者，比其类而合之也。经，常也。大经者，五品之人伦；大本者，所性之全体也。惟圣人之德，极诚无妄，故于人伦，各尽其当然之实，而皆可以为天下后世法，所谓经纶之也。其于所性之全体，无一毫人欲之伪以杂之，而天下之道，千变万化，皆由此出，所谓立之也。其于天地之化育，则亦其极诚无妄者有默契焉，非但闻见之知而已。此皆至诚无妄，自然之功用，夫岂有所倚著于物而后能哉！肫肫，恳至貌，以立本而言也。浩浩，广大貌，以知化而言也。其渊其天，则非特如之而已。"(《四书集注·中庸章句》)宋陈淳说："五品，即君臣、父子、兄弟、夫妇、朋友之大伦。大本，即是中者天下之大本一般。中乃未发之中，就性论；今所谓大本，以所性之全体论。"(《北溪大全集·中庸口义》)

本章极论至诚之道。分两层意思。先释大经、大本、化育。经纶，本谓织丝，引申作治理解，"大经"就是上文所说"凡为天下国家有九经"的九项平治天下国家的大纲，也就是庸。"大本"就是上文所说的

"中也者天下之大本也"的中。"知天地之化育"就是上文所说的"赞天地之化育"。此三者,都发于至诚。为至诚之实理。诚者,实有是理,反而求之,理之所固有而不可改易的叫作庸,体现其固有的意义,便达到经纶天下了。理之所自出而不可改易的叫作中,尊其所自出,便达到中了。理之所不得已的,叫作化育,明察其不能已的契机,便达到化了。至诚而达到庸、中、化,则至诚之事尽而天德全,不倚于物而与天地合德。

其次释圣人的态度胸怀,唯圣人能知圣人。"肫肫",诚恳的样子。"渊渊",静穆的样子。"浩浩",广大的样子。这就是说至诚的圣人,态度诚恳,具有粹然仁者的胸怀;静穆高深,具有立其根本而不竭的意志;广大浩瀚,具有生育变化之功能,与天同其大。惟圣人能知圣人,非至圣无以显至诚之全体,非至诚无以全至圣之妙用。故不达天德,不足以知之。

三十三、尚　絅　章

《诗》①曰:"衣锦尚絅②。"恶③其文④之著⑤也。故君子之道,暗然⑥而日章⑦;小人之道,的然⑧而日亡。君子之道,淡⑨而不厌,简⑩而文,温而理,知远之近⑪,知风之自⑫,知微之显⑬,可与入德⑭矣。

【今译】

　　《诗经·国风·卫风·硕人》和《诗经·国风·郑风·丰》说:"妇女穿锦绣衣服,外加粗麻单衣罩着。"这是厌恶锦绣的纹彩太显眼的缘故。所以君子的道,也同穿锦衣罩粗麻单衣一样,暗地里用功,不被别人知道,然而用功既久,学问自然一天天明显地表露出来。小人的道,与此相反,喜欢表露自己,但没有实际功力,不等日久,便一天天消亡了。君子的道,平淡而有实理,不被人所讨厌;简约而有文彩;温和而有条理。要知道远的事物,就要用近的事物来推测;知道风教别人,就要从自己做起;知道事物微小的开端,便推知将来显著的后果,能够这样用功,就可称得上是进入道德的高尚境界了。

【注释】

①《诗》:指《诗经·卫风·硕人》和《诗经·郑风·丰》。《硕人》叙述庄姜初嫁庄公时的情景;《丰》叙述男方迎亲而女方父母变志,女不得行而悔恨之诗。　②衣(yì)锦尚绸(jiǒng):穿着锦绣衣服、外罩粗麻单衣。衣,穿,作动词。尚,加在上面。绸,粗麻单衣。　③恶(wù):厌恶。　④文:文彩。　⑤著:显著。引申为耀眼。　⑥暗然:暗淡的样子。　⑦日章:日渐彰明。章,同"彰"。　⑧的然:鲜艳的样子。的:鲜艳、显著。　⑨淡:平淡、恬淡。　⑩简:简约、简朴。　⑪知远之近:要往远处去必须从近处开始。　⑫知风之自:教化别人必须从自己做起。风:风教。　⑬知微之显:从微小苗子中推知显著的结果。微:小。　⑭入德:进入道德之门。

【评述】

本章回应首章戒惧慎独、存养省察下学之功夫。论初学入德者,必自下学务内、至亲至切出发,然后达至至精至微、无声无臭的最高境界。分六节论述。本节引《诗》论述初学入德之要,必须重视存养致知功夫。

汉郑玄说:"言君子深远难知,小人浅近易知,人所以不知孔子,以其深远。淡其味,似厚也;简而文,温而理,犹简而辨,直而温也。自,谓所从来也。三知者,言其睹末察本,探端知绪也。入德,入圣人之德。"(《十三经注疏·中庸》)唐孔颖达说:"此明君子小人隐显不同之事。君子谦退,恶其文之彰著,故引《诗》以结之。"(同上)宋朱熹说:"前章言圣人之德,极其盛矣。此复自下学立心之始言之,而下文又推之以至其极也。古之学者为己,故其立心如此。尚绸,故暗然;衣锦,故有日章之实。淡、简、温、䌷之袭于外也;不厌而文且理焉,锦之美在中也。小人反是,则暴于外而无实以继之,是以的然而日亡也。远之近,见于彼者,由于此也;风之自,著乎外者,本乎内也;微之显,有诸内者形诸外也。有为己之心,而又知此三者,则知所谨而可入德矣。"(《四书集注·中庸》)宋陈淳说:"衣锦者,美在其中;尚䌷者,不求知于外。古之学者,只欲此道理实得于己,不是欲求人知,惟其不求人知,所以暗然,虽曰暗然,而道理自彰著而不可掩,犹衣锦尚䌷,而锦之文彩,自然著见于外也。君子立心,只是为己。而又能知道理之见于远者自近始,故自近而谨;著见于风化者,自身始,故自身而谨;有诸内者甚微,而著于外者甚显,故自微而谨。既知此三者,而有所谨,则可与之入德矣。"(《北溪大全集·中庸口义》)

本节引《诗经·卫风·硕人》和《郑风·丰》,但原文作"衣锦褧衣",与本文"衣锦尚䌷"不同。本为赞美庄姜初嫁之诗。庄姜初嫁,走在路上,著锦衣,以为文彩太显眼,便罩上粗麻布的单衣,也称禅衣,美在其中而简朴于外。以此为喻,说明君子之道,如衣锦尚䌷,文彩不露而美在其中。但"诚于内必形于外",日子一久,自然会渐渐显著起来。而小人则相反,着力想表露自己,乍看文采鲜明,但内无实然之理,便天天消亡下去。君子之道,就待人接物说,虽然淡淡而不见亲,但不使人讨厌。虽简易温柔而文理灿然。君子求德,只是为了提高自身的品德修养,知道必须从自身做起,故自近而谨,自身而谨,自微而谨,能做到这三者,就进入道德之门了。

关于"知远之近,知风之自,知微之显"三句话,历来有不同理解,难以作出正确的解释。清俞樾《古书疑义举例》说:"此三句,自来不得其解。若谓远由于近,微由于显,则当云:'知远之由于近,知微之由于显',文义方明。不得但云:'远之近,微之显'也。且'风之自'句,义不一例。'微之显'句,亦与第一句不伦。既云'远之近',则当云'显之微'矣。今按此三'之'字,皆连及之词。'知远之近'者,知远与近也。'知微之显'者,知微与显也。'知远之近,知风之自,知微之显,可与入德矣。'犹《易·系辞》云:'君子知微知彰,知柔知刚,万夫之望也。'然则'知风之自'句,当作何解?'风'读为'凡','风'字本从凡声,故得通用。《庄子·天地篇》:'愿先生之言其凡也。'风即凡字。犹云:'言其大凡也。'自者,'目'字之误。《周官》宰夫职:'二曰师,掌官成以治凡。三曰司,掌官法以治目。'郑(玄)《注》曰:'治凡,若月计也。治目,若今之日计也。'然则'凡之与目',事有巨细,故以对言,正与远近微显一例。"俞樾此解,比前人好理解得多。这样,"知远之近,知风之自,知微之显"三句,可理解为君子能知远与近,知微与显,知大凡与细目,这样才可以入道德之门了。这种理解也有一定道理,录以备存。

《诗》①云:"潜②虽伏③矣,亦孔④之昭⑤。"故君子内省不疚⑥,无恶⑦于志⑧。君子之所不可及者,其唯人之所不见乎!

【今译】

《诗经·小雅·正月》说:"鱼潜藏在很深的水中,但仍然是明白可见的。"所以君子从内心审察,反省,不感到惭愧,没有妨碍自己的心志。君子的修身慎独功夫别人赶不上的地方,也在于他能小心谨慎,在别人看不到的地方着力用功罢了。

【注释】

①《诗》:指《诗经·小雅·正月》,这是一首大夫刺周幽王之诗。②潜:潜藏、潜伏。 ③伏:隐匿。 ④孔:很、甚。 ⑤昭:明白、清楚。 ⑥内省(xǐng)不疚(jiù):经常在内心省察自己,不感到惭愧。疚:原意为久病,引申为忧虑不安、惭愧。 ⑦无恶:无愧。 ⑧志:心。

【评述】

本节引《诗》论述君子善于慎独,故内省不疚。

汉郑玄说:"孔,甚也。昭,明也。言圣人虽隐居,其德亦甚明矣。疚,病也。君子自省身无怨病,虽不遇世,亦无损于己志。"(《十三经注疏·中庸》)唐孔颖达说:"此明君子其身虽隐,其德昭著。虽不遇世,守志弥坚固也。"(同上)宋朱熹说:"承上文言'莫见乎隐,莫显乎微'也。疚,病也。无恶于志,犹言无愧于心。此君子谨独之事也。"(《四书集注·中庸章句》)宋陈淳说:"《正月》诗'潜虽伏矣',即首章隐微处;'亦孔之昭'即首章莫见莫显意。言隐伏之间,其理甚昭明。君子内省,此处须是无一毫疚病,如此则无愧于心。君子所以不可及者,只是能于人所不知而己独知之地,致其谨耳。"(《北溪大全集·中庸口义》)宋余大雅说:"'潜虽伏矣',便觉有善有恶,须用察。"(《朱子语类·中庸三》)宋周谟说:"'亦孔之昭'是慎独意。"(《同上》)明张侗初说:"引'潜伏'之诗,赞叹一个不见。"(引《四书遇》)

　　本节论述君子能慎独,与首章戒慎恐惧、莫见莫显相呼应。所引诗见《诗经·小雅·正月》,为大夫刺幽王之诗。以幽王无道,贤人君子虽隐其身,德仍甚明显,不能免祸害。引《诗》反其意而用之,比喻君子能戒惧慎独,无愧于心,这是常人不可及的地方。

　　《诗》①云:"相②在尔室③,尚不愧于屋漏④。"故君子不动⑤而敬⑥,不言而信⑦。

【今译】

　　《诗经·大雅·抑》说:"仿佛在冥冥中有许多人在注视着你的居室,你差不多没有惭愧之心,对得起西北隅屋漏的神明。"所以君子没有行动时,就先存恭敬之心;没有开口说话时,就先存诚信之心。

【注释】

　　①《诗》:指《诗经·大雅·抑》,这是一首卫武公刺厉王,亦以自警之诗。　②相:看、注视。　③尔室:你的居室。指一人独居于室。④屋漏:屋的西北角。古代室内西北隅施设小帐,安藏神主,为人所

不见的地方。　⑤动：行动。　⑥敬：恭敬。　⑦信：诚信。

【评述】

本节承上文，引《诗》继续申述君子戒慎恐惧，无时不然，常存恭敬之心。

汉郑玄说："君子虽隐居，不失其君子之容德也。"（《十三经注疏·中庸》）唐孔颖达说："君子虽独居，常能恭敬。"（同上）宋朱熹说："承上文又言君子戒慎恐惧，无时不然。不待言动而后敬信，则其为己之功益加密矣。"（《四书集注·中庸章句》）宋陈淳说："《抑》诗即是首章戒慎其所不睹、恐惧其所不闻意。屋隅，人迹所不到之地。此处盖己之所不睹，须是真实无妄，常加戒谨恐惧，方能无愧怍。君子为己之功至此，不待于动而应接事物方始敬，盖于未应接之前无人处，已无非敬矣；不待见于发言而后信实，盖于未发言之前，本来真实无非信矣。"（《北溪大全集·中庸口义》）

本节所引诗见《诗经·大雅·抑》，为卫武公刺厉王之诗，原意是王朝小人，不敬鬼神，瞻视你在庙堂之中，还不愧畏于屋漏之神。引《诗》比喻君子在屋中最深远隐蔽人迹不到之处，能慎独戒惧，自省自励，不敢为非。相，视也。屋漏，室之西北隅。古人室在东南隅开门，东北隅叫突，西北隅为屋漏，西南为奥。人才进室，便先看到东北隅，再看到西南隅，然后始到西北隅。这是一室中最为深密之地。古人崇信鬼神，认为室中每处都有神在冥冥中监视。由此说明君子虽独居内室，也能无愧于心。"诚于中必形于外"，没有行动，先存恭敬之心；没有说话，先存诚敬之心。

《诗》①曰："奏假②无言③，时靡有④争。"是故君子不赏⑤而民劝⑥，不怒而民威于铁钺⑦。

【今译】

《诗经·商颂·烈祖》说："进行盛大的宗庙祭祀时，人人肃立无言,这是由于天下太平而无争讼的缘故。"所以君子虽然不用奖赏而能达到老百姓劝化从善的目的;虽不发怒,而老百姓怕他比刀斧还要厉害。

【注释】

①《诗》:指《诗经·商颂·烈祖》,这是一首祭祀商王中宗太戊的乐歌。　②奏假(gé):原诗作"鬷假"。祷告。指进祭而感格于神明。奏,通"鬷",作"进"解。假,同"格"。　③无言:默默无声。引申为潜移默化。　④靡有:没有。　⑤赏:赏赐。　⑥劝:受到鼓励。　⑦铁钺(fūyuè):原指古代军法用以杀人的斧子。同"斧钺"。这里引申为刑杀。铁,铡刀,古代用以腰斩的刑具。钺,古代一种兵器。

【评述】

本节承上文,论述君子修德,不言而民信之。

汉郑玄说:"假,大也。此《颂》也,言奏大乐于宗庙之中,人皆肃敬,金声玉色,无有言者,以时太平和合,无所争也。"(《十三经注疏·中庸》)唐孔颖达说:"言祭成汤之时,奏此大乐于宗庙之中,人皆肃敬,无有喧哗之言,所以然者,时既太平无有争讼之事,故无言也。引证君子不言而民信。"(同上)宋朱熹说:"承上文而遂及其效。言进而感格于神明之际,极其诚敬,无有言说而人自化之也。"(《四书集注·中庸章句》)明张侗初说:"引'靡争'之诗,赞叹个'不赏''不怒'。"(引自《四书遇》)

所引《诗经·商颂·烈祖》,是一首祭祀商王大戊的乐歌。关于祭祀谁之乐歌,历代有三说:一说祭祀成汤之乐歌,何楷、毛奇龄等主此说;一说赞美宋襄公献祭祖庙之乐歌,荀子主此说;一说祭祀商王大戊的乐歌,郑玄、孔颖达、朱熹主此说。汉郑玄说:"中宗,殷王太戊,汤之玄孙也。有桑谷之异,惧而修德,殷道复兴,故表显之,号为中宗。"唐孔颖达说:"按《殷本纪》云:汤生大丁。大丁生大甲。崩,子沃丁立。崩,弟大庚立。崩,子小甲立。崩,弟雍己立。崩,弟大戊立。是大戊为汤之玄孙也。《本纪》又云：大戊立，亳有祥桑谷共生于朝，一暮大拱。大戊惧，问伊陟。伊陟曰：帝之政其有阙与？帝其修德。大戊从之，而祥桑谷枯死。殷复兴，诸侯归之，故称中宗。是表显立号之事也。"朱熹《辨说》说："中宗商之贤君，不欲遗之耳。"可见三说中以第三说为合理，也与《诗》序"祀中宗也"相合，故从之。引此诗在于以大戊之修德，来论证君子修己身之德，以自己的言行为榜样，在无言的教化中，使人民潜移默化，改恶成善，没有争心。所以君子以自身之德感化人，"不赏而民劝，不怒而民畏于铁钺"，人民自化于君子的德泽之中。

《诗》^①曰："不显^②惟德，百辟^③其刑^④之！"是故君子笃恭^⑤而天下平。

【今译】

《诗经·周颂·烈文》说："天子的德性岂不明显呀，四方诸侯都要效法他呢！"所以君主笃实、恭敬，以至诚之德感化百姓，就能使天下太平。

【注释】

①《诗》：指《诗经·周颂·烈文》，这是一首周成王亲政告祖，诸侯前来助祭，祭毕告戒诸侯之诗。　②不显：充分显扬。不，通"丕"，大。　③百辟：指诸侯。辟，君主。　④刑：同"型"。法则、榜样。⑤笃恭：笃实、恭敬。

【评述】

本节承上文之意，引《诗》论述君主以德行为诸侯的典范，无为而治。

汉郑玄说："不显，言显也。辟，君也。此《颂》也，言不显于文王之德，百君尽刑之，诸侯法之也。"（《十三经注疏·中庸》）唐孔颖达说："不显乎文王之德，言其显矣。以道德显著，故天下百辟诸侯皆刑法之,引之者证君子之德,犹若文王,其德显明在外,明众人皆刑法之。"(同上)宋朱熹说:"不显,说见二十六章。此借引以为幽深玄远之意。承上文言天子有不显之德,而诸侯法之。则其德愈深而效愈远矣。笃,厚也。笃恭,言不显其敬也。笃恭而天下平,乃圣人至德渊微,自然之应,中庸之极功也。"(《四书集注·中庸》)宋陈淳说:"文章至此,凡五引《诗》,头节说学者须为己,不求人知;第二节说致谨于人所不见处;第三节说不特人所不见,虽己所不闻不见处,亦当致敬;第四节说不待言说,而人自化之;第五节说不显笃恭,圣人至德功效,有自然之应,乃中庸之极功也。"(《北溪大全集·中庸口义》)

　　所引诗见《诗经·周颂·烈文》,是周成王亲政告祖,诸侯助祭,祭毕敕戒诸侯之词,也有人说是周王在封侯仪式上所唱的乐歌。所引《诗》的大意是:天子最为显明的是有德行,凡百诸侯都要来效法。借以说明君子所显著的只有德行,所有诸侯都能奉他为典型。而他只是笃实、恭敬而能使天下太平。充分反映了儒家的德治思想。

　　《诗》①曰:"予②怀明德,不大声以③色。"子曰:"声色④之于以化⑤民,末⑥也。"《诗》⑦曰:"德辅如毛⑧。"毛犹有伦⑨。"上天之载⑩,无声无臭⑪。"至⑫矣!

【今译】

　　《诗经·大雅·皇矣》说:"我上天赋予你文王明显的大德,不必张大有声音的号令和严厉的脸色来治理人民。"孔子说:"用声色来教化人民,这是无足轻重的细微末节。"《诗经·大雅·烝民》说:"德的轻,像毛一样。"但是既称为毛,还是有形迹可以比拟的。不如《诗经·大雅·文王》说得好:"上天做事,没有声音,没有气味。"可以说好到极点了。

【注释】

　　①《诗》:指《诗经·大雅·皇矣》,这是一首叙述周朝祖先开国创

业的史诗。　②予:我。　③以:与、和。　④声色:言论和仪容。
⑤化:教化、感化。　⑥末:细微末节。　⑦《诗》:指《诗经·大雅·烝
民》,这是一首歌颂周宣王大臣仲山甫之诗。　⑧德缀如毛:德行很轻
好比一根毫毛。德:指德的微妙深奥。缀:(yóu):古时一种轻便的车,
引申为轻。毛:羽毛、毫毛。　⑨伦:比较、类比的意思。　⑩载:事。
指化育万物之事。　⑪臭(xiù):气味。"上天之载,无声无臭"两句
诗,引自《诗经·大雅·文王》,这是一首歌颂周文王之诗。　⑫至:
极、最。

【评述】

本节承前文,引《诗》以论述化民当以德为本,圣人之德无声无臭
而民自化。至高至极,与天地同此。

汉郑玄说:"缀,轻也。言化民常以德,德之易举而用其轻如毛耳。
伦,犹比也。言毛虽轻,尚有所比。有所比,则有重。上天之造生万
物,人无闻其声音,亦无知其臭气者,化民之德,清明如神,渊渊浩浩然
后善。"(《十三经注疏·中庸》)唐孔颖达说:"君子之德,不大声以色,
化民之法,当以德为本,不用声色以化民也。若用声色化民,是其末
事。天之生物,无音声,无臭气,寂然无象而物自生。言圣人用德化
民,亦无声音,亦无臭气而人自化。是圣人之德至极,与天地同此。"
(同上)宋朱熹说:"《诗·大雅·皇矣》之篇,引之以明上文所谓不显之
德者,正以其不大声与色也。又引孔子之言,以为声色乃化民之末务,
今但言不大之而已,则犹有声色者存,是未足以形容不显之妙。不若
《烝民》之诗所言,'德轻如毛',则庶乎可以形容矣,而又自以为谓之
毛,则犹有可比者,是亦未尽其妙。不若《文王》之诗所言,'上天之事,
无声无臭',然后乃为不显之至耳。盖声臭有气无形,在物最为微妙,
而犹曰无之,故惟此可以形容不显笃恭之妙。非此德之外,又别有是
三等,然后为至也。"(《四书集注·中庸章句》)宋陈孔硕说:"是虽曰不
大声与色,然犹有声色者存焉,特不大之耳。苟谓之如毛,是尚容比类

也。"(《中庸讲义》)宋程颐说:"圣人修己以安百姓,笃恭而天下平,惟上下一于恭敬,则天地自位,万物自育,气无不和,四灵何有不至?此体信达顺之道,聪明睿知,皆由此出,以此事天享帝。"又说:"《中庸》言道,只消道无声无臭四字,总括了多少。"又说:"中庸之语,其本至于无声无臭,其用至于礼仪三百,威仪三千。自礼仪三百,威仪三千,复归于无声无臭,此言圣人心要处。"(引自《中庸纂疏》)明张侗初说:"无声无臭,天命之初。暗然笃恭,未发之体。然戒慎恐惧,却是位育实地。内省不疚,却是平天下真把柄。可见至诚至圣与天命合一处,不是无根。"(引自《四书遇》)

本节三引《诗经》,说明三层意思。一见《大雅·皇矣》,引诗大意是:我赋予你天性明德,不必夸大号令的声威和严厉的颜色。说明以明德化民,不用大声与大色,即不以"言""色"化民。然后引孔子的话说明,用声色化民乃是细微末节的小事,未为至德至善。这是第一层意思。二见《大雅·烝民》,引诗大意是:德行很轻,好比一根毫毛。说明用德化民,举行甚易,其轻如毛。然毛虽细物,还有形体可比,还有踪迹可寻,还不算至德至善。这是第二层意思。三见《大雅·文王》,引诗大意是:上天化育万物之事,只在冥冥之中,既无声音可听,又无气味可闻。说明圣人用德化民,无声无臭,与天地合一,达到极高的境界。这是第三层意思。这三层意思,一层进如一层,以见中庸之德,诚一于天,至高至极。

附录：
朱熹《中庸章句序》及今译

原　文

　　《中庸》为何而作也？子思子忧道学之失其传而作也。盖自上古圣神，继天立极，而道统之传，有自来矣。其见于经，则"允执厥中"者，尧之所以授舜也；"人心惟危，道心惟微，惟精惟一，允执厥中"者，舜之所以授禹也。尧之一言，至矣，尽矣！而舜复益之以三言者，则所以明夫尧之一言，必如是而后可庶几也。盖尝论之，心之虚灵知觉，一而已矣，而以为有人心、道心之异者，则以其或生于形气之私，或原于性命之正，而所以为知觉者不同，是以或危殆而不安，或微妙而难见耳。然人莫不有是形，故虽上智不能无人心，亦莫不有是性，故虽下愚不能无道心。二者杂于方寸之间，而不知所以治之，则危者愈危，微者愈微，而天理之公卒无以胜夫人欲之私矣。精则察夫二者之间而不杂也，一则守其本心之正而不离也。从事于斯，无少间断，必使道心常为一身之主，而人心每听命焉，则危者安，微者著，而动静云为自无过不及之差矣。夫尧、舜、禹，天下之大圣也，以天下相传，天下之大事也。以天下之大圣，行天下之大事，而其授受之际，丁宁告戒，不过如此，则天下之理，岂有以加于此哉！自是以来，圣圣相承，若成汤、文、武之为君，皋陶、伊、傅、周、召之为臣，既皆以此而接夫道统之传，若吾夫子，则虽不得其位,而所以继往圣、开来学,其功反有贤于尧、舜者。然当是时,见而知之者,惟颜氏、曾氏之传得其宗,及曾氏之再传,而复得夫子之孙子思,则去圣远而异端起矣。子思惧夫愈久而愈失其真也,于是推本尧、舜以来相传之意,质以平日所闻父师之言,更互演绎,作为此书,以诏后之学者。盖其忧之也深,故其言之也切;其虑之也远,故其说之也详。其曰:"天命率性",则道心之谓也;其曰"择善固执",则精一之谓也;其曰"君子时中",则执中之谓也。世之相后,千有余年,而其言之不异,如合符节。历选前圣之书,所以提挈纲维,开示缊奥,未有若是其明且尽者也。自是而又再传以得孟氏,为能推明是书,以承先圣之统,及其没而遂失其传焉。则吾道之所寄,不越乎言语文字之间,而异端之说,日新月盛,以至于老、佛之徒出,则弥近理而大乱真矣。然而尚幸此书之不泯,故程夫子兄弟者出,得有所考,以续夫千载不传之绪;得有所据,以斥夫二家似是而非。盖子思之功于是为大,而微程夫子,则亦莫能因其语而得其心也。惜乎!其所以为说者不传,而凡石氏之所辑录,仅出于其门人之所记,是以大义虽明,而微言未析。至其门人所自为说,则虽颇详尽而多所发明,然倍其师说而淫于老、佛者,亦有之矣。熹自蚤岁,即尝受读而窃疑之,沉潜反复,盖亦有年,一旦恍然似有以得其要领者,然后乃敢会众说而折其中,既为定著章句一篇,以俟后之君子。而一二同志复取石氏书,删其繁乱,名为《辑略》,且记所尝论辩取舍之意,别为《或问》,以附其后。然后此书之旨,支分节解,脉络贯通,详略相因,巨细毕举,而凡诸说之同异得失,亦得以曲畅旁通,而各极其趣,虽于道统之传,不敢妄议,然初学之士,或有取焉,则亦庶乎行远升高之一助云尔。

淳熙己酉春三月戊申,新安朱熹序。

今 译

子思先生为什么要撰写《中庸》呢？他担心道学因历时久远失其真传而撰写的。原来从上古圣人、神人开始，他们继承天命，开创皇极，而道统的传授就发源于此了。"中庸"在经书中出现，那就是《论语·尧曰》中引《尚书》中的"允执厥中"这句话。这是尧用来传授给舜的。舜又拿"人心惟危，道心惟微，惟精惟一，允执厥中"这四句话传授给禹。尧的一句话，已经把中庸的精神概括无余了，而舜又增加了三句话，为什么呢？原来是用来阐明尧的一句话，必须这样，才差不多说得很完整了。

我曾对它加以论述，心的本体和心的美德，实质是一回事罢了。认为有人心、道心差异的人，这是因为有人认为它可能生成于形、气的私，有人认为它本原于性命的正，因此形成内心的德的不同。所以有人以为危险而不安宁，有人以为深奥微妙而难以见到。但人都是有形体的，所以即使是上等智慧的人，也不能没有人心，也不能没有这样的天性；所以虽然是下等的愚蠢人，也不能没有道心。人心和道心，交杂在人们心中，但不知怎么处理才好，那么就会导致危险的愈加危险，暗微的愈加暗微，而天理的公，终于不能战胜人欲的私了。精心审察人心、道心之间不相交杂，乃是专一守住它的本心之正而不离开，从事于修道心，没有丝毫的间断，必定使道心常常成为一身的主宰，而人心常常听道心的指挥和制约。这样做，危险的自然安宁，暗微的自然明显，而动静均能合度，就没有过和不及的差异了。

尧、舜、禹是天下的大圣人。拿天下相禅让，这是天下的大事呀！以天下的大圣人，实行传授天下的大事，当他们之间传授和接受的时候，叮咛告戒，不过是"允执厥中"的中庸道理而已，可见这是最高的道理。天下的道理，有哪一个道理能够超过中庸的道理呢？从尧、舜、禹以来，圣人与圣人互相承袭，譬如商汤、文王、武王做君主，皋陶、伊尹、傅说、周公、召公做臣子，都用"允执厥中"的中庸之道来接受和继承道统的流传。像我们的先生孔子，他虽然不能得到天子的尊位，但他从中庸之道出发，继承圣人，开启后学，他的功业反而比尧、舜还要优越。然而在当时，能亲见而亲知的人，只有颜回、曾参能够承传他的正宗。等到曾子的再传弟子，又到孔子的孙子子思，这时候，已离开圣人较远而异端学说兴起来了。子思恐怕时间愈久而愈失其真理，于是追源于尧、舜以来相传授的本意，用平日听到的父辈、师长的言论加以印证，互相推理，撰成《中庸》一书，用来教诲后来的学者。子思先生对中庸的失真极其担忧，所以他的话特别恳切；他的思虑更加深远，所以他说的话特别详尽。他说："天命率性"，就是所谓的道心；他说："择善固执"，就是所谓求善精一；他说："君子时中"，就是所谓无过无不及而用其中。从此以后一千多年，他的话没有变异，好像符合凭证、信物等符节一样。选择历代圣贤的书，能够做到提纲挈领，开启、阐发深奥而蕴藏着的义理的，没有比《中庸》更明显而详尽的了。从此以后，由子思而再传到了孟轲，孟轲能够推广阐明这中庸之道，以继承先圣的道统。等到孟轲死后，中庸的道统便失传了。那么，我们道学的理论寄托，不能超越《中庸》一书的语言文字之间了。可是异端的学说，日新月盛，一天比一天发展，甚至于道教、佛教的传人出来，他们用似是而非的言论，大大地干扰了中庸的正道而乱其真。然而，值得庆幸的是《中庸》这部书没有泯灭。所以程颢、程颐先生两兄弟出来，能够有所考证，用来续承千年不传的道统；能够有所依据，用来斥责道、佛二家似是而非的谬论。由此来看，子思对于续承道统的功劳是很大的了；而如果没有程颢、程颐二先生，我们也不能凭借子思的话便掌握他的精神实质。可惜的是，程颢、程颐二先生阐发中庸的论说没有流传下来。虽然有石㮚先生辑录的《中庸集解》，但那也仅仅是二程先生的学生的记录。所以中庸的大义虽然明确，而细节的探讨尚未能做到条分缕析。至于程颢、程颐二先生的学生，他们也各自立说，虽然有很多比较详尽的阐述和较多的创见，然而，违背他们老师的说法，而倾向于道家和佛家的说教，也是有的。

我早年接受教育时就曾经诵读《中庸》，而私下有所疑惑；深沉地反复思考，也有好多年了。一旦恍然大悟，好像得到了它的要领，于是才敢会集大家的说法而加以分析折中，终于著成《中庸章句》一篇，用来等待后来的君子加以修正。再与一二志同道合的朋友，取石㮚先生所编辑的《中庸集解》一书，删去它繁琐杂乱的地方，定名为《中庸辑略》，同时又把平时曾经论辩取舍的意思记录下来，别为《或问》一书，将它们附在《中庸章句》后面。这样，《中庸》这部书的要旨，支流分而节目解，脉络贯通，详略得当，大小道理全部包括在里面了。而所有各种说法的相同相异，所得所失，亦能够曲曲流畅，触类旁通，而各尽其旨趣。虽然对于道统的流传我不敢妄加议论，但对于初学的人而言，《中庸章句》大概是有所帮助的，这也差不多算是为登高行远的人提供了一点助力吧。

南宋孝宗淳熙己酉(十六年)春三月戊申(十八日)，新安朱熹序

参考书目

1.《尚书》 中华书局《十三经注疏》本
2.《诗经》 中华书局《十三经注疏》本
3.《老子》 〔春秋〕老聃 中华书局《诸子集成》本
4.《论语》 〔春秋〕孔子及其弟子 中华书局点校本
5.《大学》 〔春秋〕曾参 中华书局《十三经注疏》本
6.《荀子》 〔战国〕荀况 中华书局《诸子集成》本
7.《孟子》 〔战国〕孟轲 中华书局《诸子集成》本
8.《庄子》 〔战国〕庄周 中华书局《诸子集成》本
9.《周礼》 中华书局《十三经注疏》本
10.《史记》 〔西汉〕司马迁 中华书局点校本
11.《小戴礼记》 〔西汉〕戴圣 中华书局《十三经注疏》本
12.《法言》 〔西汉〕扬雄 中华书局《诸子集成》本
13.《论衡》 〔东汉〕王充 中华书局《诸子集成》本
14.《汉书》 〔东汉〕班固 中华书局点校本
15.《说文解字》 〔东汉〕许慎 黄山书社本
16.《孔子家语》 〔魏〕王肃 收集 《四部丛刊》本
17.《后汉书》 〔刘宋〕范晔 中华书局点校本
18.《论语义疏》 〔梁〕皇侃 《知不足斋》本
19.《周书》 〔唐〕令狐德棻等 中华书局点校本
20.《经典释文》 〔唐〕陆德明 《四部丛刊》本

21.《二程集》	〔宋〕程颢、程颐	中华书局点校本
22.《郡斋读书志》	〔宋〕晁公武	上海古籍出版社本
23.《中庸论》	〔宋〕苏轼	《四部丛刊》本
24.《王荆公文集》	〔宋〕王安石	《四库全书》本
25.《司马温公家集传》	〔宋〕司马光	《万有文库》本
26.《朱子语类》	〔宋〕黎德靖	中华书局点校本
27.《四书章句集注》	〔宋〕朱熹	中华书局本
28.《中庸或问》	〔宋〕朱熹	《四库全书》本
29.《中庸辑略》	〔宋〕朱熹	《四库全书》本
30.《西铭》	〔宋〕张载	中华书局点校本
31.《陆九渊集》	〔宋〕陆九渊	中华书局点校本
32.《北溪大全集》	〔宋〕陈淳	《四库全书》本
33.《讲说》	〔宋〕潘柄	引自《中庸纂疏》
34.《中庸讲义》	〔宋〕陈孔硕	引自《中庸纂疏》
35.《勉斋集》	〔宋〕黄榦	《四库全书》本
36.《上蔡语录》	〔宋〕谢良佐	《四库全书》本
37.《中庸讲义》	〔宋〕倪思中	《四库全书》本
38.《中庸纂疏》	〔宋〕赵顺孙	华东师范大学出版社点校本
39.《吕祖谦文集》	〔宋〕吕祖谦	中华书局点校本
40.《木钟集》	〔宋〕陈埴	《四库全书》本
41.《西山先生真文忠公文集》	〔宋〕真德秀	《四部丛刊》本
42.《文集》	〔宋〕叶味道	引自《中庸纂疏》
43.《中庸通旨》	〔宋〕蔡渊	引自《中庸纂疏》
44.《中庸集解》	〔宋〕石𡷫	《四库全书》本
45.《书传》	〔宋〕蔡沉	引《中庸纂疏》
46.《读通鉴论》	〔明〕王夫之	中华书局点校本

47.《快雪堂集》　　　〔明〕冯雪之　　　　　《四库全书》本

48.《杨升庵集》　　　〔明〕杨慎　　　　　　《四库全书》本

49.《周礼传》　　　　〔明〕王应电　　　　　《四库全书》本

50.《四书遇》　　　　〔清〕张岱　　　　　浙江古籍出版社本

51.《经义述闻》　　　〔清〕王引之　　　　　《皇清经解》本

52.《礼记郑读考》　　〔清〕陈乔枞　　　　　《万有文库》本

53.《四书考异》　　　〔清〕翟灏　　　　　　《皇清经解》本

54.《十三经注疏》　　〔清〕阮元　　　　　　中华书局本

55.《四书释地》　　　〔清〕阎若璩　　　　　《四库全书》本

56.《四书賸言》　　　〔清〕毛奇龄　　　　　《四库全书》本

57.《古书疑义举例》　〔清〕俞樾　　　　　　俞氏丛书本

58.《群经评议》　　　〔清〕俞樾　　　　　　俞氏丛书本

59.《中庸注》　　　　〔现代〕康有为　　　　国学基本丛书本

60.《十三经概论》　　〔现代〕蒋伯潜　　　上海古籍出版社本

61.《四书读本》　　　〔现代〕蒋伯潜　　　浙江人民出版社本

62.《四书全译》　　　〔现代〕夏廷章等　　江西人民出版社本

63.《四书集注简论》　〔现代〕邱汉生　　中国社会科学出版社本

64.《白话四书》　　　〔现代〕黄朴民等　　　三秦出版社本

图书在版编目(CIP)数据

大学直解　中庸直解/来可泓撰. —上海：复旦大学出版社,2024.8
(中华经典直解)
ISBN 978-7-309-17220-1

Ⅰ.①大… Ⅱ.①来… Ⅲ.①《大学》-译文②《中庸》-译文 Ⅳ.①B222.1

中国国家版本馆 CIP 数据核字(2024)第 023449 号

大学直解　中庸直解
来可泓　撰
责任编辑/陈　军

复旦大学出版社有限公司出版发行
上海市国权路 579 号　邮编：200433
网址：fupnet@ fudanpress.com　http://www.fudanpress.com
门市零售：86-21-65102580　　团体订购：86-21-65104505
出版部电话：86-21-65642845
上海盛通时代印刷有限公司

开本 890 毫米×1240 毫米　1/32　印张 8.125　字数 211 千字
2024 年 8 月第 1 版
2024 年 8 月第 1 版第 1 次印刷

ISBN 978-7-309-17220-1/B·799
定价：38.00 元